建筑施工项目管理丛书

施工项目进度成本集成管理

（含光盘）

俞启元　吕玉惠　著

中国建筑工业出版社

图书在版编目（CIP）数据

施工项目进度成本集成管理/俞启元，吕玉惠著．—北京：中国建筑工业出版社，2008
（建筑施工项目管理丛书）
ISBN 978-7-112-10060-6

Ⅰ．施…　Ⅱ．①俞…　②吕…　Ⅲ．建筑工程—施工进度计划—成本管理　Ⅳ．TU723-3

中国版本图书馆 CIP 数据核字（2008）第 057596 号

责任编辑：郦锁林　范业庶　张伯熙
责任设计：张政纲
责任校对：汤小平

建筑施工项目管理丛书
施工项目进度成本集成管理
（含光盘）
俞启元　吕玉惠　著
*
中国建筑工业出版社出版、发行（北京西郊百万庄）
各地新华书店、建筑书店经销
北京永峥印刷有限责任公司制版
北京云浩印刷有限责任公司印刷
*
开本：787×1092 毫米　1/16　印张：14½　字数：350 千字
2008 年 7 月第一版　2008 年 7 月第一次印刷
印数：1—3,000 册　定价：**40.00** 元
ISBN 978-7-112-10060-6
（16863）

（邮政编码：100037）

本书在构建施工项目系统模型的基础上，将实施过程中的进度和成本两大要素集成起来，重点论述施工项目进度成本集成管理的技术方法，实现成本决策和成本估算的互动及全过程的动态控制。全书共分6章，包括：概述、施工定额、进度计划、成本估算、进度成本综合控制、计算机辅助管理系统等内容，随书附作者自行开发的施工项目进度成本集成管理计算机辅助系统的学习光盘。全书内容新颖，概念清晰，实践性强，适合广大工程项目管理人员、成本控制人员、工程造价管理人员学习参考。

前　言

目前围绕施工项目成本管理的理论与实践，由于在成本管理模式方面没有重大突破，所以无法准确地估算施工项目成本，进而无法有效地控制施工项目成本，由此出现诸如“以包代管”等粗放式的管理举措。激烈的市场竞争环境促使施工企业必须加强其施工项目的成本管理，例如有些企业已提出“精细管理”、“先算后干、边干边算”等管理口号便是例证。问题在于，管理观念已经提出，但管理方法和手段还有待开发。

本书重点论述施工项目进度成本集成管理的技术方法，它试图突破目前所使用的基于标准成本控制原理的定额预算方法和基于传统会计理论的成本核算方法的静态思维理念，在构建施工项目系统模型的基础上，将其实施过程中进度和成本两大要素集成起来，从而有效地将决策机制融入对施工项目成本的估算和控制过程，实现成本决策和成本估算的互动，进而实现全面和全过程的动态控制。

全书的创新点主要包括：

（1）采用基于施工活动的成本运动模型；

（2）进一步完善了施工定额的概念；

（3）提出了编制施工项目进度成本集成计划的技术方法；

（4）实现动态的进度成本综合控制；

（5）全面地介绍了施工项目进度成本集成管理计算机辅助系统在工程实践中的应用；

（6）提供由作者自行开发的施工项目进度成本集成管理计算机辅助系统的学习光盘。

将影响施工项目目标的相关因素集成起来管理是21世纪施工项目管理的主要发展方向，虽然作者在这方面做了一些研究工作，并将研究成果在本书中作了较为全面的总结和归纳，但是，由于集成管理是一种综合型的管理，针对这种管理的研究才刚刚开始，所以，在本书中肯定会存在许多不足和缺憾，在此恳请读者批评指正。

作者

2008年6月于苏州科技学院

目　录

第一章　概述 ………………………………………… 1

第一节　对施工项目的系统描述 ………………………… 1

第二节　施工项目的进度、资源、成本 ………………… 5

第三节　施工项目进度成本集成管理 …………………… 11

第二章　施工定额 ………………………………………… 23

第一节　时间研究与资源定额 …………………………… 23

第二节　材料消耗定额 …………………………………… 40

第三章　进度计划 ………………………………………… 48

第一节　进度计划的概念及其主要作用 ………………… 48

第二节　工程施工的流水作业方法 ……………………… 49

第三节　计划对象 ………………………………………… 54

第四节　网络计划技术 …………………………………… 72

第五节　编制施工项目的进度计划 ……………………… 90

第六节　计划过程的几个特殊问题 ……………………… 114

第四章　成本估算 ………………………………………… 120

第一节　准备工作 ………………………………………… 120

第二节　直接成本的估算 ………………………………… 122

第三节　间接费用的估算 ………………………………… 140

第四节　进度成本集成计划体系 ………………………… 145

第五章　进度成本综合控制 ……………………………… 150

第一节　监测报告系统 …………………………………… 150

第二节　评审项目状态 …………………………………… 177

第三节　变更控制 ………………………………………… 180

第四节　重新计划 ………………………………………… 182

第六章　计算机辅助管理系统 …………………………… 185

第一节　基于集成管理模式的辅助管理系统功能 ……… 185

第二节　计算机辅助管理系统应用实例 ………………… 207

参考文献 ………………………………………………… 225

第一章　概　述

施工项目的实施进度和资源配置以及资源配置和成本费用之间存在密切的系统联系，施工项目进度成本集成管理是一种以资源配置为纽带，将施工项目实施进度和成本费用集成起来进行计划和控制的新的管理模式。

第一节　对施工项目的系统描述

所谓对施工项目的系统描述，是指从系统的角度分析施工项目，包括定义施工项目的概念、分析施工项目的静态构成、揭示不同构成要素之间的动态联系等。正确认识施工项目是构建其进度成本系统模型并据此实施进度成本集成管理的基础。

一、施工项目的概念

施工项目是指在总体上符合如下条件的相关施工活动的集合：

◎以履行施工承包合同为目的；

◎受资源可获得性、合同工期和成本费用最小化要求的约束。

为履行施工承包合同所规定的施工任务，必须开展相应的施工活动。就某个具体工程而言，施工活动的具体内容主要取决于相应合同文件所规定的承包范围和质量标准，施工活动的实施过程，要受资源可获得性、合同工期和成本费用最小化要求的约束。施工项目的系统构成和约束条件可以用图1-1示意。

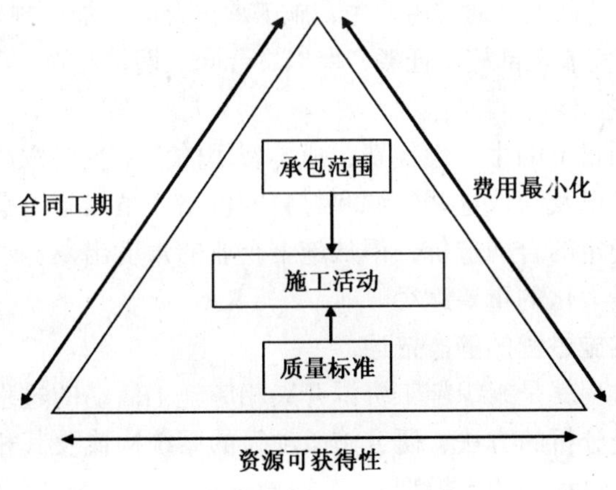

图1-1　施工项目示意图

(一)承包范围和质量标准

施工承包合同是在工程施工的承发包体制下所提出的特有的合同形式。由该合同所定义的施工任务，在合同清结期间，通常可理解为施工企业必须向业主交付的并符合其质量要求的特定工程产品，是一种生产性成果；在合同履行期间，通常可理解为施工企业为交付工程产品所必须开展的施工作业，是一种工作性行为。

作为施工承包合同的重要组成部分，承包范围是施工承包合同对有关可交付成果及其在形成这些成果时施工企业必须承担经济责任的描述；质量标准是施工承包合同对可交付成果的功能、品质、可靠性等质量指标以及为确保达到这些质量指标施工企业必须遵守的行为规范的描述。可交付成果的具体内容和相应的质量指标主要来源于施工承包合同所包括的技术文件，如对工程的一般性描述、设计文件和施工图纸、工程量清单以及技术规范等。施工企业必须承担的经济责任以及必须遵守的行为规范则主要来源于施工承包合同所包括的合同条款，如有关权利义务类、管理类和技术类条款等。

通常的情况是，施工承包合同并没有对施工企业必须开展哪些施工活动进行直接的描述，施工企业必须根据合同文件有关承包范围和质量标准的约定，在拟订工程施工的技术手段和组织方法的基础上，自行定义需要开展施工活动的具体内容。

(二)受资源可获得性、合同工期和成本费用最小化要求的约束

施工项目是由完成合同任务所需开展的全部施工活动所组成的，这些施工活动的实施主体，是施工企业配置在施工现场的劳动力和机械设备等施工资源。施工企业在选择和使用这些资源进行相应的施工作业时，除了要满足按既定技术手段和组织方法开展施工活动对施工资源的要求外，还必须受资源可获得性、合同工期和成本费用最小化要求的制约。

1. 资源可获得性

施工资源是施工项目的实施主体，包括劳动力、材料、机械设备和分包商等。配置在施工项目上的资源，通常由施工企业根据完成施工任务的技术要求进行选择和使用。针对同一项施工项目，选择和使用施工资源的方案可以多种多样，但施工企业只能在其可获得的范围内作出决定。

2. 合同工期

工期是指工程施工的期限，通常由业主在施工承包合同中加以规定，施工企业必须在承包合同所规定的工期内完成全部施工任务，所以，合同工期是对施工项目在时间上的约束。

3. 成本费用最小化要求

作为发生在施工项目上的生产性耗费，成本费用的大小主要取决于施工项目所需使用资源和消耗材料的数量以及获取这些资源和材料的价格。虽然施工承包合同规定了由业主和施工企业共同协商确定的合同造价，但从施工企业的角度出发，尽量降低施工项目的成本费用是其实现利润最大化的重要途径。

二、对施工项目实施过程的静态描述

施工项目的实施过程就是组织施工资源开展相应施工活动的过程。为了进一步认识施工项目，必须采用系统分析的方法，研究施工项目的系统构成及其相互关系，从下述三个方面构建施工项目实施过程的静态模型：

◎施工项目工作分解结构(WBS)；

◎施工项目组织分解结构(OBS)；

◎施工项目工作分解结构与组织分解结构所组成的矩阵关系。

(一)施工项目工作分解结构

施工项目工作分解结构是从项目活动的角度描述施工项目的系统构成及其相互关系的

层次化树状结构。借助它可将复杂的施工项目分解成便于组织和管理的项目单元，反过来，通过对项目单元的界面分析，又可将这些项目单元还原成动态有序的项目整体。

考察不同的施工项目可以发现，虽然不同施工项目工作分解结构的具体内容因不同的工程对象以及不同的施工方法存在很大差异，但作为工程产品的生产过程，施工项目均可按产品生产的工艺要求分解成由复杂到简单的具有一定层次性的树状结构。处于该树状结构中不同层次上的施工活动，具有不同的施工目标，相应地，其活动所采用的技术方法及复杂程度也不尽相同。施工项目工作分解结构的一般模式，可用图 1-2 示意。

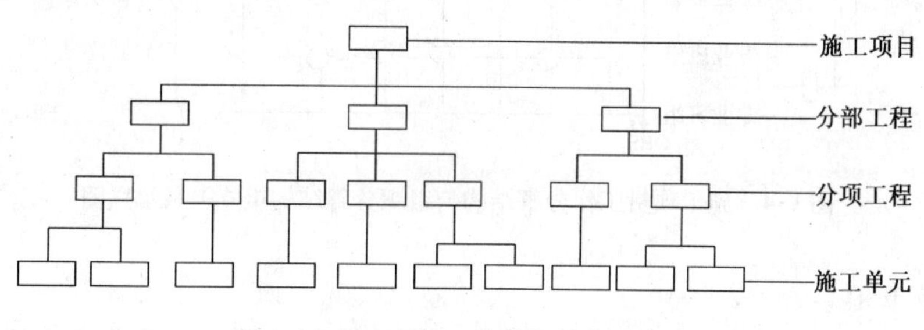

图 1-2　施工项目工作分解结构示意图

（二）施工项目组织分解结构

与施工项目工作分解结构的层次性相对应，作为施工活动的实施主体，配置在施工现场的施工资源，同样必须组成具有相应层次性的结构。处于该结构中不同层次上的资源组合，分别作用于不同的施工活动上，才能形成完成合同任务所需的整体施工能力。施工项目组织分解结构的一般模式，可用图 1-3 示意。

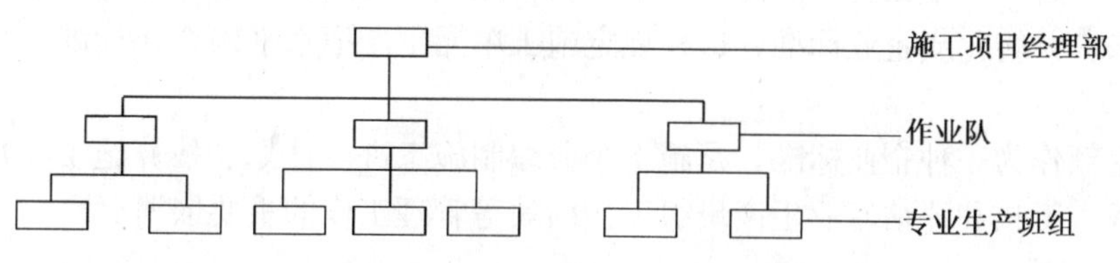

图 1-3　施工项目组织分解结构示意图

（三）施工项目工作分解结构与组织分解结构所组成的矩阵关系

在施工项目的实施过程中，施工资源与施工活动是主体与客体的关系。一方面，不同的施工活动需要不同的资源配置；另一方面，不同的资源配置又会影响施工活动的实施效果。这种由施工资源和施工活动组成的矩阵关系，存在于所有施工项目的实施过程中，它是施工项目实施过程的基本形式，适用于所有的施工项目。

施工项目的实施过程作为工程产品的生产过程，根据产品生产的一般规律，组成施工项目的施工活动必然具有一定的层次结构，与施工活动的层次结构相对应，配置在施工现场的施工资源也必须具备相应的层次性。如果不考虑实施过程的时间因素，则对施工项目实施过程的静态描述，可用图 1-4 所示的施工项目工作分解结构与组织分解结构所组成的矩阵关系图进行示意。

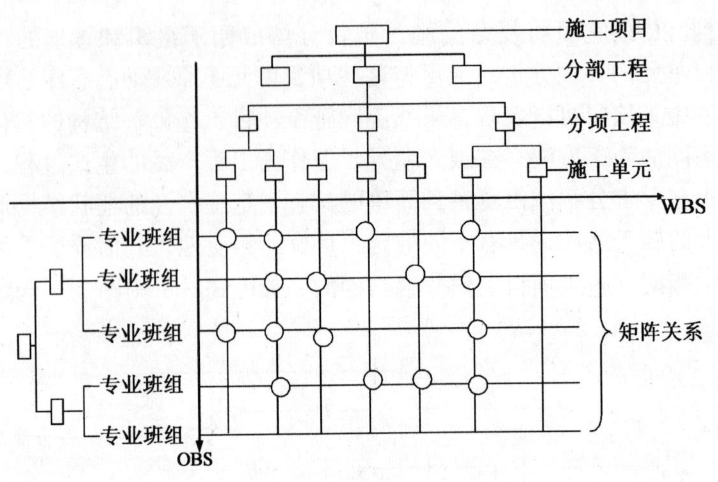

图1-4　施工项目工作分解结构与组织分解结构矩阵关系示意图

1. 施工单元

施工单元是施工项目工作分解结构中最基层的施工活动。它通常由最基本的资源组合，也就是施工现场最基本的生产单位，即专业生产班组为完成最基本的施工任务而开展的施工活动。从施工组织的角度看，施工单元是组成施工项目的最基本的活动单元。

由于作为施工单元实施主体的专业生产班组具有相对稳定的资源配置结构，所以在不受其他施工活动影响和制约的条件下，就单个施工单元而言，其能够达到的生产率水平完全取决于其自身资源配置所能形成的施工生产能力。该施工生产能力作为施工单元固有的属性客观存在，在不同的施工项目中，属于施工单元自身属性的生产率是相对稳定的。

出于组织施工和施工管理的需要，可将属于施工单元固有属性的相对稳定的生产率事先揭示出来，并转化成企业标准，这种规定施工单元生产率水平的企业标准，一般被称为资源定额。

资源定额作为一种企业标准，是施工企业编制施工进度计划、估算施工项目成本、分配施工任务、考核和评估专业生产班组工作绩效等管理工作的重要依据。

2. 分项工程

分项工程是指在施工现场同时进行的并且在工艺上紧密相关的若干施工单元的集合。作为较施工单元高一层次的施工活动，分项工程的实施主体一般由若干在工艺上紧密相关的专业生产班组组合而成。分项工程的施工成果，通常是完成拟建工程的某项可交付物的施工任务。所谓可交付物，是指构成永久性或临时性工程的有形的、可单独检验和计量的生产成果。

由于分项工程的成果是完成某项可交付物的施工任务，而这种可交付物在施工过程中所需材料的消耗率是相对稳定的，所以，分项工程可以作为编制材料消耗定额的对象。作为完成单位合格可交付物施工任务所需材料消耗数量标准的材料消耗定额，是编制材料需求计划和考核材料使用情况的主要依据。

3. 分部工程

根据不同的管理需要，可将具有某种共同特征的分项工程进行集成，通过集成组成不同的分部工程。例如，如果按专业工种不同对分项工程进行集成，则可形成土方、砌筑、混凝土浇筑等分部工程；再如，如果按工程部位对分项工程进程集成，则可形成基础、主体结构、屋盖、楼地面等分部工程。在划分分部工程时，不论从什么角度进行集成，分部工程的实施主体均是由具备某种共同特征的专业生产班组在更大范围内的集合。

三、对施工项目实施过程的动态描述

处于施工项目工作分解结构中不同层次上的施工活动之间，存在着相互联系和相互制约的系统关系。为了将静态的工作分解结构还原成动态的施工过程，还必须对存在于施工活动之间的系统关系进行分析和界定。

对存在于施工活动之间的系统关系进行分析和界定的过程，实际上是对施工项目进行流程设计和逻辑定义的过程。所谓流程设计和逻辑定义，通常是指根据既定的施工技术和组织方法确定施工项目所包括的不同施工活动开始和结束的先后顺序。按决定这种先后顺序的原因分类，则存在于施工项目所包括不同施工活动之间的逻辑关系通常可划分成技术逻辑和组织逻辑两种关系。通过对施工活动的逻辑分析，可以确定施工活动之间逻辑关系的具体形式，最终将静态的工作分解结构以网络图的形式还原成动态的施工过程。

(一)技术逻辑

技术逻辑是由施工技术规律所决定的施工活动之间的逻辑关系，这种逻辑关系通常受施工技术规律的支配。例如，在施工过程中，一般是先开挖基础土方后才能做基础垫层，做完基础垫层后才能浇捣钢筋混凝土基础。对于某个具体的施工项目，当其所采用的施工技术方法一旦被确定下来后，则存在于施工活动之间的技术逻辑也随之确定下来。如果在组织施工时违背这种逻辑关系，则施工过程将不可能正常进行，或者会造成质量和安全事故，导致返工和浪费。

(二)组织逻辑

组织逻辑是由施工组织方式所决定的施工活动之间的逻辑关系，这种逻辑关系通常受所采用的施工组织方式对资源配置要求的支配。例如，当采用流水施工方式组织施工时，如果在施工现场只配置一个瓦工班组，则当该瓦工班组在第一施工段从事砌筑砖墙的施工作业时，第二施工段由于没有所需的瓦工班组而不能同时进行砌筑砖墙的施工作业，在流水施工条件下，由于第一施工段和第二施工段共用一个瓦工班组，所以在相应砌筑砖墙的施工过程中，不同施工段上的施工活动之间存在时间上的先后顺序关系。这种因共用资源所引起的相关施工活动之间的先后顺序关系就属于组织上的逻辑关系。

存在于施工活动之间的组织逻辑通常是由所选择的施工组织方式决定的，组织方式不同，施工活动之间的组织关系也不同，相应地，组织逻辑也随之发生变化。对于同一项施工项目，不同的施工组织安排往往会引起不同的资源需求，不同的资源需求又会产生不同的经济效果，所以在组织施工时，应该合理确定相应施工活动之间的组织逻辑，以便在合理配置和使用资源的基础上不断提高施工过程的经济效果。

第二节　施工项目的进度、资源、成本

不同的进度安排决定施工项目对资源的不同需求，基于既定的成本核算体制，则不同的资源需求又决定不同的成本费用。这种由进度、资源、成本组成的系统关系，存在于所有施工项目的成本运动过程，它是构建施工项目进度成本运动模型的基础。

一、进度与工期

进度是用以衡量施工项目进展程度的指标，通常用一定时期内完成施工项目所包括不同施工任务的实物工程量来计量。所谓进度快，是指一定时期内所完成施工任务的实物工程量大；反之，则进度慢。

工期是指完成施工任务的期限。所谓施工任务，可以指整个施工项目，也可以是施工项目所包括的某项施工活动。工期通常用完成施工任务的开始时间、结束时间和延续时间来衡量。

进度和工期分别是以产量和时间的方式描述施工项目进展程度的指标。进度反映一定时期内所完成施工任务的实物工程量；工期反映完成一定数量的施工任务所需的施工时间。在工程内容一定的条件下，进度和工期之间存在密切的因果关系，进度是工期的客观基础，工期是进度的必然结果。

二、进度的衡量

根据对一定时期内完成施工任务的实物工程量的不同计量方式，施工项目的进度状况一般可采用单项进度指标和综合进度指标来加以衡量。

(一)单项进度指标

单项进度指标是用以衡量施工项目所包含某项施工活动进展程度的进度指标，通常用一定时期内所完成的该施工活动的实物工程量来计量。根据不同的计量方式，单项进度指标可以采用绝对数方式对进度进行计量，形成绝对数指标；也可以采用相对数方式对进度进行计量，形成相对数指标。表1-1是采用单项进度指标衡量某项施工活动进展程度的示意表。

采用单项进度指标衡量某项施工活动进度状况示意表 **表1-1**

工程名称：××工程　　截止时间：2007年5月4日

施工活动名称	计量单位	总工程量	完成数量	完成率(%)
人工挖土方	m^3	100	80	80

由于施工项目均是由一系列施工活动所组成的，所以，为了全面地反映施工项目在一定时期内的进度状况，必须分别计算在该时期内施工项目所包括的所有施工活动的单项进度指标，通过这些指标来衡量施工项目的总进度状况。表1-2是采用单项进度指标衡量某施工项目总进度状况的示意表。

采用单项进度指标衡量施工项目总进度状况示意表 **表1-2**

工程名称：××工程　　截止时间：2007年5月4日

施工活动名称	计量单位	总工程量	完成数量	完成率(%)
人工挖土方	m^3	100	80	80
浇捣混凝土垫层	m^3	40	20	50
绑扎钢筋	t	60	30	50
……	……	……	……	……

（二）综合进度指标

采用单项进度指标衡量施工项目总进度状况的优点是具体明了，但缺点是不够综合概括。为了概括地反映施工项目的总进展状况，引入了综合进度指标的概念。综合进度指标是用以衡量施工项目总进展程度的指标，通常是以施工活动在某个基本期的工程单价为基础，将该工程单价乘以当前时期内相应单项进度指标所形成的工程费用来计量。如果将施工活动的工程单价取定为直接费单价，则表1-2所示的施工项目的总进度状况，可以用表1-3所示的综合进度指标的形式来衡量。

采用综合进度指标衡量施工项目总进度状况示意表 **表1-3**

工程名称：××工程　　　　截止时间：2007年5月4日

施工活动名称	计量单位	总工程量	基期单价（元）	工程总费用（元）	完成费用（元）	完成率（%）
人工挖土方	m^3	100	20	2000	1600	80
浇捣混凝土垫层	m^3	40	300	12000	6000	50
绑扎钢筋	t	60	4000	240000	120000	50
合计完成	—	—	—	254000	127600	50.2

三、进度与资源

施工项目的进度状况与相应的资源配置有着直接的关系，资源配置是施工项目得以进展的物质基础；反过来，由于施工项目是由一系列相互关联的施工活动组成的，所以，资源配置又必须符合既定的进度要求。

（一）资源配置是施工项目得以进展的物质基础

组成施工项目的各项施工活动，其实施主体是配置在施工现场的并且按相应施工规律的要求组合起来的施工资源，当具有一定施工能力的资源作用于施工活动上，才能完成相应的施工任务，使施工项目向前推进，从这个意义上讲，施工资源是施工项目得以进展的物质基础。

（二）要根据进度要求配置施工资源

由于施工项目是由一系列施工活动组成的集合，组成施工项目的不同施工活动之间存在着技术上和组织上的逻辑关系，正是这种逻辑关系的存在，才能使这些施工活动形成相互关联的有机整体。从进度上看，一项施工活动的进度状况必将影响与之相关的其他施工活动的进度。所以，在组织工程施工时，必须根据组成施工项目的不同施工活动的进度要求来合理地配置施工资源，力争使通过资源配置所形成的施工生产能力与施工项目的进度要求相匹配。这样才能使施工活动协调地开展，提高施工资源的利用率。反之，则会引起资源利用率的降低进而导致施工成本的提高。

四、施工项目成本及其费用构成

施工项目成本是指发生在其施工过程中的生产性费用。采用不同的成本核算方法，施工项目成本所包括的费用是不同的。为了准确地估算和有效地控制成本费用，必须从便于成本估算和控制的角度出发，对发生在施工过程中的各项生产性费用进行合理分类。

（一）施工项目成本

施工项目成本是指施工企业以施工项目为成本核算对象，按制造成本法计算的某施工项目在施工过程中所发生的全部生产性费用，包括施工过程中消耗的建筑材料和构配件的费用、周转材料的损耗和租赁费用、施工机械的使用或租赁费、支付给生产工人的劳动报酬以及施工项目经理部为组织和管理施工过程所需发生的管理费用等。

所谓成本核算对象，是指在计算施工项目成本的过程中，确定归集和分配生产费用的具体对象，即生产费用承担的客体。成本核算对象的确定是施工企业设立成本明细账户、归集和分配生产费用以及正确计算施工项目成本的前提。

制造成本法是以制造成本作为成本计算和分配对象的成本核算方法。所谓施工企业的制造成本，通常是指施工项目经理部的成本。制造成本法是一种只将与施工项目生产直接相关的成本费用计入施工项目成本，而将与施工项目生产没有直接关系但却与施工企业经营期间相关的费用作为期间成本，从当期收益中一笔冲减的成本计算和分配方法。

以施工项目为成本核算对象，将施工过程发生的与施工生产直接相关的生产工人、机械设备等施工资源的费用以及建筑材料、构配件、周转材料的费用进行归集计算，再加上施工项目经理部为组织和管理施工过程所需发生的费用，就是施工项目成本。

(二)施工项目成本的费用构成

组成施工项目成本的费用，归根到底是发生在施工过程所包括的所有施工活动上的生产性耗费。根据开展施工活动的不同目的，则组成施工项目的施工活动通常可分成两类，其一是为形成工程实体而开展的施工活动，包括为形成拟建工程实体所开展的施工活动以及为确保这些施工活动能顺利开展所必须进行的临时工程等；其二是为组织和管理施工过程所必须进行的组织和管理工作。与上述施工活动相对应，则施工项目成本通常包括直接成本和间接成本两类费用。

1. 直接成本

直接成本是指在施工过程中直接耗费的、为形成工程实体或有助于工程实体形成所必须开展的施工活动上的生产性费用。这些费用通常是施工现场的生产工人为完成拟建工程的施工任务所开展的将建筑材料转化成永久或临时工程实体的施工过程中的耗费，包括直接的人工费、材料费、机械费以及分包商的费用等。

2. 间接成本

间接成本是指在施工过程中间接耗费的、为提供施工保障所必须开展的组织和管理工作上的费用。这些费用通常是施工项目经理部为确保正常施工所开展的施工准备、组织管理和后勤服务等管理工作过程中的耗费，包括现场管理人员的人工费、劳动保护费、办公费、差旅交通费以及管理用固定资产折旧费等。

五、资源与成本

施工项目的实施主体是一系列按施工工艺和施工组织的要求组合起来的具有相应施工能力的资源，这些施工资源分别作用于不同的施工活动上，才能完成施工承包合同所规定的施工任务。在通过施工活动完成合同任务的施工过程中，必须使用资源并消耗材料，施工过程中使用资源的费用加上消耗材料的费用就是施工项目的成本。

施工项目成本的大小，通常取决于“量”和“价”两个因素，其中“量”是用以衡量施工项目对资源和材料需求的指标，“价”是对应于“量”的单位费用。在确定“量”和“价”的基础上，施工项目成本可采用式(1-1)进行计算。

$$施工项目成本 = \sum_{i=1}^{n} 量_i \times 价_i \quad (1\text{-}1)$$

在使用式(1-1)计算施工项目成本时，用于衡量施工项目对资源和材料需求的“量”的指标以及对应于这种“量”的价格，其具体形式可能会随不同的成本管理模式而变化。在基于施工项目进度成本集成管理模式下的成本核算过程中，用于衡量施工项目对资源和材料需求的“量”的指标以及对应于这种“量”的价格的具体形式如下：

(一)价格

价格作为对应于需求数量的单位费用，对于不同的资源和材料以及同一种资源和材料的不同的需求指标，其所采用的价格形式通常是不同的。

1. 工资标准

不论是生产工人还是管理人员，劳动力作为一种具有主观能动性的施工资源，在施工过程中能够达到的生产率水平与所采用的以工资为主要形式的激励措施直接相关。生产率是用以衡量施工过程中投入产出关系的经济指标，通常用完成施工任务所需生产工人的工作时间来计量。在施工项目管理的实践中，通常需要借助适当的工资形式作为激励措施来提高施工项目的生产率水平，所以，工资形式与生产率以及生产率与资源需求之间存在着相辅相成的关系，管理的任务之一就是要找出其中的平衡点以协调这种关系。为了激发劳动者在施工过程中的主观能动性，通常的做法应该是采用计时工资和计件工资相结合的工资形式。相应地，工资标准一般也包括计时工资标准和计件工资标准两种形式。

(1)计时工资标准

计时工资标准是根据完成施工任务的技能要求按工日或工时支付的工资标准，包括正常工作班和翻班工作班内的工资标准以及相应的班内加班、节假日加班和节假日班内加班的工资标准等。根据既定的计时工资标准，当施工项目所需的劳动力被雇用到施工现场后，只要按规定时间出勤就能得到相应的计时工资。施工项目必须支付给某劳动者的计时工资等于该劳动者的出勤时间与相应计时工资标准的乘积。

(2)计件工资标准

计件工资标准是按完成施工任务的数量进行计量支付的工资标准。根据事先约定的计件工资标准，在施工过程中按实计量，将按实计量的结果乘以相应的计件工资标准即得必须支付的计件工资。

从上述计件工资标准的概念出发，则完成施工项目所包括某项施工任务的计件工资，应该等于完成施工任务的实物工程量与相应计件工资标准的乘积，式(1-2)是这种计算方法的示意。

$$C = Q \times J \quad (1\text{-}2)$$

式中 C——计件工资；

Q——完成施工任务的实物工程量；

J——对应于 Q 的计件工资标准。

上述公式直观地表达了计件工资的计算原理，但是，由于施工项目往往包含多项施工任务且不同的施工任务所需采用的计量方式是不同的，相应地，分别确定以实物工程量为计量对象的计件工资标准是一项十分繁琐的工作且难于做到完成不同施工任务的工人之间的同工同酬，所以，为了简化确定计件工资标准的过程并合理确定不同施工任务的计件工资，一般不直接使用式(1-2)所示的计件工资标准进行计量支付，在实际工作中真正被使用的具有较强可操作性的方法可用式(1-3)示意。

$$C = T \times H \tag{1-3}$$

式中 C——计件工资；

T——资源定额与相应施工任务实物工程量的乘积，一般被称为计件人工数量，它代表按资源定额所规定的生产率标准，完成施工任务对生产工人工作时间的额定需求数量；

H——对应于 T 的计件工资标准。

由于同一套资源定额所反映的生产率水平是相同的，相应地，将不同施工任务的实物工程量乘以反映相同生产率水平的资源定额所形成的计件人工数量，应该是反映在同等技术熟练程度和主观努力程度基础上完成施工任务所需劳动力的额定工作时间。所以，在施工项目成本管理的实践中，针对不同工种确定对应于这种额定工作时间的计件工资标准的做法是合理的。

2. 机械设备和周转材料的租赁单价

施工项目所使用的机械设备和周转材料，按其来源不同一般可分成企业自有和外部租赁两种。外部租赁是指通过向外单位(如设备和周转材料租赁公司或其他施工企业等)租用而获得的机械和周转材料；企业自有是指直接使用本企业所拥有的机械和周转材料。

机械设备和周转材料作为一种固定资产，从投资收益的角度看，购置该机械设备和周转材料所需花费的一次性投资必须从其能够实现的收益中得到回报。设备和周转材料租赁公司通过出租其拥有的机械和周转材料从租金收入中回收投资并实现利润。考虑到施工企业所拥有的机械设备和周转材料同样具有通过出租以实现收益的机会，所以，在施工企业的管理层和项目层分层核算的条件下，配置在施工项目上的机械设备和周转材料，不论来自于本企业还是外部租赁，在核算施工项目成本时，均应将其看成来源于外部租赁。相应地，对其费用的核算也应该以该设备和周转材料在施工项目上的配置时间乘以相应租赁单价的方式进行。

租赁单价是指施工项目在租用其所需的机械设备和周转材料时，按租赁协议必须支付给出租方的单位时间费用。在施工项目成本管理的实践中，决定租赁单价是施工企业成本决策的重要环节。在使用外单位所拥有的机械设备和周转材料时，必须通过有效的采购管理来选择出租单位并确定合理的租赁单价；当使用本企业自有的机械设备和周转材料时，则必须将租赁单价看作是调节管理层和项目层之间成本责任和经济利益的杠杆，在权衡企业投资收益与施工项目成本竞争力关系的基础上做出决策。

3. 实体材料价格

实体材料是指在形成工程实体的施工过程中被实际消耗的材料，相应地，实体材料价格是指将该材料采购到施工现场的单位费用，包括购买价格、必须分摊的运杂费和采购保管费等。

(二)需求

在核算施工项目成本时，对应于不同的价格形式，用以衡量施工过程对资源和材料需求的“量”的指标包括：

1. 计时人工数量

计时人工数量是对应于计时工资标准所提出的人工需求指标，它以完成施工任务所需劳动力的配置强度和相应配置时间的乘积为指标值。

对应于不同的计时工资标准，计时人工数量包括正常工作班和翻班工作班内时间以及相应的班内加班时间、节假日加班时间和节假日班内加班时间等具体指标。

2. 计件人工数量

计件人工数量是对应于计件工资标准所提出的人工需求指标，由于计件工资标准被定义成在定额生产率条件下完成施工任务所需生产工人工作时间的单位费用，所以，计件人工数量也只能以完成施工任务的实物工程量与相应资源定额的乘积为指标值。

3. 机械使用量

机械使用量是对应于机械租赁单价所提出的机械需求指标，它以完成施工任务所需机械设备的配置强度和相应配置时间的乘积为指标值。

4. 周转材料周转使用量

周转材料周转使用量是对应于周转材料租赁单价所提出的周转材料需求指标，它以完成施工任务所需周转材料的配置强度和相应配置时间的乘积为指标值。

5. 实体材料消耗量

实体材料消耗量是对应于实体材料价格所提出的实体材料需求指标，它以完成施工任务的实物工程量与相应材料消耗定额所规定的材料消耗量标准的乘积为指标值。

六、进度与成本

在反映施工项目对资源和材料需求的“量”的指标中，有一部分指标的值与施工项目的进度要求密切相关，如计时人工数量、机械使用量以及周转材料周转使用量等。这些与进度要求密切相关的指标，其指标值均必须在经由进度计划过程明确实现进度要求所需施工资源或周转材料配置强度和相应配置时间的基础上将两者相乘来加以确定。

施工项目的进度安排与相应资源或周转材料需求之间的定量关系，可以通过对施工项目的进度计划过程来加以确定，由于资源需求是施工项目成本的影响因素之一，所以，以这种定量关系为纽带，可以建立施工项目进度与成本的相关性。

第三节　施工项目进度成本集成管理

施工项目进度成本集成管理是以资源需求为纽带开展的针对施工项目进度和成本的管理，其管理目标是实现施工过程进度、资源和成本的动态平衡。为了实现管理目标，首先必须通过计划建立这种平衡，其次必须通过控制使这种平衡得以维持。采用不同的方式实施计划和控制，其管理效果是不同的。施工项目进度成本集成管理采用基于管理会计理论的方式对施工过程进行计划和控制。

一、施工项目进度成本集成管理的概念

施工项目的实施过程必然要受资源可获得性、合同工期和费用最小化要求的约束。为了在规定的合同工期并满足成本费用最小化要求的前提下完成施工承包合同所定义的施工任务，施工企业必须对施工项目进行管理，通过对施工项目的实施进度和相应资源配置进行权衡，建立并维持施工过程进度、资源和成本的动态平衡。

施工项目进度成本集成管理是指为了在规定的合同工期和满足成本费用最小化要求的

前提下完成施工承包合同所规定的施工任务，对施工项目及其实施过程所进行的计划、执行和控制。

二、管理过程

按照通常的说法，管理是为了实现既定的目标，而对实施过程所进行的计划、执行和控制工作。施工项目进度成本集成管理的管理目标是实现施工过程进度、资源和成本的动态平衡，为此，必须对施工过程进行计划、执行和控制。

计划——确定行动目标并设计实现目标的有效方案；

执行——组织必要的资源以实施计划；

控制——通过对执行过程的监测，评估计划执行状况，必要时采取整改措施。

(一)计划过程

计划是对行动的事先安排，包括确定目标并拟定实现目标的行动方案。计划过程是指作出这种事先安排的管理过程。施工项目的复杂性决定了计划过程是不可缺少的，计划过程不仅是决定施工活动将如何开展的路标，而且其本身也是一种有效的决策工具。计划不仅给出了可替换的行动方案及所需的资源配置，而且规定了实施进度和相应的资源需求，由此，项目经理可以选择最佳方案。

施工项目进度成本集成管理的计划过程，主要包括进度计划和成本估算两个方面，计划过程的成果，通常是形成相应的进度成本集成计划体系。

1. 进度计划

进度计划是对施工项目的实施进度所做的事先安排，其计划过程主要是在定义所需开展的施工活动的基础上，通过对施工项目的实施进度和资源配置的选择和权衡，形成带时间限制的施工活动清单和相应资源需求直方图的过程。

进度计划过程的依据、技术和方法以及相应的结果如下：

依据——施工承包合同所定义的施工任务、所拟定的施工技术和组织方案、施工现场条件、能够获取的施工资源以及相应的生产能力和所能达到的生产率等。

技术和方法——确定施工项目工作分解结构的技术和方法、施工组织技术、网络计划技术等。

结果——带时间限制的施工活动清单及相应的资源需求直方图。

2. 成本估算

成本估算是指在进度计划确定施工项目对资源和材料需求的基础上，结合资源和材料的价格对组成施工项目成本的各项费用进行预测、计算和权衡，并按不同成本责任单位加以汇总，最终形成基于进度计划的计划成本指标体系的过程。

成本估算过程的依据、技术和方法以及相应的结果如下：

依据——既定的进度计划、获取和使用施工资源的方式和相应的价格体制，以及在既定价格体制下的价格水平。

技术和方法——基于进度计划的成本估算和决策方法。

结果——施工项目的计划成本和实施成本控制所需的计划成本指标体系。

值得注意的是，进度计划和成本估算是同一项计划过程的两个不同的方面，进度计划的结果是成本估算的依据，成本估算必须在进度计划确定施工项目对资源和材料需求的基础上进行；反过来，通过成本估算所形成的计划成本又是评价进度计划优劣的标准，依据成本估算的结果，可以对进度计划的内容进行选择或作优化处理。

(二)执行过程

执行就是将计划付诸实施。执行过程是指为了将计划付诸实施，创建组织并通过授权促使各组织单元完成相应施工任务的管理过程。

1. 创建实施计划所需的组织

组织是为了实现特定的目标而将相关资源组合起来所形成的具有特定结构的群体，施工项目组织是施工企业为履行施工承包合同所规定的施工任务，将相关资源组合起来所形成的属于企业内部的项目化组织，作为施工项目的实施主体，施工项目组织是以合同任务为导向的，必须具备完成合同任务所需的施工能力。

施工项目组织的创建过程，就是识别和选择具体的施工资源，并按实施计划所需施工能力的要求组合起来，通过授权形成与计划任务相适应的组织结构的过程。

创建施工项目组织的依据、技术和方法以及相应的结果如下：

依据——实施计划所需的施工能力、可供选择和使用的施工资源、企业已有的组织结构和相应的管理体制。

技术和方法——创建施工项目组织的理论和方法。

结果——形成能履行合同任务的组织体系，包括组织形式、机构或部门、人事安排、工作流程以及行为准则等。

2. 领导过程

领导就是授权并动员组织单元完成其所分配的任务。领导过程是指领导者实施领导的管理过程。施工项目的复杂性决定了必须将管理者从执行者队伍中分离出来，形成独立于执行者的管理主体。该管理主体在识别计划任务的基础上，通过授权并动员相关组织单元中的施工资源完成相应施工任务，从而推动施工项目向前进展。

领导过程的依据、技术和方法以及相应的结果如下：

依据——既定施工项目组织中各部门的职责和权限、组织的工作流程和行为准则、经由计划过程所确定的计划任务。

技术和方法——有关领导的理论和方法。

结果——推动施工项目按计划实施。

(三)控制过程

控制是指为确保实施过程处于受控状态，而对实施过程所做的监测、评估和处理。相应地，控制过程就是授权并动员管理主体对施工项目实施控制的管理过程。

由于不可避免地要受干扰因素的影响，所以，施工过程不可能完全按计划的要求进行，进度的拖延、资源的变动、成本的增减，这些失控现象不同程度地存在，导致经由计划过程确立的施工项目进度、资源和成本的平衡关系被打破。为了确保施工过程中进度、资源和成本的动态平衡，必须通过对施工过程进行监测以及时了解施工项目的进展状况，并将该进展状况与计划要求进行对比以发现差异，进而评估这种差异对施工项目所产生的影响，在此基础上，选择有效的措施建立新的平衡。

1. 监测过程

监测过程是指对施工项目的实施过程进行监控和测量，以期及时了解施工项目的进展状况，并与计划要求作对比分析以发现执行差异的管理过程。

反映施工项目进展状况的测量指标，通常包括在测量期内所完成施工任务的实物工程量、使用资源和消耗材料的数量以及相应的成本费用等，将测量指标与同期计划指标作对比分析，可以发现二者之间的差异。

监测过程的依据、技术和方法以及相应的结果如下：

依据——监测期内所完成施工任务的实物工程量、使用资源和消耗材料的数量、资源和材料的实际价格，以及对应于上述内容的计划要求。

技术和方法——对施工成果和相应消耗的检测、测量以及统计的技术和方法。

结果——发现执行差异。

2. 处理过程

处理过程是指为维持施工项目的进度、资源和成本的平衡关系，针对施工过程所出现的差异及引起差异的原因，采取措施予以纠正的管理过程。

处理过程的依据、技术和方法以及相应的结果如下：

依据——所发现的执行差异以及引起这种差异的原因。

技术和方法——适用于纠正差异的技术、经济、组织和管理方法。

结果——纠正后的施工过程或调整后的实施计划。

对施工项目实施过程所进行的计划、执行和控制过程，虽然凭借其独立的依据、技术和方法以及独立的结果而相对独立，但是不同管理过程之间通过它们的依据和结果相互联系，共同构成如图 1-5 所示的贯穿于施工项目全过程的管理循环。

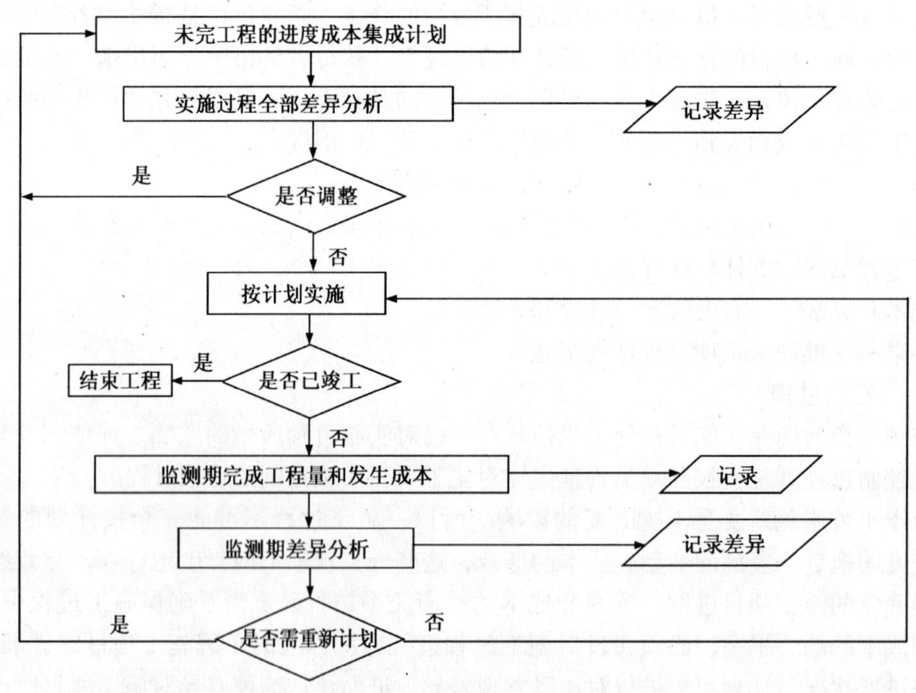

图 1-5　管理过程流程图

从图 1-5 可以看出，针对施工项目的计划、执行和控制是贯穿于其实施全过程的管理循环。作为开始，新编施工项目的计划过程可以被看成是计划过程的一个特例，此时施工项目所包括的施工任务均未被完成，通过计划形成的进度、资源和成本指标可以被看成是相对于未编计划的全部差异，以这种差异为依据，可以进行计划的优化。当计划目标达到令人满意的程度后，则以该计划作为指导，开始施工项目的实施过程。为了确保施工项目进度、资源和成本的动态平衡，应对施工过程进行定期监测以及时发现执行差异，进而以控制期内所发生的差异为依据，评判施工项目的执行状态和变动趋势。当必须采取措施建立或维持新的平衡时，则作为措施之一，是对控制期末所有未完工程内容进行重新计划。相应地，管理过程进入下一个循环。

三、管理模式

管理模式是指在进行计划、执行和控制时所采用的具体方式。基于施工项目进度成本集成管理理论的计划、执行和控制，其所采用的管理方式具有如下特点：

◎采用基于施工活动的成本运动模型；

◎以矩阵式项目组织为基础确定管理主体的权责关系；

◎实行动态的进度成本综合控制。

（一）采用基于施工活动的成本运动模型

现有施工项目成本管理所采用的成本运动模型，不论是借鉴标准成本控制原理的定额预算模型，还是基于传统财务会计理论的成本核算模型，均不能有效地将决策机制融入对成本费用的估算和控制过程。实际上，作为发生在施工过程中的生产性费用，施工项目的成本运动必然要受诸如完成合同任务所包括的施工活动、针对施工活动所选择的技术和组织方法、基于一定施工技术和组织方法的进度安排、在既定的进度安排条件下开展施工作业所需的资源配置、不同资源配置所引起的资源利用以及对资源的需求等变动因素的影响。施工项目进度成本集成管理的特点之一，就是通过构建基于施工活动的成本运动模型，将针对上述变动因素的决策机制引入对施工成本的估算和控制过程，实现对施工项目成本的有效决策和动态控制。

1. 基于施工活动的成本运动模型

施工项目的成本运动是指在施工项目实施过程中组成施工项目成本的各项生产性费用的运动，包括各项费用支出的起因、形成、发生和定量核算、以及在形成这些费用时受相关变动因素的影响而发生变化的趋势等。基于施工活动的成本运动模型，是以施工项目的进度计划为基础，从施工活动的实施进度和资源配置的关系出发，将影响成本费用的相关因素关联起来描述成本运动的动态模型。它在很大程度上改变了基于标准成本控制的定额预算模型和基于传统财务会计的成本核算模型的静态思维理念，是从对施工项目的范围定义开始，经选择施工活动的技术和组织方法，再到选择完成施工任务所需的资源，并经由进度计划明确资源需求和这种需求在时间上的分配，最终依据基于既定核算体制的价格计算各项成本费用并加以汇总的过程。值得注意的是，形成施工项目成本的过程并不总是按上述顺序进行的，考虑到决策环节对顺序的影响，施工项目的成本运动可用图 1-6 示意。

（1）对施工活动的定义

对施工项目而言，其成本的大小首先取决于为完成合同任务所需开展的施工活动，通常的情况是，施工承包合同并没有对施工企业必须开展哪些施工活动进行直接的描述，作为成本管理的第一步，施工企业必须根据合同文件有关承包范围和质量标准的约定，在拟定相应施工技术手段和组织方法的基础上，自行定义需要开展施工活动的具体内容。

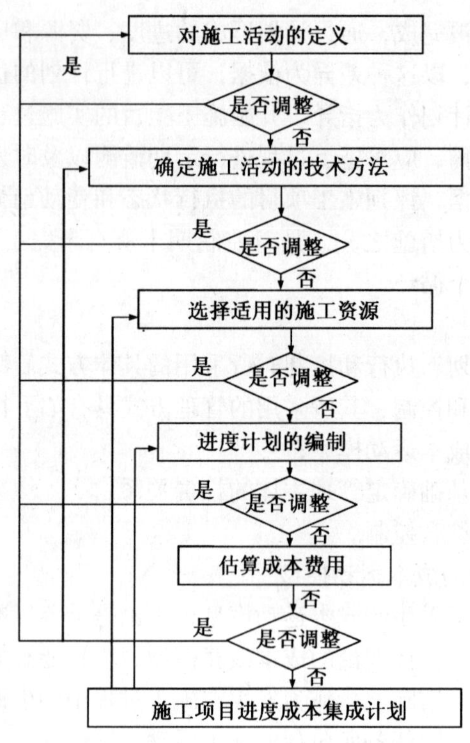

图1-6 基于施工活动的成本运动示意图

(2)确定开展施工活动的技术方法

对于同一项施工活动，可以采用多种技术方法加以实施，施工企业必须作出决定，通过选择技术方法以明确施工活动的工艺和组织流程。

(3)选择适用的施工资源

根据施工活动的技术方法并结合资源的可获得性，选择具体的施工资源作为施工活动的实施主体，不同的资源选择可以形成不同的生产率，相应地，会产生不同的资源需求和成本费用。

(4)进度计划的编制

施工项目的进度计划是对施工活动在作业时间和资源配置方面的事先安排，其计划内容主要包括带时间限制的施工活动清单以及相应的资源需求直方图。

在明确施工项目所包括的施工活动以及存在于这些施工活动之间的逻辑关系的基础上，编制进度计划的过程，其实就是将施工活动的技术方法、技术方法所需的资源配置，以及一定资源配置条件下所能达到的生产率等因素融入对施工活动的网络分析中，依据能够达到的资源利用率或对资源需求的均衡性要求，通过选择、评估和决策，最终形成带时间限制的施工活动清单和相应资源需求直方图的管理过程。

(5)估算成本费用

估算施工项目成本费用的过程，是指在进度计划确定施工项目的资源配置和相应资源需求指标的基础上，依据获取和使用资源的不同方式，分别确定对应于不同资源需求指标的资源价格，并据此计算成本费用的过程。

当施工项目的成本费用被估算出来后，为了便于成本控制，必须按成本控制的要求将这些费用进行分配以明确成本费用的责任主体，在此基础上，编制施工项目进度成本集成计划。

2. 采用基于施工活动成本运动模型的优点

基于施工活动的成本运动模型是一种动态的模型，它在很大程度上改变了基于标准成本控制的定额预算模型和基于传统财务会计的成本核算模型的静态思维理念，将施工项目的范围定义、施工技术和组织方法、以及在既定施工技术和组织方法条件下形成的进度安排与资源配置的关系融入对施工项目成本运动的描述之中。通过这种模型，可以定量地把握施工项目进度、资源和成本的关系，从而为实现基于成本决策的施工项目成本估算和控制创造条件。

(二)以矩阵式项目组织为基础确定管理主体的权责关系

施工项目所采用的矩阵式组织，是指在企业职能式组织的基础上，以合同任务为导向将相关资源临时组合起来所形成的，用以履行施工承包合同所定义施工任务的企业内部项目化组织。图1-7是施工项目所采用的企业内部矩阵式项目组织的组织结构图示意。

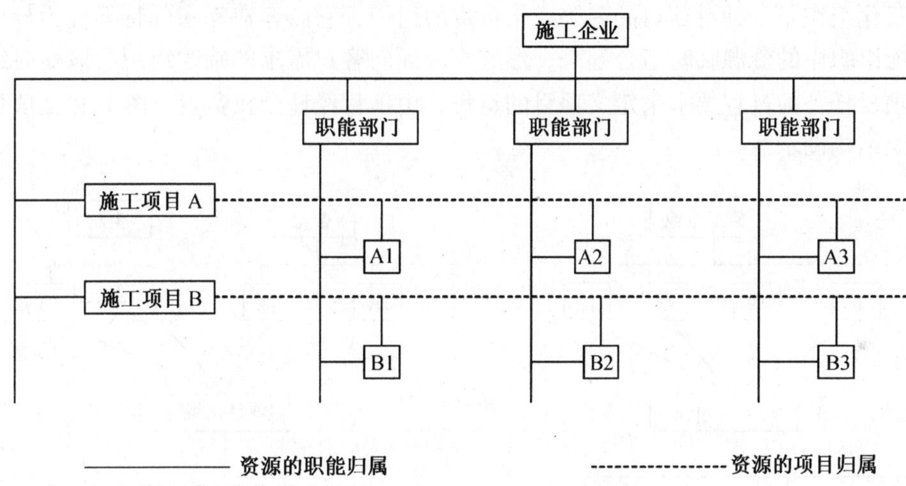

图1-7 矩阵式项目组织结构示意图

矩阵式项目组织作为施工企业为履行施工承包合同而建立的属于施工企业内部的项目化组织，既依存于企业职能式组织之内、受职能部门的支持和约束，又独立于企业职能式组织之外、跳过职能式组织直接面向用户。

1. 企业职能式组织

施工企业的投资人通过采购和雇用活动，在专业分工的基础上，将社会资源按形成企业整体功能的要求组成不同的职能部门，凭借基于所有权所形成的企业规章，通过命令和服从关系，授权各职能部门完成其责任范围内的工作，共同实现企业据以服务社会的整体功能，这就是传统的企业组织形式，也称为职能式企业组织。图1-8是企业职能式组织的组织结构图示意。

职能式组织是一种以功能为导向的组织，它注重构建并维持企业据以服务社会的整体功能，靠命令和控制运行，旨在保持企业形态的长久和稳定。

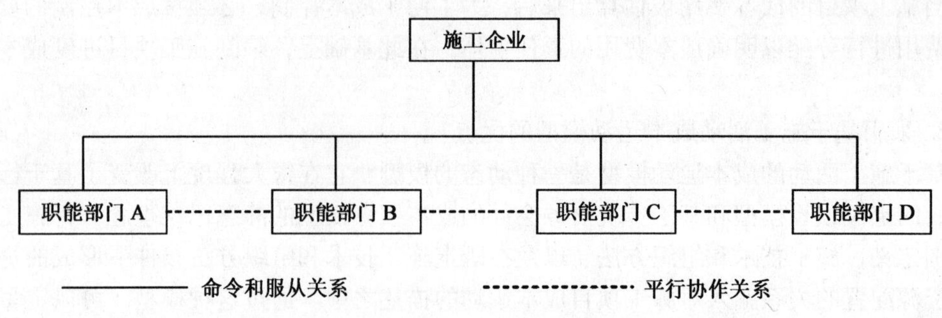

图1-8 企业职能式组织结构示意图

存在于职能式组织中的资源，均具有相应的职能归属，受部门经理的领导，部门经理负责确定并使用资源，通过部门建设提高本部门的专业水平，按上级的指令或程序完成本部门的专业任务。

2. 项目化组织

项目化组织是一种对项目的最终成果负责的组织，它以客户需求的特异性为导向，将企业职能组织中的资源临时组合起来，形成直接面向客户需求的临时组织。该临时组织根据完成项目任务的过程要求来定义项目的运作，由项目经理全权负责。图1-9是项目化组织的组织结构图示意。

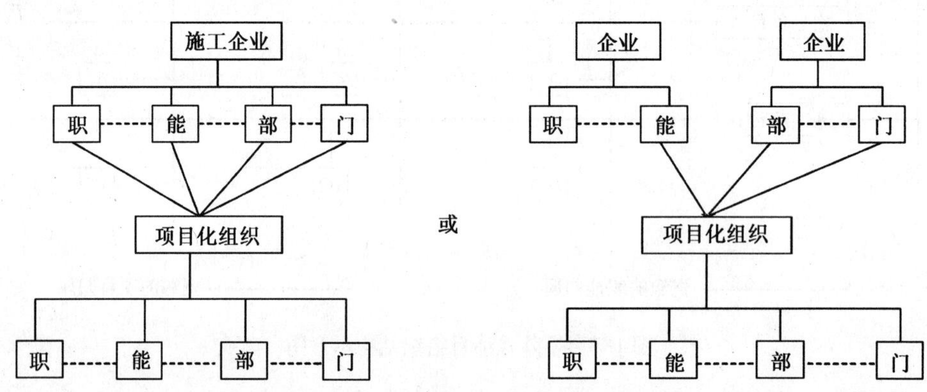

图1-9 项目化组织结构示意图

组成项目化组织的资源，可以来源于企业内部相关的职能部门，也可以来源于其他企业，通过合同或合作关系，由项目经理根据完成项目任务的过程要求统一领导、协调和平衡。

3. 施工企业的矩阵式项目组织

建筑市场所采用的承发包体制决定了施工企业必须面向合同任务组织其生产活动，面向合同任务的生产组织方式导致施工企业的生产任务在时间上的不均衡和在内容上的不一致。时间上的不均衡是指施工企业的生产任务主要来源于施工承包合同，而在不同时期获取合同任务的规模是不一样的；内容上的不一致是指不同的施工承包合同包含不同的工程内容，不同的工程内容需要不同的施工方法，不同的施工方法需要不同的资源配置，其生产过程均是针对不同合同任务的一次性施工过程。

生产任务在时间上的不均衡和内容上的不一致，导致施工企业在建立并维持对外承包施工所需企业整体功能的基础上，必须采用面向合同任务的方式组织其生产活动。为了同时满足上述二项要求，在施工企业的组织结构中，一方面必须建立以功能为导向的基于专业分工的职能式组织，据此构建并维持企业对外承包施工的整体功能；另一方面，必须组建以合同任务为导向的基于项目过程的项目化组织，据此形成完成合同任务所需的施工能力，直接对客户负责。

矩阵式组织作为施工企业为履行施工承包合同而组建的企业内部项目化组织，其实是依存于施工企业职能式组织之中的面向合同任务的项目化组织，由于该组织中的资源均同属职能组织和项目组织两个不同的组织体系，所以它是一种既能保持企业形态长久稳定又能使企业资源直接面向客户的组织形式。

4. 施工企业矩阵式项目组织中不同管理主体的权责关系

施工企业矩阵式项目组织中不同管理主体的权责关系，将直接影响施工项目的实施进度和成本运动。施工项目的管理主体，主要包括代表职能组织的部门经理和代表项目组织的项目经理。根据组建矩阵式组织的一般原则，项目经理负责选择并使用施工资源，凭借组织优势配置资源以形成相应的施工能力，完成施工承包合同所规定的施工任务，直接面向客户；部门经理负责采购并管理施工资源，凭借专业优势向施工项目提供资源，提高资源的性能和价格上的竞争力，对项目经理负责。

矩阵式项目组织中项目经理和职能经理的权责关系,决定了项目组织和职能组织在施工项目进度成本管理中的作用是不同的。其中,项目组织是决定施工项目对资源需求的责任单位,通过合理安排施工进度以优化资源配置,在此基础上,确定对资源的需求和使用;职能组织是决定施工项目所需资源价格的责任单位，通过有效的资源采购和管理以降低资源的使用成本，并在此基础上决定资源的价格。在施工项目进度成本集成管理的计划过程中，必须根据职能组织和项目组织的现实情况，在充分协调资源采购和资源使用之间关系的基础上，才能确定施工项目的计划进度和相应的资源配置，在明确资源配置的基础上才能确定相应的资源需求和价格，在明确资源需求和资源价格的基础上，才能确定施工项目的成本水平；相应地，在施工项目进度成本综合控制过程中，则必须通过分析实际的资源需求和资源价格对所出现的执行差异的影响，才能明确项目组织和职能组织的管理责任。

由于在项目经理和职能经理之间往往存在权责关系的交叉，这种交叉关系的存在又会对资源需求和资源价格产生影响，所以，必须充分运用项目经理和职能经理之间的信息双向流动和双向反馈机制，促进两者在进度和成本决策过程中的协调，以实现资源需求和资源价格的平衡。

（三）实行动态的进度成本综合控制

施工项目进度成本集成管理所采用的管理模式的又一个特点，是在施工过程中以资源配置为纽带，将施工进度和成本费用这两个相互关联的控制要素集成起来，实行基于进度计划的施工项目进度成本综合控制。

1. 控制目标

控制的目标是使被控制的过程要素处于受控状态，施工项目进度成本综合控制是依据对施工过程中进度和成本的监测结果，由管理主体对影响施工过程的相关要素所采取的行动，其目标是建立并维持施工过程中进度、资源和成本的动态平衡。这种进度、资源和成本的动态平衡，是确保施工项目在满足委托方要求并尽量实现成本费用最小化的基础上向前推进所必需的。

2. 综合控制

施工项目的实施主体是配置在施工现场的资源，以资源配置为纽带，通过计划过程可以构建能反映施工项目进度和成本系统关系的数据模型，借助于这种数据模型，可以实现对施工项目实施进度和成本费用的综合控制。

3. 采用基于施工活动的控制方法

施工项目是由一系列相互关联的施工活动组成的，在施工过程中，其实施进度和成本费用均取决于这些施工活动的执行状况，所以，对施工项目的实施进度和成本费用进行控制，其控制对象并非进度和成本自身，而应该是施工进度和成本费用的决定因素，也就是组成施工项目的施工活动。

基于施工活动的进度成本综合控制方法，强调通过不断改善履行施工承包合同所需开展的施工活动，包括施工活动的内容、活动之间的逻辑关系、活动的技术方法以及实施活动所需的资源配置等，来实现对施工项目进度和成本的有效控制。当然，监控施工项目实施过程进度和成本的实际情况并据此评审施工过程所处的状态，可以为施工活动的整改工作提供必要的决策支持。

在采用基于施工活动的控制方法对施工项目的进度和成本进行综合控制时，可以考虑选择如下不同层次的整改策略：

(1)重新定义施工活动

施工项目所包括的施工活动，是在该项目的计划阶段依据合同文件有关承包范围和质量标准的约定，在拟定施工技术和组织方案的基础上，由施工企业自行确定的。当工程开工后，由于前期实施的结果引起了确定施工活动的假设条件发生变化，作为整改策略的第一种选择，必须依据新的约束条件和假设前提对后续工程所包括的施工活动进行重新定义。

(2)优化施工活动的技术方法

针对某一项施工活动，可以采用不同的技术方法加以实施。当计划阶段所选择的技术方法被前期施工的实践证明不是最优或不再适用于后续工程的实际要求时，则必须采取措施对原计划所确定的技术方法进行重新选择或作优化处理。

(3)改善施工活动之间的逻辑关系

当施工项目的前期实施结果表明按原计划规定的逻辑关系施工已无法满足项目委托人所要求达到的目标时，则必须对后续工程所包括的施工活动之间的逻辑关系进行重新设计。

(4)重新配置施工资源

重新配置施工资源是当采用诸如改善技术方法或改善逻辑关系等整改策略均无法满足施工项目的既定目标时所采用的控制措施，施工资源的重新配置势必影响施工企业的资源采购和供应。所以，这种控制措施已经突破了项目组织的范围，有可能给企业职能部门的正常工作带来负面影响。

(5)确定新的项目目标

项目目标的变更，可能是施工过程引起的，也可能是环境变化引起的，甚至是由于项目委托人提出变更要求所引起的。不论是什么原因，通过改变施工项目的目标以实现施工过程进度、资源和成本的新的平衡，也是对施工过程实施有效控制的可行方法。

4. 强调动态控制

动态控制强调计划和控制的循环互动，它将对施工过程的监测、依据监测结果评审项目状态、通过重新计划调整后续工程的计划目标和实施方案、根据新计划作出对项目进度和成本的预期以及将这种预期与原计划进行对比分析以发现差异等控制环节结合起来，并贯穿于施工全过程以维持施工项目进度、资源和成本的动态平衡。施工项目进度成本综合控制的动态性，可用图 1-10 所示的控制循环来示意。

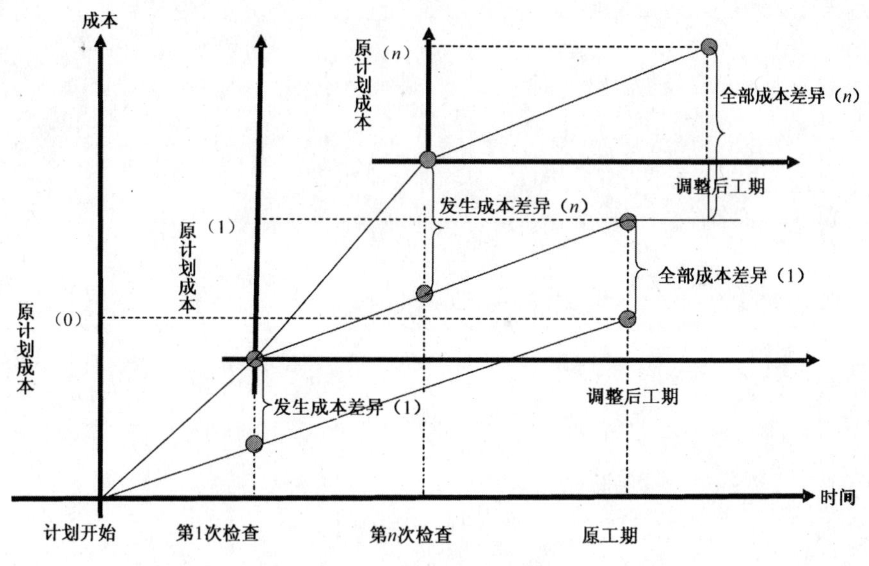

图 1-10　动态控制示意图

(1)发生差异分析

发生差异包括发生成本差异和发生进度差异两种指标。其中，发生成本差异是指某控制期对应于实际完成进度的实际成本与相应计划成本之间的差异；发生进度差异是指某控制期实际完成进度与相应计划进度之间的差异。

发生差异分析是指通过现场统计定期检查施工过程中某控制期内各项施工活动的实际完成进度以及与之相对应的实际成本费用，将该实际完成进度和相应的实际成本费用与计划要求作对比分析，评估两者的差异并分析产生差异的原因的过程。

(2)重新计划

以控制期末为起点，对期末未完工程进行重新计划，确定后续工程的计划进度，并据此估算计划成本。在此基础上，形成针对后续工程的进度成本集成计划。

(3)全部差异分析

全部差异包括工程量差异、工期差异和全部成本差异等三项指标。其中，工程量差异是指将控制期实际完成施工任务的实物工程量加上基于重新计划所形成的预期工程量与原计划工程量相减所形成的差异；工期差异是指经重新计划所形成的日历工期与原计划日历工期之间的差异；全部成本差异是指将控制期发生的实际成本加上基于重新计划所形成的预期成本与原计划成本相减所形成的差异。

依据全部差异指标，将更新后的计划与原计划作进度成本综合分析，评估并记录重新计划与原计划在工程量、工期和全部成本等方面的总体差异情况，则该总体差异作为衡量施工项目进度和成本发展趋势的重要指标，是评估施工过程进度和成本所处的总体状态以及确定变更成本并据此进行施工索赔的重要依据。

第二章　施工定额

施工定额包括资源定额和材料消耗定额，它们是由施工企业自行编制的，用以规定施工过程必须达到的生产率和消耗率的数量标准。其中，生产率是针对施工资源而言的，完成单位施工任务所需资源工作时间的数量指标被称为生产率，该生产率一旦被转化成企业标准就被称为资源定额；消耗率是针对材料消耗而言的，完成单位施工任务所需消耗材料的数量指标被称为消耗率，该消耗率一旦被转化成企业标准则被称为材料消耗定额。切合实际的资源定额和材料消耗定额，是施工项目进度成本集成管理的直接依据。

第一节　时间研究与资源定额

时间研究的成果是编制资源定额的直接依据，资源定额是在时间研究的基础上经标准化过程所形成的、施工企业据此开展内部生产管理的企业标准。

一、时间研究的概念

时间研究是测量完成一项工作所需资源时间的应用技术。对施工过程开展时间研究，其研究对象是施工单元，研究成果是施工单元的额定生产率，采用的方法是时间测量技术。

从施工组织的角度看，施工单元是组成施工项目的最基本的活动单元。依据一定资源配置所能形成的施工生产能力，施工单元具有属于其自身属性的相对稳定的生产率。时间研究的目的，就是借助于时间测量技术，将属于施工单元自身属性的额定生产率揭示出来。

时间测量技术是指在一定的标准测量条件下，通过对施工单元的作业时间和相应产出成果进行观察记录和统计分析，最终确定施工单元额定生产率的程序和方法。

组成施工项目的施工单元，由于不可避免地会受到干扰因素的影响，在实际施工过程中，同一个施工单元在不同的工程上，或同一个施工单元在同一工程的不同施工阶段上，其能够达到的实际生产率水平是不同的。时间测量技术企图运用现场测量和统计分析的原理，排除施工过程中影响施工单元生产率的一系列干扰因素，从而确定在既定的标准工作条件下由施工单元自身属性决定的生产率标准。

生产率作为用以衡量生产过程投入和产出关系的经济指标，通常用完成一个计量单位施工单元的施工任务所需施工资源的工作时间或在一定资源配置条件下单位时间内所能形成施工单元产出成果的数量两种方式来计量。科学合理的生产率标准，可在施工项目管理的如下方面发挥重要作用：

◎编制资源定额的直接依据；

◎为确定合适的人员和机械配置提供决策依据，实现施工项目的均衡施工；

◎确定标准的计划目标，为成本和进度控制提供依据。

二、工作时间分析

施工单元生产率的大小主要取决于其施工过程所需占用施工资源的工作时间和相应产

出数量的比例关系。对施工资源工作时间的计量，出于使用上的需要，一般采用标准时间的计量方式。

标准时间是指在正常的施工条件下，施工资源开展施工活动所必需的时间占用，它由直接完成施工作业所需的基本时间和必须分摊的时间损耗两部分组成。工作时间分析的意义，就在于通过对构成标准时间的基本时间和时间损耗进行明确的定义，为时间测量工作提供统计分组的依据。

考察施工单元所使用的资源在施工过程中的活动规律可以发现，在工作班延续时间内，施工资源的时间分配方式如下：

(一)基本时间

基本时间是指发生在与完成施工作业直接相关的施工活动上的资源时间，该时间反映施工资源按完成施工作业的工艺要求开展工作所能达到的最高的生产率水平。根据在施工作业过程中所发挥作用的不同，基本时间一般包括如下内容：

1. 基本工作时间

基本工作时间是施工资源在完成施工作业的工作过程中直接作用于施工对象使其改变外形、位置、形态的时间。例如在施工资源的直接作用下使钢筋成型、使混凝土变成构件、把材料从一个地点运送到另一个地点等。

2. 辅助工作时间

辅助工作时间是指为确保基本工作能顺利进行而必须开展的辅助性工作所需的时间。资源在进行辅助性工作时并不能使施工对象发生外形、位置、形态的改变，但它是完成施工作业所必需发生的。例如，在砌筑砖墙时必须挂灰线、施工过程中对工具的校正和维护、施工机械的调整以及搭设小型脚手架、运输车辆空车返回等。

3. 不可避免的中断时间

不可避免的中断时间是指由于施工作业的工艺特点引起了施工作业的中断，使资源处于停等状态的时间。受施工工艺和技术条件的限制，在施工过程中客观上存在着资源的停等，所以，资源的中断时间是由施工单元的“内部”原因引起的工作中断。例如，汽车在等待装车、卸货的时间、混凝土搅拌机在装料时间的等待、与混凝土搅拌机配合施工的工人在搅拌机转动时的等待时间等。

基本时间的长短是由施工单元自身性质决定的，属于完成施工作业所必需的“内部”时间，它是在不受任何干扰因素影响的条件下，独立地完成施工作业所需占用资源的时间。

考虑到工程施工的特殊性，在确定施工单元所需资源时间的过程中，在计算基本时间的基础上，还必须适当考虑资源在工作班延续时间内不可避免的时间损耗。

(二)合理的时间损耗

合理的时间损耗是指虽然不是直接发生在施工单元的作业过程中，但受现有施工方法和组织体制的制约，施工资源在工作班内发生的不可避免的时间损耗。按照引起时间损耗的原因分类，则合理的时间损耗一般可包括如下内容：

1. 准备与结束工作时间

准备与结束工作时间是指发生在执行施工任务前或完成施工任务后所需开展的准备工作和结束工作所占用资源的时间。在工作班延续时间内，施工资源除了从事与完成施工作业直接相关的施工作业外，还必须为执行施工任务进行必要的准备和结束工作。根据引起准备和结束工作的原因分，一般可分为班内准备与结束时间和任务内准备与结束时间。

班内准备与结束时间是指受作息制度的影响，每天上班后到正式开始工作期间所需进行必要准备的时间和每天结束工作任务到正式下班期间从事必要结束工作的时间。班内准备工作时间包括每天从工地仓库领取料具的时间、机器开动前的观察和试车时间、到达工作面的时间以及由于相关专业生产班组之间的不同步引起的等待时间等。班内结束工作时间包括清理机械设备的时间、整理清洗工具的时间、退还料具的时间、从工作面上下来的时间等。

任务内准备和结束时间是指与工作班的交替无关，而是在接受和完成具体施工任务时必须开展的准备工作和结束工作的时间。例如在接受施工任务时的技术交底时间、研究施工图纸的时间、接受施工任务书的时间以及交工验收的时间等。

2. 必要的休息时间

必要的休息时间是指生产工人在施工过程中为恢复体力所必需的短暂休息以及由其他生理需要引起的时间损耗。这种时间是为了保证工人能精力充沛地工作所必须发生的，应作为合理损耗的时间。受生理和心理因素的制约，生产工人在工作班内必须进行适度的休息以确保能精力充沛地进行工作，由工人的休息所引起的施工资源的闲置等待的时间是资源在工作班内客观存在的时间损耗。

3. 意外事件引起的时间损耗

在现场施工过程中客观上存在着一些不能精确定义但又可能发生的意想不到的事件，意外事件的发生可能会引起配置在施工现场的资源出现停等或降低工作效率的情况。由意外事件引起现场资源的闲置等待或工作效率的降低，同样是施工资源在工作班内时间分配的组成部分，所以必须将其计入标准时间。意外事件引起的时间损耗包括：

◎工具的损坏、调整和维修引起的等待时间；

◎由于分包商的过错、材料短缺、机械损坏等原因引起的资源闲置等待时间；

◎意料不到的现场条件，如不良的地面条件或恶劣天气等引起的工作效率降低；

◎一次性作业；

◎施工过程中出现的其他干扰因素，如设计变更或地基条件变更等。

合理的时间损耗是指受现有施工方法及组织体制的制约而发生的在工作班内施工资源的时间损耗，由于其不可避免，所以必须纳入标准时间的计量范围。

(三)损失时间

损失时间是指与完成施工单元的作业过程无关，在工作班内由于施工技术和组织上的缺点、操作人员的过错等因素所引起资源时间的损失。由于该损失时间可以通过加强管理予以避免或可以在进度计划中定量地反映，所以它不能作为标准时间的组成部分。

1. 多余工作时间

多余工作时间是指施工资源进行了生产任务以外的工作而引起的时间损失。例如对质量不合格的产品进行返工的时间、盲目提高质量标准引起的生产效率降低等。多余工作时间一般是由生产工人或管理人员的差错引起的，所以一般可通过加强管理加以避免。

2. 组织不当引起的资源闲置

在施工过程中，相关施工活动之间存在着技术和组织上的相互关系，这种关系的存在使得施工活动不能以完全自主的方式进行施工作业，某项施工活动的作业过程受其他相关施工活动作业进展情况的制约。如果组织不当，则存在于施工活动之间的不协调关系可能会引起施工活动的作业中断从而导致配置于该施工活动上的资源出现闲置。

由于组织不当引起的资源闲置时间主要来源于施工活动之间的不协调的制约关系，所以该时间不是完成施工活动所必需的，它不属于标准时间的考虑范围。

虽然在确定施工活动的标准时间时不考虑由于施工组织不当引起的资源闲置时间，但这种时间损失可能在施工过程中客观存在，对于因组织不当而引起的资源闲置时间，一般可以在该施工项目的进度计划中得到定量的体现。

3. 违反劳动纪律的时间损失

违反劳动纪律的时间损失是指工人在工作班内因迟到、早退、擅自离岗、办私事等不遵守劳动纪律引起的时间损失。

施工资源在工作班内的时间分配，包括与完成施工作业直接相关的基本时间、受现有施工方法和组织体制的制约不可避免的时间损耗以及不合理的时间损失等三个部分，其中基本时间与合理的时间损耗构成了资源完成施工单元作业过程的标准时间。时间研究的任务，就是借助于时间测量和统计分析技术，在把握施工资源在工作班内时间分配规律的基础上，定量地研究施工资源在某施工单元作业过程中的基本时间以及相应的时间损耗，并在此基础上确定该施工单元的标准时间。

三、时间研究的程序

时间研究的目的是测量完成一项施工活动所需的标准时间，以便建立生产工人和施工机械在完成该施工活动的施工任务时所能达到的生产率标准。为了使研究成果具有普遍的适用性，时间研究一般按如下程序开展工作：

(一)确定并定义时间研究的对象

时间研究的对象就是需要进行时间测量的施工单元，为了获取稳定的测时数据以确保时间研究的成果具有普遍的适用性，必须对需要开展时间测量的施工单元进行严格的定义。通过定义施工单元所包含的工作内容、配置在施工现场的资源、施工作业的对象、所处的施工条件以及测量其产出成果时所采用的计量单位和计量规则等内容以完成对施工单元的标准化过程。

(二)基本时间的测量

在确定并定义施工单元的基础上，深入施工现场，选择有代表性的施工单元作为统计调查的样本，对其施工过程进行计时观察，记录在一定资源配置条件下该施工单元的基本时间以及相应的产出数量，并据此计算该施工单元完成单位产出成果所需基本时间的观察值。

反复进行若干次计时观察，记录抽样调查所需的样本数据，在此基础上对样本数据进行统计分析，最终确定施工单元的基本时间。

(三) 时间损耗的测量

以某项施工单元的实施主体，也就是实施该施工单元的专业生产班组中的施工资源为观察对象，对其在工作班内的时间分配情况进行写实记录，计算该施工单元所属的施工资源在工作班内所发生的合理时间损耗与工作班延续时间的百分比。

反复若干次这样的写实记录，形成抽样调查所需的样本数据，对样本数据进行统计分析，获得能够反映该施工单元所属施工资源在工作班内所需合理时间损耗与工作班延续时间比例关系一般水平的百分比数据，则该百分比数据即为施工单元的合理时间损耗率。

（四）确定施工单元的额定生产率

将施工单元的基本时间加上相应的合理时间损耗即为该施工单元的标准时间，由于施工单元的标准时间反映该施工单元在标准的工作条件下完成单位产出任务所需的资源时间，所以它就是该施工单元的额定生产率。

四、确定并定义时间研究的对象

时间研究的对象就是需要进行时间测量的施工单元，为了获得稳定的测时数据以确保时间研究的成果具有普遍的适用性，在开展时间测量之前，必须在对施工过程进行研究的基础上，建立划分施工单元的标准，进而在该标准的指导下将施工过程分解成不同的施工单元，并对施工单元的工作内容、资源配置、作业对象、生产条件、计量单位及相应计量规则等内容进行严格的定义，以完成对施工单元的标准化过程。

（一）工作内容

对施工单元所含工作内容的定义，就是要明确施工单元所需完成施工任务的具体内容并据此规定不同施工单元之间在施工任务上的分界线。

施工单元的工作内容是指该施工单元的实施主体在开展施工作业时必须完成的施工任务，在定义施工单元的工作内容时，应该根据完成施工任务的工艺要求确定其实施主体所必须完成的具体工作。

组成施工项目的施工单元之间客观上存在着十分紧密的系统联系，他们原本是不可分割的有机整体，所谓对施工单元的划分，其实是按实施主体的不同，在概念上对施工过程所进行的人为分解，所以，在定义施工单元的工作内容时，还必须对不同施工单元之间的边界条件进行明确的规定。

（二）资源配置

作为施工单元实施主体的施工资源，其配置情况直接决定施工单元生产率的高低，在不同资源配置条件下完成同一项施工任务，其生产率是不同的，所以，在定义施工单元时，必须对配置在施工单元上的通常以专业生产班组形式存在的施工资源的配置情况进行定义，明确组成该专业生产班组的施工资源的性质、种类、规格以及不同资源之间的数量结构等情况。

配置在施工单元上的资源，按其在施工过程中所发挥作用的不同，一般可分为主动性资源和辅助性资源两类。主动性资源是指在施工过程中处于主动地位并且可以自主作业的资源，该资源所具有的生产能力直接决定了施工单元的生产率，例如，在“搅拌混凝土”施工单元的实施主体中，由于混凝土搅拌机在搅拌混凝土的施工作业中处于主动地位，所以是主动性资源。辅助性资源是指在施工过程中处于被动地位并且仅仅对主动性资源的作业过程起辅助作用的资源，由于该资源只是发挥辅助性作用，所以其生产能力的发挥要受主动性资源作业状况的影响，例如，在“搅拌混凝土”施工单元的实施主体中，由于与混凝土搅拌机配合施工的普通工人在搅拌混凝土的施工作业中处于辅助地位，所以是辅助性资源。

由于不同性质、不同种类和规格、以及不同数量构成的施工资源的组合能形成不同的生产能力，所以在对施工单元的资源配置进行定义时，必须在区分主动性资源和辅助性资源的基础上，明确规定施工单元所采用的这些资源的具体种类和规格，并确定相应的数量构成。

（三）作业对象

施工单元的作业对象是指如建筑材料和构配件等施工作业所指向的物料，施工过程所采用物料的品种、规格以及质量等级不同，同样会影响施工单元的生产率，所以，必须对施工单元的作业对象进行明确的定义。

（四）施工生产条件

施工生产条件也会影响施工单元的生产率。为了获得稳定的测时数据，必须对施工单元所处的“正常”的施工生产条件进行明确的定义。

所谓“正常”的施工产生产条件的具体内容，一般包括如下几个方面：

1. 施工方法

在一定资源配置条件下完成同样的施工任务，采用不同的施工方法会产生不同的生产率，施工单元的生产率应该以科学合理的施工方法为前提，为此，必须根据施工经验或通过施工方法研究确定施工单元完成施工任务所采用的科学合理的方法。

2. 用工制度

用工制度包括雇佣条件、劳动组织形式、作息时间以及工资报酬的支付方式等内容，不同的用工制度不仅会影响生产班组在工作班延续时间内的时间分配，而且会影响工人的生产积极性，从而影响施工单元的生产率。

3. 安全措施

施工单元的生产率应该以确保安全施工为前提，为此，必须根据施工技术规范和安全操作规程的要求，确定施工单元在完成施工任务时必须采取的安全措施。

4. 气候条件

正常的施工生产条件还应该包括气候的因素，在定义所谓“正常”的气候条件时，一般应将大风、暴雨、严寒、高温等恶劣天气排除在外。

施工单元能够达到的生产率水平，必须以“正常”的施工生产条件为前提，所谓“正常”的施工生产条件，应该是在符合有关施工技术规范和安全操作规程的要求、符合正确的施工组织和劳动管理条件、采用已经推广的先进的施工技术和方法的基础上，施工企业在组织施工时应该具备也能够具备的施工生产条件。

（五）生产成果的质量标准、计量单位和计量规则

对施工单元进行定义，还必须对施工单元的生产成果、也就是对通过施工作业所形成的工程产品的质量标准、计量单位及计量规则进行明确的规定。

对施工单元的生产成果进行定义，就是要明确规定生产成果的产品标准、规格和质量要求等方面内容。为了对施工单元的成果进行有效计量，还必须规定施工单元生产成果的计量单位和相应的计量规则。

对施工单元进行划分和定义，是一项技术要求高并且十分繁琐的基础性工作，该工作的质量状况将直接影响到时间研究的质量和效率。为了形成能有效代表施工项目工作分解结构一般模式的施工单元体系，必须组织专门机构从事该项工作以完成对施工单元的标准化过程。

五、基本时间的测量

施工单元的基本时间必须来源于实际的施工作业过程，在确定并定义时间研究对象的基础上，时间测量人员必须深入施工现场，选择有代表性的施工单元作为抽样调查的样

本，通过直接观察施工单元的作业过程，测量并记录被观察的施工单元在完成施工任务时所发生的时间消耗和相应施工成果的数量，据此计算每次抽样调查所形成的施工单元基本时间的观察值，反复进行若干次这样的抽样调查，当施工单元基本时间的观察值达到一定数量时，借助于统计分析的原理，就可以据此计算出该施工单元的相对稳定的基本时间。

用以测量施工单元基本时间的调查记录表，必须能全面地反映被测量对象的相关信息。表 2-1 是测量施工单元基本时间所用的调查记录表示意。

时间研究观察记录表(基本时间观察记录) **表 2-1**

工程名称：某工程 观察日期：×年×月×日

<table>
<tr><td>生产班组</td><td colspan="2"></td><td>单元名称</td><td></td><td>计量单位</td><td></td><td>完成数量</td><td colspan="2"></td></tr>
<tr><td>记录人员</td><td colspan="2"></td><td>允许误差</td><td></td><td>置信程度</td><td></td><td>基本时间</td><td colspan="2"></td></tr>
<tr><td>观察记录时的资源配置</td><td colspan="4"></td><td>对所处施工条件的描述</td><td colspan="4"></td></tr>
<tr><td>记录编号</td><td>起始时间</td><td>终止时间</td><td>等级系数</td><td>延续时间</td><td>记录编号</td><td>起始时间</td><td>终止时间</td><td>等级系数</td><td>延续时间</td></tr>
<tr><td></td><td></td><td></td><td></td><td></td><td></td><td></td><td></td><td></td><td></td></tr>
<tr><td></td><td></td><td></td><td></td><td></td><td></td><td></td><td></td><td></td><td></td></tr>
<tr><td></td><td></td><td></td><td></td><td></td><td></td><td></td><td></td><td></td><td></td></tr>
<tr><td></td><td></td><td></td><td></td><td></td><td></td><td></td><td></td><td></td><td></td></tr>
<tr><td></td><td></td><td></td><td></td><td></td><td></td><td></td><td></td><td></td><td></td></tr>
<tr><td></td><td></td><td></td><td></td><td></td><td></td><td></td><td></td><td></td><td></td></tr>
<tr><td></td><td></td><td></td><td></td><td></td><td></td><td></td><td></td><td></td><td></td></tr>
<tr><td></td><td></td><td></td><td></td><td></td><td></td><td></td><td></td><td></td><td></td></tr>
<tr><td></td><td></td><td></td><td></td><td></td><td></td><td></td><td></td><td></td><td></td></tr>
<tr><td></td><td></td><td></td><td></td><td></td><td></td><td></td><td></td><td></td><td></td></tr>
</table>

注：为了能反映被观察对象的实际生产率水平，观察期通常取半个或整个工作班时间。

(一)确定抽样调查的适当范围

通过时间研究所确定的施工单元的生产率，一般具有一定的适用范围，所以，在定义时间研究的对象，也就是需要进行时间测量的施工单元时，我们允许其在工作内容、生产条件及产品标准等方面存在一定的差异。就某个施工单元而言，如果其适用范围大，则允许存在的误差大，相应地，该施工单元的综合程度高，但测时数据的准确性低；反之，如果其适用范围小，则允许存在的误差小，相应地，该施工单元的综合程度低，但测时数据的准确性高。

为了使抽样调查的数据更具代表性，在确定抽样调查的样本时，应根据施工单元的适用范围，充分考虑属于施工单元“内部”差异的变动因素，确保所选择的调查样本能有效地覆盖该施工单元适用范围内存在的各种差异。例如，由于施工单元的生产率必须适用于整个工作班时间，所以在选择调查样本时必须考虑使其分布在工作班延续时间的各个阶段上。再如，由于施工单元的生产率应该适用于所有正常的气候条件，所以在选择调查样本时应该考虑使其分布在属于正常气候条件的各种天气中。最后，在使用起重机浇筑混凝土构件的施工过程中，浇筑混凝土构件的速度随混凝土吊斗的大小、模板开口的尺寸以及所需浇筑的混凝土体量等因素的变化而变化，所以在选择调查样本时，必须根据施工单元的适用范围，使样本能覆盖不同大小的吊斗、模板开口和不同体积的混凝土构件。

(二)确定等级系数

受生产工人主观因素的影响，施工单元在完成施工任务的作业过程中所处的工作状态有可能存在差异，相应地，即使抽样调查的对象完全相同，通过现场观察所形成的记录数据所反映的施工单元的生产效率也会有高低变化，为了将观察数据中受生产工人主观因素影响的成分抽象掉，我们必须根据施工单元的工作状态确定所观察数据的等级系数。

时间测量人员必须具备从经验得来的用以判断不同的运转速度、努力程度、协调程度和熟练程度的标准等级的概念，并据此评估所观察的施工单元所处的工作状况。对施工单元工作状况的衡量，一般采用确定其等级系数的方法。按工作效率的高低，可将工作状态划分成若干个等级，分别确定相应的等级系数。表2-2是在时间测量过程中确定施工单元工作状态的等级系数参考表。

等级系数参考表 **表2-2**

企业名称：某施工企业

等　　级	等级系数	特　　征
高	1.25	非常快，高技能，非常积极
一般	1.00	正常，合格的技能，积极
较低	0.75	不快，一般水平的技能，无工作兴趣
很低	0.50	很慢，不熟练，没有积极性
消极	0.25	极慢，很不熟练，有对抗情绪

在对具体的施工单元进行时间测量时，时间测量人员必须对每次观察记录的作业过程确定一个等级系数来评估该施工作业所处的工作状态。根据每次观察的记录时间和相应的等级系数，采用式(2-1)和式(2-2)可确定每次观察记录的施工单元的延续时间。

$$\text{某次记录的观察记录时间}=\text{终止时间}-\text{起始时间} \tag{2-1}$$

$$\text{某次记录的延续时间}=\text{某次记录的观察记录时间}\times\text{等级系数} \tag{2-2}$$

(三)基本时间观察值

基本时间观察值是指根据某观察期内进行观察记录所得到的施工单元所属的资源延续时间与相应产出数量的比值，基本时间观察值可采用式(2-3)进行计算。

$$基本时间观察值 = \frac{资源配置强度 \times \sum 某次记录的延续时间}{观察记录产量} \qquad (2\text{-}3)$$

式中　某次记录的延续时间——式(2-2)的计算结果；

观察记录产量——观察期内发生的与每次记录的延续时间之和相对应的产出数量；

资源配置强度——被观察记录的专业生产班组中该资源的配置强度。

【例2-1】2007年5月18日对某工程所包括的“混凝土搅拌”施工单元进行为期8小时，即整工作班的计时观察，所得观察记录的原始资料以及按式(2-1)、式(2-2)经计算所得的延续时间等数据详见表2-3，则对该施工单元所属资源的基本时间观察值的计算如下：

$$混凝土搅拌机的基本时间观察值 = \frac{410 \times 1}{80} = 5.125(min/m^3)$$

$$普通工人的基本时间观察值 = \frac{410 \times 2}{80} = 10.25(min/m^3)$$

时间研究观察记录表(基本时间观察记录)　　　　**表2-3**

工程名称：某工程　　　　观察日期：2007年5月18日

<table>
<tr><td>生产班组</td><td colspan="2">现拌混凝土班组</td><td>单元名称</td><td>混凝土搅拌</td><td>计量单位</td><td>m³</td><td>完成数量</td><td colspan="2">80m³</td></tr>
<tr><td>记录人员</td><td colspan="2">张三</td><td>允许误差</td><td>0.5</td><td>置信程度</td><td>95%</td><td>基本时间</td><td colspan="2">搅拌机：5.125min
普工：10.25min</td></tr>
<tr><td>观察记录时的资源配置</td><td colspan="4">0.5m³ 混凝土搅拌机1台，
普通工人2名与其配合施工</td><td>对所处施工条件的描述</td><td colspan="4">正常</td></tr>
<tr><td>记录编号</td><td>起始时间</td><td>终止时间</td><td>等级系数</td><td>延续时间(min)</td><td>记录编号</td><td>起始时间</td><td>终止时间</td><td>等级系数</td><td>延续时间(min)</td></tr>
<tr><td>1</td><td>8:00</td><td>8:20</td><td>1.25</td><td>25</td><td>2</td><td>8:30</td><td>8:50</td><td>1.25</td><td>25</td></tr>
<tr><td>3</td><td>9:00</td><td>10:00</td><td>1</td><td>60</td><td>4</td><td>10:10</td><td>10:30</td><td>1.25</td><td>25</td></tr>
<tr><td>5</td><td>10:40</td><td>11:00</td><td>1.25</td><td>25</td><td>6</td><td>11:10</td><td>11:30</td><td>1.25</td><td>25</td></tr>
<tr><td>7</td><td>13:00</td><td>14:00</td><td>1</td><td>60</td><td>8</td><td>14:10</td><td>14:30</td><td>1.25</td><td>25</td></tr>
<tr><td>9</td><td>15:00</td><td>16:00</td><td>1</td><td>60</td><td>10</td><td>16:10</td><td>17:30</td><td>1</td><td>80</td></tr>
<tr><td></td><td></td><td></td><td></td><td></td><td></td><td></td><td></td><td></td><td></td></tr>
</table>

【例2-2】2007年5月28日对某工程所包括的“混凝土浇捣”施工单元进行为期半个工作班的计时观察，所得观察记录的原始资料以及按式(2-1)、式(2-2)经计算所得的延

续时间等数据详见表2-4，则对该施工单元所属资源的基本时间观察值的计算如下：

$$瓦工基本时间观察值=\frac{200\times12}{100}=24(\mathrm{min/m^3})$$

$$振捣机基本时间观察值=\frac{200\times5}{100}=10(\mathrm{min/m^3})$$

时间研究观察记录表(基本时间观察记录) **表2-4**

工程名称：某工程 观察日期：2007年5月28日

<table>
<tr><td>生产班组</td><td>瓦工班组</td><td>单元名称</td><td colspan="2">混凝土浇捣</td><td>计量单位</td><td>m³</td><td>完成数量</td><td colspan="2">100m³</td></tr>
<tr><td>记录人员</td><td>李四</td><td>允许误差</td><td colspan="2">0.5</td><td>置信程度</td><td>95%</td><td>基本时间</td><td colspan="2">振捣机：10min
瓦工：24min</td></tr>
<tr><td>观察记录时的资源配置</td><td colspan="4">瓦工12名，
混凝土振捣机5台与其配合施工</td><td>对所处施工条件的描述</td><td colspan="4">正常</td></tr>
<tr><td>记录编号</td><td>起始时间</td><td>终止时间</td><td>等级系数</td><td>延续时间(min)</td><td>记录编号</td><td>起始时间</td><td>终止时间</td><td>等级系数</td><td>延续时间(min)</td></tr>
<tr><td>1</td><td>9:00</td><td>8:00</td><td>1</td><td>60</td><td>2</td><td>9:10</td><td>9:50</td><td>1</td><td>40</td></tr>
<tr><td>3</td><td>10:00</td><td>11:00</td><td>1</td><td>60</td><td>4</td><td>11:20</td><td>12:00</td><td>1</td><td>40</td></tr>
</table>

(四)施工单元基本时间的确定

反复进行若干次观察记录，可得到由一系列基本时间观察值所组成的测时数列，则采用式(2-4)计算得到的该测时数列的算术平均值，即为施工单元的基本时间。

$$X=\frac{\sum_{i=1}^{n}x_i}{n} \tag{2-4}$$

式中 X——基于实际观察次数的主动性资源基本时间观察值的算术平均数，通常将该平均数作为施工单元中该施工资源的基本时间；

x_i——通过某次观察并经式(2-3)计算得到的该资源的基本时间观察值；

n——实际观察记录次数。

由于对施工单元的观察记录属于抽样调查，所以采用式(2-4)计算得到的基本时间属于抽样平均数，抽样平均数与总体平均数之间总是存在误差。为了将这种误差控制在所要求的范围内，必须根据给定的允许误差和置信度验证观察记录的次数。

在验证所需进行观察记录的次数时，通常以施工单元所属的主动性资源的基本时间为对象，采用式(2-5)进行计算。

$$N=\frac{t}{\Delta}\sqrt{\sum_{i=1}^{n}(x_i-X)^2} \tag{2-5}$$

式中 n——同式(2-4)；

t——置信度的变量，一般称为概率度，可根据要求的“置信度”通过查阅“正态概率表”确定。例如，当所要求的“置信度”为95%时，查表得相应的“t”约等于“2”；

Δ——允许误差的值；

x_i——同式(2-4)；

X——同式(2-4)；

N——为了达到既定的精度要求所必需的观察记录次数。

当$N \leqslant n$时，符合次数要求

【例2-3】如果对“混凝土搅拌”施工单元进行20次观察记录，形成如表2-5所示的由混凝土搅拌机的基本时间观察值所组成的测时数列，如果所要求的置信度为95%，允许误差范围为0.5min，则套用式(2-5)以验证实际观察记录次数是否符合要求。

基本时间观察记录测时数列表 **表2-5**

施工单元：混凝土搅拌 主动性资源：混凝土搅拌机

5	6	5.5	6.2	5
6	7	6	5	5
6	5	5.5	6.3	5
6.5	6.5	6	5	5.5

注：时间计量单位为“分”

$$X = \frac{\sum_{i=1}^{n} x_i}{n} = \frac{5 \times 7 + 6 \times 5 + 6.5 \times 2 + 7 + 5.5 \times 3 + 6.3 + 6.2}{20} = 5.7(\text{min})$$

$$N = \frac{t}{\Delta}\sqrt{\sum_{i=1}^{20}(x_i - X)^2} = \frac{2}{0.5}\sqrt{\sum_{i=1}^{20}(x_i - 5.7)^2} = 11.012(\text{次})$$

因为$N \leqslant n$，即$20 \geqslant 11$，所以观察记录次数符合精度要求。

六、时间损耗的测量

时间损耗是指受现有施工方法和组织体制的制约，施工资源在工作班内必定要发生的而且必须计入施工单元标准时间的时间损耗。由于该时间损耗不是直接发生在施工单元完成施工任务的作业过程中，其时间损耗的大小与完成产量的多少并无直接关系，所以在测量施工单元时间损耗的过程中，不能采用对施工单元的作业过程进行直接观察记录的方式，而是应该通过对施工单元的实施主体，也就是专业生产班组中的主动性资源在工作班内的时间分配情况进行写实记录及统计分析，在总结该主动性资源在工作班内时间分配的一般规律的基础上，确定相应的时间损耗率，该时间损耗率是将时间损耗计入施工单元标准时间的直接依据。

选择有代表性的工作班，以施工单元实施主体中的主动性资源作为观察记录的对象，对其在工作班的时间分配情况进行写实记录，通过对记录资料的整理，分别确定该施工单元实施主体中主动性资源在工作班延续时间内所发生的基本时间、时间损耗及损失时间占工作班延续时间的比例，在此基础上，计算施工单元时间损耗率的观察值。

对同一种施工资源在完成相同施工单元施工任务的工作班内的时间分配情况进行反复若干次写实记录，形成抽样调查所需要的样本数据，通过对样本数据的统计分析，最终得到能反映该主动性资源在完成相应施工单元施工任务的作业过程中时间损耗一般水平的时间损耗率。

用以对施工单元实施主体中主动性资源在工作班内时间分配情况进行写实记录的调查表，必须能全面反映该主动性资源在工作班内时间分配情况的相关信息，表2-6是测量施工资源在完成相应施工单元施工任务的工作班内所必需发生的时间损耗率所采用的调查记录表示例。

时间研究观察记录表（工作班写实记录） **表2-6**

工程名称：某工程 写实日期：2007年6月18日

时间损耗	20.1%	单元名称	砌砖墙	施工条件	正常		
记录人员	张三	班组名称	瓦工班组	资源名称	瓦工（平均技术等级3.6级）		
耗时因素	耗用时间（min）	钟点	备注说明	耗时因素	耗用时间（min）	钟点	备注说明
开始	0	8:00		B	10	11:00	休息
A	55	8:55		…	…	…	…
B	5	9:00	机械故障	合计	480		占总时间100%
A	30	9:30		A	346		占总时间72%
C	20	9:50	违反劳动纪律	B	87		占总时间18%
A	60	10:50		C	47		占总时间10%

注：耗时因素包括基本时间（A）、时间损耗（B）、损失时间（C）。

（一）进行写实记录

选择有代表性的工作班，以被测量施工单元中的主动性资源为观察对象，根据“工作时间分析”中对基本时间、时间损耗和损失时间的定义，对工作班延续时间内被观察对象在基本时间、时间损耗和损失时间上的分配情况进行写实记录，采用式(2-6)汇总并最终确定施工单元经一次写实记录所形成的时间损耗率的观察值。

$$\text{时间损耗率观察值} = \frac{\sum \text{时间损耗记录值}}{\text{工作班延续时间} - \sum \text{损失时间记录值}} \tag{2-6}$$

【例2-4】根据表2-6所示的写实记录数据，套用式(2-6)计算经由该次写实记录所形成的施工单元的时间损耗率观察值的过程如下：

$$\text{时间损耗率观察值} = \frac{87}{480-47} = 20.1\%$$

（二）施工单元时间损耗率的确定

对相同施工单元在工作班内的时间分配情况进行反复若干次的写实记录，分别确定每次写实记录所形成的时间损耗率观察值，当所形成的时间损耗率观察值足够多时，则通过对这些时间损耗率观察值进行统计分析，可获得能反映施工单元时间损耗一般水平的时间损耗率。施工单元时间损耗率可用式(2-7)进行计算。

$$P = \frac{\sum_{i=1}^{n} P_i}{n} \tag{2-7}$$

式中 n——实际完成的写实记录次数；

P——基于实际写实记录次数的资源时间损耗率观察值的平均数，通常将该平均数作为施工单元的时间损耗率；

P_i——每次写实记录所形成的时间损耗率观察值。

由于对施工单元进行的写实记录属于抽样调查，所以经式(2-7)计算得到的平均时间损耗率只是抽样平均数，根据抽样调查的误差理论，抽样指标与总体指标之间总是存在一定的误差，为了将这种误差控制在所要求的范围内，必须根据所给定的置信度和允许误差范围经式(2-8)计算并最终验证实际完成的写实记录次数是否满足要求。

$$N = \frac{t^2}{\Delta^2} P(1-P) \tag{2-8}$$

式中 N——需要的写实记录次数；

n——实际完成的写实记录次数；

t——置信度的变量，一般称为概率度，可根据要求的“置信度”通过查阅“正态概率表”确定。例如，当所要求的“置信度”为95%时，查表得相应的“t”约等于“2”；

Δ——允许误差的值。

当 $N \leqslant n$ 时，则次数符合要求。

【例2-5】如果对“砌砖墙”施工单元的实施主体，也就是“砌墙专业生产班组”中的“瓦工”进行20次写实记录，形成如表2-7所示的由该专业生产班组中瓦工的时间损耗率观察值所组成的测时数列，如果所要求的置信度为95%，允许误差范围为3%，则套用式(2-7)和式(2-8)计算承担“砌砖墙”施工任务的“瓦工”的时间损耗率，并据此验证实际写实记录次数是否符合要求。

工作班写实记录测时数列表 **表2-7**

施工单元：砌砖墙 主动性资源：瓦工

32%	31%	31%	37%	30%	32%	35%	34%	34%	35%
34%	34%	31%	36%	34%	32%	35%	32%	33%	32%

$$P = \frac{32 \times 5 + 31 \times 3 + 37 + 30 + 35 \times 3 + 34 \times 5 + 36 + 33}{20} = 33.2\%$$

$$N = \frac{2^2}{0.03^2} \times 0.332 \times (1 - 0.332) = 985(\text{次})$$

因为 $N \geqslant n$，即 $985 \geqslant 20$，所以写实记录次数不符合要求。

七、施工单元的额定生产率

施工单元的生产率是指在正常的施工条件下，该施工单元的实施主体，也就是相应专业生产班组在完成施工任务时所需的资源时间，通常用完成单位产出成果所需资源的标准时间来衡量。标准时间通常由完成施工任务所需资源的基本时间和必须分摊的时间损耗两部分组成。

当施工单元的基本时间和相应的时间损耗率已经确定后，可通过式(2-9)计算确定施工单元的额定生产率。

$$\text{标准时间} = \frac{\text{基本时间}}{1 - \text{时间损耗率}} \tag{2-9}$$

八、资源定额

施工企业将时间研究的成果，也就是通过时间研究所形成的属于施工单元固有属性的生产率，转化成企业开展生产管理所需的内部标准，这种企业标准通常被称为资源定额。

(一)资源定额的概念

资源定额是指在正常的施工生产条件下，具有合理资源配置的专业生产班组，在开展施工单元的作业过程中，形成单位合格生产成果所需使用人工和机械等施工资源工作时间的数量标准。

资源定额作为规定具有合理资源配置的专业生产班组在开展相应施工作业时必须达到的生产率标准，它不仅是考核施工单位劳动生产率的标尺，而且是合理确定和有效控制施工项目进度和成本的重要依据。

(二)资源定额的表达形式

根据对资源时间的不同计量方式，资源定额所规定的生产率标准可以用时间定额和产量定额两种形式来表达。

1. 时间定额

时间定额是指为完成单位合格施工单元生产成果所必需使用施工资源的工时数量，它以合理的资源配置为条件，以完成质量合格的生产成果为前提，定额时间包括施工资源在形成生产成果的施工作业过程中必须发生的基本时间和合理时间损耗。

由于习惯上的原因，定额时间一般用“工日”或“台班”作为计量单位，例如，某资源定额规定，由一台混凝土搅拌机和2个普通工人组成的专业生产班组，在完成1m^3混凝土搅拌的作业过程中，必须使用混凝土搅拌机的时间是0.02个台班，必须使用普通工人的时间是0.04个工日。

2. 产量定额

产量定额是指在单位工作时间(一般为一个工作班)内，具有合理资源配置的专业生产班组必须完成施工单元生产成果的数量，它同样以合理的资源配置为条件，以完成质量合格的生产成果为前提。

(三)资源时间的确定方法

1. 技术测定法

技术测定法是指应用本章所述时间研究的方法获得工时消耗数据，进而制定资源定额中资源时间数量标准的方法。

通过时间研究可以确定施工单元的额定生产率，施工单元的额定生产率反映为形成单位合格施工单元生产成果所需施工资源的工作时间，该工作时间是制定资源定额中资源时间数量标准的直接依据。

2. 比较类推法

比较类推法是选定一项已经精确测定好的典型项目的资源定额，据此计算出同类型其他相邻项目资源定额的方法。例如，已知挖一类土方的资源定额，根据各类土耗用工时的比例来推算挖二、三、四类土方的资源定额；又如，已知架设单排脚手架的资源定额，推算架设双排脚手架的资源定额。

比较类推法计算简便而准确，但选择典型定额时务必恰当而合理，类推计算结果有的需要作一定的调整，这种方法适用于制定规格较多的同类型施工单元的资源定额。

3. 经验估计法

经验估计法适用于制定那些次要的、资源时间数量小的、产出成果品种和规格多的施工单元的资源定额，完全是凭借经验，根据分析图纸、现场观察、分解施工工艺、组织条件和操作方法来估计。

采用经验估计法时，必须挑选有丰富经验的、秉公正派的工人和技术人员参加，并且要在充分调查和征求群众意见的基础上确定定额水平。在定额的使用过程中要不断地统计实耗工时，当统计数据与所制定的资源定额数据相比差异较大时，说明所估计的资源定额不具有合理性，要及时进行修订。

(四)资源定额的编制

资源定额作为施工企业据以开展内部生产管理的企业标准，从制订标准的一般原则出发，其编制过程必须符合相应的程序要求，将所确定的定额项目按一定的顺序汇编成册，则该定额手册就是施工企业据以开展生产管理的企业标准。

1. 编制程序

在采用相应方法测定专业生产班组完成单位施工任务所需资源时间的基础上，编制资源定额的过程，其实就是按制订企业标准的要求，将相关的资源时间进行分类汇总并汇编成定额手册的过程。

(1)确定适用范围

决定施工单元生产率的因素多种多样，在测定用以衡量施工单元生产率的资源时间之前，已经对相关影响因素进行了明确的定义，相应地，通过计时观察和写实记录所形成的施工单元的标准时间，只能代表施工单元在既定条件下的生产率水平。为了合理地使用资源定额，必须明确规定施工单元生产率的约束条件，包括所适用的管理体制、必须执行的工法工艺标准、相关的质量标准和安全操作规程以及开展施工作业时所处的自然条件等，通过明确这些约束条件以确定资源定额的适用范围。

(2)明确定额对象

从理论上讲，资源定额的对象是组成施工过程的施工单元，也就是施工现场最基本的资源组合，即专业生产班组为完成最基本的施工任务所开展的施工活动。然而，在编制资源定额实践中，还必须将施工单元的上述概念具体化，分别从专业生产班组的资源配置结构、施工任务、工作内容以及开展施工作业时所采用的技术方法等角度对定额对象进行定义，并分别确定其定额名称、计量单位和相应的计量规则。

在确定资源定额的定额对象时，首先必须从满足施工组织对资源定额的精度要求出发，根据施工单元的固有属性，通过严格定义资源定额的定额对象以揭示施工单元的固有生产率，在此基础上，为了力争使所编制的定额能简明适用，还必须根据相关测时数据的分布情况，将相同生产班组完成同类施工任务且生产率相近的施工单元进行合并，综合类似施工单元共同组成资源定额的定额对象。

(3)确定生产率标准

采用前面所述测定资源时间的方法，分别确定不同施工单元的生产率，并根据所确定的定额对象，将相关施工单元的生产率进行综合，即得该定额对象的生产率标准。

【例2-6】如表2-8所示，假定通过计时观察和写实记录，分别获得浇捣不同断面尺寸的混凝土柱的标准时间，又假定通过对以往施工项目的统计工作，获得能反映不同断面尺寸的混凝土柱的数量占混凝土柱总量之比一般水平的统计数据，如果将“浇捣混凝土柱”作为资源定额的定额对象，则计算该项定额生产率标准的过程如下：

$$\text{定额生产率标准}=\frac{0.052\times10+0.048\times20+0.046\times30+0.045\times35+0.044\times5}{100}=0.04655\ \text{工日}/\text{m}^3$$

施工单元生产率及相应权重分配表 **表2-8**

施工单元类型：浇捣混凝土柱　　　　计量单位：工日/m^3

断面尺寸	生产率	权重
200mm×200mm	0.052	10%
300mm×300mm	0.048	20%
400mm×400mm	0.046	30%
500mm×500mm	0.045	20%
600mm×600mm	0.045	15%
700mm×700mm	0.044	5%

(4)编制定额手册

将经由综合过程所计算出来的每个定额对象的生产率标准，按既定的索引体系加以分类汇总，并根据标准化要求汇编成册，则该手册就是作为企业标准的资源定额。

2. 编制定额手册应注意的几个问题

作为本书作者所提出的理论概念，资源定额其实并不存在于目前施工企业生产管理的实践中。然而，通过对施工项目的系统描述可以看出，由于生产班组在完成最基本施工任务时通常具备相对稳定的资源配置结构，所以，施工单元相对稳定的生产率是客观存在的。为了强化生产管理的基础工作，有些施工企业已经开始重视资源定额的编制工作，为了总结定额编制工作的经验，有必要将编制资源定额手册时应注意的若干问题向大家提出。

(1)关于定额项目的划分

如何划分定额项目是决定资源定额适用性的重要因素，为了确保资源定额的适用性，一方面必须保证资源定额所规定的生产率标准能符合既定的精确程度；另一方面，为了在使用定额手册时能做到简明适用，必须尽量减少定额手册所包括定额项目的数量。为了同时满足上述两项要求，在划分定额项目的实际工作中，首先必须考虑资源组合的稳定性，其次要考虑施工工艺的统一性，最后才考虑将同类型的施工任务加以合理组合。通过不断权衡和反复以上工作，才能最终形成符合施工项目系统构成的定额项目体系。

资源定额是用以规定最基本的资源组合，也就是专业生产班组，在完成相应施工任务时必须达到的生产率标准，为此，在划分定额项目时，首先必须从资源组合的角度入手，在总结本企业施工经验的基础上，确定相对稳定的专业生产班组并定义相应的资源配置结构，并将这种专业生产班组作为组成定额项目的第一要素。

完成相同施工任务所采用的技术方法可能多种多样，采用不同技术方法完成相同施工任务时所能达到的生产率是不同的，所以，在划分定额项目时，必须将针对相同施工任务的不同技术方法区分开来，并以此作为组成定额项目的另一项要素。

在定义专业生产班组并明确其完成施工任务所采用技术方法的基础上，还必须依据测时资料分析完成相同类型但不同规格品种的施工任务时所达到的生产率水平之间的差异情况，并按既定的精度要求将生产率差异不大的施工任务综合起来形成定额项目，对于生产率差异较大的施工任务，则必须将其区分开来，分别形成不同的定额项目。

(2)关于定额形式

资源定额所规定的生产率标准，虽然可以用时间定额和产量定额两种形式来加以表达，但由于习惯上的原因，施工企业在编制资源定额时，一般均采用时间定额的形式。

(3)关于计量方式

资源定额规定完成单位施工任务所需资源的工作时间，在编制资源定额时，对单位施工任务的计量，一般采用计算其产出成果实物工程量的方式。

(4)定额项目表

定额项目表是用以反映资源定额具体内容的表格。为了使资源定额的具体内容得到系统的反映，首先，必须按一定的规则对定额项目进行编排，以方便使用过程中的检索；其次，必须对定额项目作详细的描述，通过描述定额项目的特征以明确定额生产率的经济意义。

和其他定额手册相同,资源定额手册所包括的定额项目,通常可以被纳入由章、节、子目所组成的索引系统,在对定额项目进行编排时,通常可以用“工种工程”作为标准划分不同的“章”,例如,可根据不同的“工种工程”将定额项目划入“砌筑”、“浇筑”、“挖掘”、“铺设”、“安装”、“制作”等不同的“章”中。对于同一章中所属的定额项目，又可以用“施工作业对象”作为标准划分不同的“节”，例如，针对同属于“砌筑”的定额项目，可根据不同的“施工作业对象”将其划入“砌砖”、“砌砌块”、“砌毛石”等不同的“节”中。对于同一节中所属的定额项目，又可以用“成果类型”作为标准划分不同的“子目”，例如，针对同属于“砌砖”的定额项目，可根据不同的“成果类型”将其划入“砌砖基础”、“砌砖内墙”、“砌砖外墙”、“砌砖柱”等不同的“子目”中。对于同一子目中所属的定额项目，则由于其开展施工作业的专业生产班组、所采用的施工技术方法、施工作业对象以及成果类型等均相同，所以通常可以将其编排在同一张定额项目表上。

施工企业在编制适用于本企业的资源定额时，可以采用不同形式的定额项目表。作为参考，表2-9是某企业编制的定额项目表的示意。该定额项目表属于资源定额手册的第一章第一节中的第一项子目，即“挖掘”名下的“挖土”中的“土方开挖”。

资源定额项目表示意 **表 2-9**

工作内容：挖土并修理边坡、将土堆放一边或装车

清理机下余土、工作面内排水 计量单位：$1000m^3$

定额编号				1-1-1-8	1-1-1-9	1-1-1-10	1-1-1-11
定额项目				挖掘机挖土			
				正铲		反铲	
				装车	不装车	装车	不装车
序号	专业班组	资源配置	单位	时间定额	时间定额	时间定额	时间定额
1	斗容量 $0.6m^3$ 履带式单斗挖掘机施工班组	$0.6m^3$ 挖掘机 1 台	台班	3.01	2.73	3.90	3.26
		司机 2 名	工日	6.02	5.46	7.80	6.52
		普工 2 名	工日	6.02	5.46	7.80	6.52
2	斗容量 $1m^3$ 履带式单斗挖掘机施工班组	$1\ m^3$ 挖掘机 1 台	台班	2.06	1.95	2.36	1.84
		司机 2 名	工日	4.12	3.90	4.72	3.68
		普工 2 名	工日	4.12	3.90	4.72	3.68
…	…	…	…	…	…	…	…

注：在套用资源定额时，其定额编号 = “定额编号” + “序号”。

(5) 定额手册的组成内容

资源定额手册的组成部分，除了定额项目表外，还必须包括总说明、章说明、附注说明以及工程量计算规则等内容。

总说明是针对定额手册的共性问题所作的说明，主要包括定额的编制依据、适用范围、所拟定的施工条件、所执行的质量标准和安全操作规程、材料的品质要求以及编制定额时所作的相关假设条件等。

章说明通常是针对某一章定额的共性问题所作的说明，主要包括本章定额的适用范围、引用标准、工法工艺以及为确保正确使用定额所必须制定的相关规定等。

附注说明一般是针对某项或某几项定额所作的说明，主要说明在特定条件下套用定额时必须采用的换算方法，附注说明通常附在相应定额项目表的下面。

为了在套用定额项目时统一计量标准，必须编制与定额项目相对应的工程量计算规则，工程量计算规则主要规定对定额工程量的计量方式和计算方法，为了便于阅读和查询，通常针对不同章节的定额分别编制，并编排在相应章节定额项目表的前面。

第二节　材料消耗定额

施工项目的实施过程，就是选择并配置施工资源以形成相应施工能力，进而将这种施工能力作用于建筑材料上，使其按设计要求改变位置、外形和形态，最终形成施工承包合同所规定工程产品的系统活动过程。

从产品生产的工艺要求出发，施工项目可以被分解成由复杂到简单的、具有一定层次结构的施工活动体系。处于该结构体系次底层的施工活动，也就是分项工程，是由若干工

艺上紧密相关的施工单元组成的集合。分项工程的目标通常是完成某个永久性或临时性工程的可交付成果的施工任务。

在技术装备和管理水平一定的条件下，施工企业完成分项工程施工任务所需建筑材料的消耗率是相对稳定的，如果将这种相对稳定的材料消耗率事先揭示出来，并上升为企业标准，则该标准可以作为确定和控制施工项目材料消耗的依据。

一、材料消耗定额的概念

材料消耗定额是指在正常的施工条件和合理使用材料的前提下，开展分项工程的施工作业，形成单位合格生产成果所需材料消耗的数量标准。

二、材料消耗定额的编制程序

材料消耗定额作为形成单位合格分项工程生产成果，在相应施工过程中所需材料消耗的数量标准，为了使该数量标准具有普遍的适用性，必须在明确定义材料消耗定额的对象，也就是分项工程的工程内容和产品标准的基础上，通过科学计算和统计分析以揭示经由施工过程所形成的分项工程生产成果与相应材料消耗的数量关系，进而确定能代表施工企业材料消耗一般水平的消耗量标准。

(一)对分项工程的标准化过程

将施工项目分解成一系列分项工程，分别对分项工程所包括的工程内容和产品标准、分项工程的施工方法、相应的计量单位和计量规则进行定义，以完成对分项工程的标准化过程。

1. 工程内容及产品标准

分项工程所包括的工程内容和相应产品标准的综合程度，将直接影响材料消耗定额的适用性。一般地讲，分项工程的综合程度高，则材料消耗定额的项目会减少，相应地，其精确程度会降低；反之，则材料消耗定额的项目会增加，相应地，其精确程度会提高。

例如，按工程产品的构造要求，砖外墙通常由砖墙、砖过梁、砖砌窗台及腰线等构件组成，如果将其作为不同的分项工程，则材料消耗定额所包括的定额项目会很多，相应地，每项定额的精度也高；反之，如果将这些工程内容综合在一起，组成一个分项工程，则材料消耗定额所包括的定额项目会减少，相应地，每项定额的精度将降低。

在确定分项工程的工程内容和相应产品标准时，应从提高材料消耗定额的适用性要求出发，对那些重要的、常用的、价值量大的项目，其分项工程的划分宜细；而对那些次要的、不常用的、价值量相对较小的项目，其分项工程的划分可粗略一些。

2. 施工方法

采用不同的施工方法对相同的分项工程进行施工，其施工过程所需材料消耗的数量是不尽相同的，所以必须对分项工程所采用的施工方法进行明确的定义。

例如，对某混凝土构件进行施工，可采用现浇的方法，也可采用预制的方法，采用不同的施工方法完成同样数量和规格的混凝土构件的施工任务，其施工过程对混凝土的需求量是不同的，因此，即使是相同的混凝土构件，也必须按现浇和预制两种不同的施工方法分别列项。再如，在采用现浇方法完成混凝土构件的施工任务时，对于混凝土的制备和运输，可以采用现拌混凝土非泵送和商品混凝土泵送两种施工方法，不同的施工方法引起不同的混凝土消耗以及不同的混凝土配合比要求，所以同样必须分别列项。

3. 计量单位和计量规则

在对分项工程进行计量时，一般采用计算其生产成果实物工程量的方式进行，为了便于对该实物工程量的测量和计算，必须选择并确定合理的计量单位。

当采用一定的计量单位对分项工程进行测量和计算时，为了统一核算口径，还必须建立相应的计量规则以明确实物工程量的边界条件和计算方法。

在确定分项工程的计量单位和相应计量规则时，必须根据“简明适用”的原则，一方面，所确定的计量单位和相应计量规则必须能满足对实物工程量进行计量的精度要求，另一方面，在满足精度要求的前提下，应尽量做到简化对实物工程量的计量过程，以方便计量工作。

（二）测定材料消耗指标

当完成对分项工程的标准化过程后，为了确定其材料消耗，必须深入施工现场，选择有代表性的分项工程作为统计调查的样本，通过测量、计算和统计分析，最终确定其施工过程所发生的相关材料消耗指标。

（三）编制材料消耗定额

在确定分项工程所包括的相关材料消耗指标的基础上，根据使用的要求，将这些材料消耗指标加以综合，最终形成能反映该分项工程材料消耗一般水平的材料消耗定额。

三、材料消耗指标的确定方法

施工过程所需消耗的材料，按其消耗方式的不同，一般可分成实体材料和周转材料两种。实体材料是指在施工过程中被一次性消耗并构成工程实体的材料，例如：砌筑砖墙时所用的标准砖，浇筑混凝土构件时所用的混凝土等。周转材料是指在施工过程中被周转使用并且其价值是分批分次地转移到工程实体中去的材料，这种材料一般不构成工程实体，而是在形成工程实体的施工过程中发挥辅助作用，例如：砌筑砖墙时必须搭设的脚手架，浇筑混凝土构件所需的模板等。在确定分项工程材料消耗指标时，由于实体材料和周转材料在其施工过程中的消耗方式不同，对应于不同消耗方式的材料，必须采用不同的方法确定其消耗指标。

（一）实体材料消耗指标的确定

材料消耗定额所规定的实体材料消耗量，是指在正常的施工条件和合理使用材料的前提下，开展分项工程的施工作业，形成单位合格生产成果所需的材料消耗。通过分析实体材料在其施工过程中的消耗情况可以发现，实体材料消耗一般包括直接构成工程实体的材料消耗和不可避免的材料损耗两个部分。相应地，组成材料消耗定额的实体材料消耗指标也应该包括两种类型：其一是材料定额净用量指标，是指直接构成材料消耗定额所规定生产成果的材料消耗；其二是材料定额损耗量指标，是指在完成材料消耗定额所规定生产成果的施工过程中不可避免的材料损耗。

1. 材料定额净用量的确定

由于实体材料定额净用量是直接构成材料消耗定额所规定生产成果的材料消耗量，所以在确定材料净用量时可采用理论计算和试验室试验的方法进行。

（1）理论计算法

理论计算法是一种根据施工图设计所规定的工程实体的外形尺寸和构造要求，运用相应数学公式直接计算组成工程实体材料净用量的方法，它以形成分项工程生产成果所依据的设计要求为基础，通过理论计算获得材料净用量数据。

(2)试验法

试验法是一种通过试验和测定手段确定材料净用量数据的方法。例如，以各种原材料为变量因素，经试验求得不同强度等级混凝土的配合比，从而计算搅拌每立方米混凝土所需各种材料的净用量。

在采用试验法确定材料净用量时，必须符合国家有关试验规范、计量用具和称量设备以及有关施工质量验收规范的要求，以保证获得可靠的试验结果。

2. 实体材料损耗率的确定

实体材料定额损耗量是指在完成材料消耗定额所规定生产成果的施工过程中不可避免的材料损耗。引起这种损耗的原因一般包括现场堆放、运输、施工作业以及施工废料等。在确定实体材料定额损耗量时，一般是采用首先确定实体材料定额净用量，再将该净用量乘以相应材料损耗率的方式进行的。

实体材料损耗率是指在分项工程施工作业过程中所需发生的材料损耗量与相应净用量的比率，一般可采用统计分析的方法，在经理论计算或科学试验确定实体材料净用量的基础上，通过对施工作业过程所形成的生产成果和实际消耗材料的数量统计，分析并计算不同分项工程的材料损耗率。

实体材料损耗率的统计数据，应该来源于实际的施工过程。为了获得稳定的统计数据以确保所形成的材料损耗率具有普遍的适用性，必须在明确统计调查对象的基础上，经过实地测量获得调查数据，再通过对调查数据进行统计分析最终确定能代表材料损耗一般水平的实体材料损耗率。

(1)确定统计调查的对象

统计调查的对象就是施工现场被调查的施工过程。由于采用相同施工工艺进行不同分项工程的施工时，这些分项工程施工过程所需发生的材料损耗率可能是相同或相近的，所以，可将施工工艺相同的分项工程进行分类，归并成具有相同或相近材料损耗率的不同类型，并以这种具有相同或相近材料损耗率的类型作为统计研究的对象，经过对实际施工过程中材料消耗情况的统计调查，总结该类型分项工程的材料损耗率。

(2)对统计调查对象进行实地测量

选择有代表性的施工过程，调查在分项工程施工过程中所发生的材料消耗数量以及所形成分项工程生产成果的数量，用式(2-10)计算经一次调查所形成的材料损耗率：

$$\text{材料损耗率调查值} = \frac{\text{实际材料消耗量}}{\sum \text{实际完成实物工程量} \times \text{材料定额净用量}} \tag{2-10}$$

式中　材料损耗率调查值——经过一次统计调查所形成的某类分项工程的实体材料损耗率；

实际材料消耗量——经过一次调查所记录的施工过程所发生的实体材料消耗量；

实际完成实物工程量——经过一次调查所记录得到的完成不同分项工程产出成果的实物工程量；

材料定额净用量——经理论计算或科学实验得到的不同分项工程的实体材料定额净用量。

(3)对调查数据进行统计分析

反复进行若干次这样的统计调查，得到由一系列实体材料损耗率调查值所组成的统计数列，计算该数列的算术平均数指标。当调查次数达到一定的规模，使得由此产生的平均数指标足以在所容许的误差范围和置信程度内有效地代表总体平均数指标时，则根据该统计数列计算的材料损耗率的平均值，就是这类分项工程的材料损耗率。

（二）周转材料消耗指标的确定

周转材料是指在施工过程中被周转使用的材料。这种材料一般不构成工程实体，而是在形成工程实体的施工过程中发挥辅助作用。实际施工过程所使用的周转材料，对应于一个材料消耗定额计量单位的施工任务。周转材料在经一次周转使用时所需计算的材料消耗，通常包括周转材料的一次使用量、施工损耗量和周转摊销量等三个消耗指标。

1. 周转材料定额一次使用量的确定

周转材料定额一次使用量是指完成一个材料消耗定额计量单位的施工任务所需投入使用周转材料的数量，该数量可以在明确材料消耗定额的工程内容和相应计量单位的基础上，根据完成施工任务的工艺要求经理论计算来加以确定。

2. 周转材料损耗率的确定

周转材料定额损耗量是指在完成材料消耗定额所规定生产成果的施工过程中不可避免的材料损耗。与确定实体材料定额损耗量的计算方法相类似，在确定周转材料定额损耗量时，一般是采用首先确定周转材料定额一次使用量，再将该一次使用量乘以相应材料损耗率的方式进行的。

周转材料损耗率是指在分项工程施工作业过程中该周转材料经一次周转使用所需发生的施工损耗量与相应周转使用投入量的比率。与确定实体材料损耗率的方法相类似，同样可采用统计分析的方法，在经理论计算确定周转材料定额一次使用量的基础上，通过对施工过程所形成的生产成果和周转材料实际损耗量数据的统计调查，并采用式(2-11)计算不同分项工程的周转材料损耗率。

$$\text{周转材料损耗率调查值} = \frac{\text{周转材料实际施工损耗量}}{\sum \text{实际完成实物工程量} \times \text{周转材料定额一次使用量}} \tag{2-11}$$

式中　周转材料损耗率调查值——经一次统计调查所形成的周转材料经一次周转使用所需发生的施工损耗量与相应周转使用投入量的比率，其中，周转使用投入量是指在该统计调查期内的实际完成实物工程量与相应周转材料定额一次使用量的乘积；

周转材料实际施工损耗量——经一次统计调查所得到的该周转材料的实际损耗量；

实际完成实物工程量——经一次调查所记录的施工过程所形成的不同分项工程产出成果的实物工程量。

反复进行若干次这样的统计调查，得到由一系列周转材料损耗率调查值所组成的统计数列。计算该数列的算术平均数指标。当调查次数达到一定的规模，使得由此产生的平均数指标足以在所容许的误差范围和置信程度内有效地代表总体平均数指标时，则根据该统计数列计算的周转材料损耗率的平均值可以被作为确定周转材料定额损耗量的依据。

3. 周转材料定额摊销量的确定

周转材料定额摊销量是指对应于一个材料消耗定额计量单位的施工任务，周转材料经一次周转使用所需发生的摊销数量。摊销量的计算可用式(2-12)进行。

$$定额摊销量=\frac{周转材料定额一次使用量\times(1-周转材料损耗率)\times(1-周转材料残值率)}{周转材料寿命期可周转使用次数} \tag{2-12}$$

式中 定额摊销量——对应于一个材料消耗额计量单位的施工任务，周转材料经一次周转使用所需发生的摊销数量；

残值率——周转材料在退出周转使用时能够被回收的残值与该周转材料原值的比率；

周转材料寿命期可周转次数——周转材料从开始投入周转使用到退出周转的时间内可以被周转使用的次数。

在应用式(2-12)计算周转材料的周转摊销量时，式中周转材料的残值率和寿命期可周转次数的具体数值，可通过对以往施工过程中同类周转材料使用情况的调查统计，经分析计算来加以确定。

四、编制材料消耗定额

编制材料消耗定额的过程，其实就是分别确定不同分项工程的定额消耗指标并将这些定额消耗指标按一定的索引规则加以分类汇编，最终形成定额手册的过程。

(一)定额消耗指标的确定

材料消耗定额是确定施工项目的材料需求并据此估算材料费用的重要依据。根据不同的核算体制,在估算材料费用时需采用不同的方式对材料需求进行计量。对材料需求的不同计量方式需要不同形式的材料消耗定额,所以,对应于材料需求的不同计量方式,材料消耗定额通常包括实体材料消耗定额、周转材料消耗定额和周转材料使用定额等三种形式。

1. 实体材料消耗定额

实体材料消耗定额是指在正常的施工条件和合理使用材料的前提下，开展分项工程的施工作业，形成单位合格生产成果所需实体材料消耗的数量标准。

实体材料消耗定额必须包括如下材料消耗指标：

◎实体材料定额净用量指标；

◎实体材料定额损耗量指标。

实体材料消耗定额是确定施工项目对实体材料需求数量并据此估算实体材料费用的重要依据。从会计核算的角度出发，施工项目的实体材料费等于其施工过程所消耗的实体材料与相应材料价格的乘积，其中，实体材料消耗量通常由实体材料净用量和实体材料损耗量两部分组成。确定实体材料净用量和损耗量的基本原理可用式(2-13)~式(2-15)表示。

$$实体材料净用量=\sum 分项工程实物工程量\times实体材料定额净用量指标 \tag{2-13}$$

$$实体材料损耗量=\sum 分项工程实物工程量\times实体材料定额损耗量指标 \tag{2-14}$$

$$实体材料消耗量=实体材料净用量+实体材料损耗量 \tag{2-15}$$

2. 周转材料消耗定额

周转材料消耗定额是指在正常的施工条件和合理使用材料的前提下，开展分项工程的施工作业，形成单位合格生产成果所需周转材料施工损耗量和周转摊销量的数量标准。

周转材料消耗定额必须包括如下材料消耗指标：

◎周转材料定额损耗量指标；

◎周转材料定额摊销量指标。

周转材料消耗定额是确定施工项目所需发生周转材料损耗量和摊销量并据此估算周转材料费用的重要依据。当周转材料在其寿命期内的可周转次数较少时，则这些材料通常由施工项目直接采购和使用并在项目内核算其费用，此时，施工项目需支出的周转材料费等于其施工过程中发生的周转材料损耗量加周转材料摊销量之和与相应材料价格的乘积。确定周转材料损耗量和摊销量的基本原理，可用式(2-16)～式(2-18)表示。

$$\text{周转材料损耗量} = \sum \text{分项工程实物工程量} \times \text{周转材料定额损耗量指标} \tag{2-16}$$

$$\text{周转材料摊销量} = \sum \text{分项工程实物工程量} \times \text{周转材料定额摊销量指标} \tag{2-17}$$

$$\text{周转材料消耗量} = \text{周转材料损耗量} + \text{周转材料摊销量} \tag{2-18}$$

3. 周转材料使用定额

周转材料使用定额是指在正常的施工条件和合理使用材料的前提下，开展分项工程的施工作业，形成单位合格生产成果所需周转材料一次使用量和相应损耗量的数量标准。

周转材料使用定额必须包括如下材料消耗指标：

◎周转材料定额一次使用量指标；

◎周转材料定额损耗量指标。

周转材料使用定额是确定施工项目所需发生周转材料周转使用量和相应损耗量并据此估算周转材料费用的重要依据。当周转材料的使用寿命期较长时，则在施工企业职能组织和项目组织分层核算施工成本的条件下，这些周转材料通常由施工企业的职能部门或租赁公司负责采购和管理，并通过租赁的方式供应给施工项目使用。从投资收益的角度出发，施工项目需支出的周转材料费应该等于其施工过程发生的周转材料周转使用量乘以相应的租赁单价再加上周转材料损耗量乘以相应材料价格。确定周转材料周转使用量和损耗量的基本原理，可用式(2-19)、式(2-20)表示。

$$\text{周转使用量} = \sum \text{分项工程实物工程量} \times \text{周转材料定额一次使用量} \times \text{需配置时间} \tag{2-19}$$

$$\text{周转材料损耗量} = \sum \text{分项工程实物工程量} \times \text{周转材料定额损耗量指标} \tag{2-20}$$

(二)定额手册

材料消耗定额作为施工企业编制施工项目材料需求计划并据此进行材料控制的企业标准，在分别确定不同分项工程材料消耗定额的基础上，必须根据编制企业标准的要求将其汇编，最终形成材料消耗定额手册。

汇编材料消耗定额手册的过程，主要是将所确定的定额项目纳入由章、节、子目所组成的索引系统的过程。在对定额项目进行汇编时，通常可以用“工程构造”作为标准划分不同的“章”，例如，可根据不同的“工程构造”将定额项目纳入“砌体”、“混凝土构件”、“楼地面”、“防水”等不同的“章”中。对于同一章中所属的定额项目，又可以用“材料品种”作为标准划分不同的“节”，例如，针对同属于“砌体”的定额项目，可根据不同的“材料品种”将其纳入“标准砖砌体”、“八五砖砌体”、“毛石砌体”等不同的“节”中。对于同一节中所属的定额项目，又可以用“成果类型”作为标准划分不同的“子目”，例如，针对同属于“标准砖砌体”的定额项目，可根据不同的“成果类型”将其纳入“标准砖基础”、“标准砖内墙”等不同的“子目”中。对于同一子目中所属的定额项目，则由于其在构成工程实体中的作用、所用材料品种以及成果类型等方面具有较高的一致性，所以通常可以将其编排在同一张定额项目表上。

施工企业在编制适用于本企业的材料消耗定额时，可以采用不同形式的定额项目表。表2-10是某施工企业自行编制的材料消耗定额手册中反映标准砖内墙的定额项目表示意。

材料消耗定额项目表示意 **表2-10**

工程内容：砌墙、砌砖过梁、砖平拱、安装预制过梁板、垫块 计量单位：m^3

定额编号		3-11		3-12		3-13		3-14	
项目		标准砖内墙							
		直形							
		0.5砖厚		0.75砖厚		1砖厚		1.5砖厚	
材料名称	单位	净用量	损耗量	净用量	损耗量	净用量	损耗量	净用量	损耗量
标准砖	百块	5.3	0.28	5.2	0.24	5.1	0.22	5.05	0.21
水	m^3		0.112		0.109		0.106		0.105
M5混合砂浆	m^3	0.178	0.018	0.136	0.079	0.214	0.021	0.219	0.021
M7.5混合砂浆	m^3	(0.178)	(0.018)	(0.136)	(0.079)	(0.214)	(0.021)	(0.219)	(0.021)
M10混合砂浆	m^3	(0.178)	(0.018)	(0.136)	(0.079)	(0.214)	(0.021)	(0.219)	(0.021)

编制材料消耗定额手册的过程，除了按既定的章、节、子目将定额项目纳入不同的定额项目表中外，为了全面定义定额消耗量的经济意义，还必须编制相应的定额说明、工程量计算规则以及必要的附录等。定额说明一般需包括总说明、章说明和附注说明等三个层次，分别针对定额手册的共性问题、某章所属定额的共性问题以及某几条定额的问题进行说明。工程量计算规则的主要作用是用以规范定额工程量的计算。另外，可以将一些与定额有关的资料以附录的形式编入定额手册，附录通常可包括材料表、混凝土和砂浆的配合比表以及常用型材比重表、几何形体计算公式等内容。

第三章　进 度 计 划

进度计划作为指导施工的直接依据，其计划过程主要解决施工项目的进度安排和资源配置问题。除此之外，从施工项目进度、资源和成本的关系出发，进度计划还是估算施工项目成本的重要基础。

本章在讨论进度计划概念及其主要作用的基础上，重点论述施工项目进度计划的编制方法，所涉及的内容主要包括：

◎工程施工的流水作业方法；

◎进度计划对象；

◎网络计划技术；

◎编制施工项目的进度计划；

◎计划过程中的若干特殊问题。

第一节　进度计划的概念及其主要作用

一、进度计划的概念

进度计划是对施工项目实施过程所需开展的相关施工活动在实施时间和资源配置方面的事先安排。

对施工活动实施时间的事先安排，其实就是选择施工项目实施进度的过程，其主要内容通常是根据施工承包合同对施工项目总工期的要求，通过对组成施工项目的一系列施工活动进行逻辑分析，进而计算这些施工活动的开始、结束和延续时间，在此基础上，确定施工项目的计划进度。

计划进度作为施工项目进度计划的重要组成部分，其具体形式通常是带时间限制的施工活动清单。

对施工活动资源配置的事先安排，其实就是为施工项目的实施选择所需资源的过程，其主要内容通常是根据资源可获得性的限制，在明确施工技术和组织方法的基础上，选择具体资源并计算相应的需求数量，在此基础上，确定施工项目实施过程不同时间阶段上的资源需求强度。

资源需求强度作为施工项目进度计划的重要组成部分，其具体形式通常是与计划进度相对应的资源需求直方图。

组成进度计划的施工活动清单和相应资源需求直方图之间存在密切的系统联系，决定这种联系的共同因素主要包括：

◎施工组织方式；

◎基于施工技术和组织方法的资源选择；

◎不同资源配置条件下所能达到的生产率。

编制施工项目进度计划的过程，其实就是对上述共同因素进行选择、权衡和作出决定，并最终形成带时间限制的施工活动清单和相应资源需求直方图的决策过程。

二、进度计划的主要作用

进度计划能全面地反映施工过程所包括不同施工活动和相应资源需求在时间上的分布情况，这种分布情况正是施工项目的管理者在组织施工和实施控制时所必需的。

(一)进度计划是辅助决策的有效工具

影响施工项目实施效果的因素多种多样，且这些因素之间也相互影响，相应地，为提高施工项目实施效果所做的决策工作也必将是一种系统化的过程。由于进度计划过程是对计划目标以及影响计划目标的共同因素进行选择、评估，并在权衡利弊的基础上作出决定的过程，所以进度计划是实现系统化决策的辅助决策工具。

(二)进度计划是组织施工的路标

进度计划所规定的带时间限制的施工活动清单和相应的资源需求直方图是组织资源进行施工作业的直接依据，进度计划向包括项目经理到专业生产班组在内的所有项目参与者提供了明确的工作目标，只有在这种目标的指引下，不同的项目参与者才能协调一致地从事相应的施工作业。

(三)进度计划是施工项目成本估算的直接依据

在施工过程中使用劳动力、机械设备以及分包商的费用是施工项目成本的重要组成部分。在成本估算的实践中，这些费用通常是在进度计划提供相应资源和材料需求数量的基础上进行估算的。从这个意义上讲，进度计划是施工项目成本估算的直接依据。

(四)进度计划是实施控制的依据

对施工项目实施控制的主要目的是确保施工过程能按照计划的要求向前推进。为此，必须以进度计划为评判标准，通过跟踪施工项目的实施效果，并定期与计划目标相对比，及时发现偏差并采取相应措施予以纠正。

第二节　工程施工的流水作业方法

对应于相同的施工任务，采用不同的方法组织施工，其施工过程对资源的需求是不同的，在编制进度计划时，必须以既定的施工组织方法为前提。

一、流水施工

在现代制造业的生产过程中，已普遍采用了建立在标准化和广泛分工协作基础上的流水作业方法。标准化是指产品本身的标准化，按标准的产品设计图纸，分别组织零配件的生产，通过组装形成产成品。分工协作是指生产过程的专业化和协作化，专业化是按生产工艺的要求将产品生产过程分解成若干专业生产过程，分别组织劳动力和机械设备进行专业生产；协作化是按生产工艺的要求将不同专业生产过程集成起来，形成能完成产品生产任务的总体生产能力。标准化打破了产品生产过程的时空限制；专业化提高了生产过程的劳动熟练程度，为确保质量和提高劳动生产率创造必要条件；协作化能确保生产过程按产品生产的工艺要求协调进行。

在制造业中被广泛使用的流水作业方法同样适用于建筑业的生产组织，所不同的是，在制造业的流水作业中，从事专业生产的劳动力和机械设备是相对固定的，不同工序的产品或中间产品则在流水线上按生产工艺的要求流动，由前道工序流向后道工序。与制造业的流水作业正好相反，由于工程产品的固定性决定了其施工过程中专业生产的实施主体，也就是从事施工作业的劳动力和机械设备等施工资源，必须按既定的流水顺序在拟建工程的不同平面区段和竖向标高上流动，而专业生产的成果，即通过专业施工所形成的工程实体，则是固定不变的。

流水施工是指根据专业化和广泛分工协作的要求，将施工项目工作分解结构中的施工单元，按专业性质组合成符合专业化施工要求的一系列施工活动，针对不同的施工活动，分别配置劳动力和机械设备等施工资源以形成相应的资源组合。不同资源组合按一定的施工顺序相继在拟建工程的不同平面区段和竖向标高上依次进行施工作业的生产组织方法。

【例 3-1】当采用流水施工方法组织某基础工程的施工时，按专业性质将该基础工程分解成“挖基槽”、“浇捣混凝土垫层” 和 “砌筑砖基础” 等三项施工活动，分别配置施工资源以形成从事“挖基槽”、“浇捣混凝土垫层” 和 “砌筑砖基础” 的资源组合以完成相应的施工任务。如果将基础工程从平面上划分成两个劳动量大致相等的施工区段，则该基础工程的施工过程可用图 3-1 示意。

施工活动名称	资源组合	作业时间	人工数	2	4	6	8	10	12	14	16	18	20	22	…
挖一区段基槽	普 工 人力车	4	10												
挖二区段基槽		4	10												
浇捣一区段混凝土垫层	瓦工 混凝土搅拌机 塔吊	2	5												
浇捣二区段混凝土垫层		2	5												
砌筑一区段砖基础	瓦工 塔吊 砂浆搅拌机	6	10												
砌筑二区段砖基础		6	10												

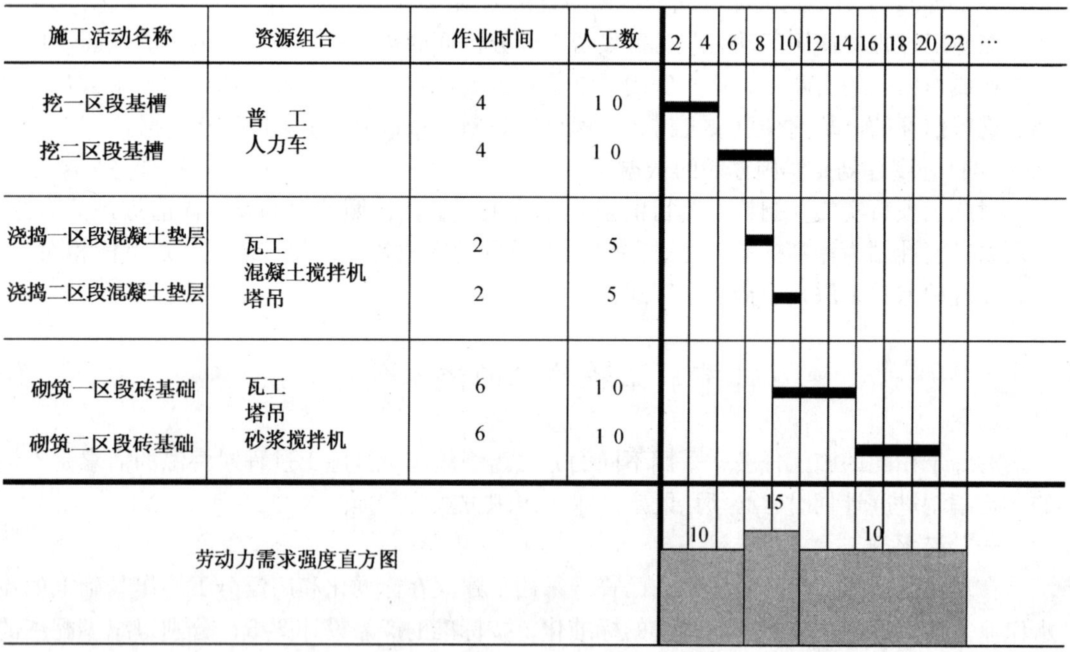

劳动力需求强度直方图

10　15　10

图 3-1　流水施工示意图

二、施工流水线的组建

当采用流水施工方法组织拟建工程施工时，其施工过程通常是由若干条施工流水线组成的。所谓施工流水线，是指同一项施工活动在拟建工程的不同平面区段和竖向标高上分别依次开展施工作业所形成的专业施工过程。同一条施工流水线的组建以及不同施工流水线之间关系的协调，是采用流水施工方法组织施工时必须要考虑和解决的问题。

施工流水线一般由施工活动、资源组合、工作面、施工段和施工层等要素组合而成。所谓组建施工流水线，其实就是对组成施工流水线的不同要素进行选择、评估，并最终作出取舍的决策过程。

(一)施工活动

施工过程可以被分解成一系列相关的施工活动。在组建施工流水线时，作为施工作业的对象，施工活动是指按专业施工的要求，将施工项目工作分解结构中相关施工单元组合起来所形成的集合。在组织施工时，该集合应包括施工任务的多少，主要取决于其所要求的精细程度，例如，在编制控制性进度计划时，所定义的施工活动可包含较多的施工任务，施工活动相对比较综合，反过来，在编制实施性或作业性进度计划时，则施工活动所包含的施工任务应少一些，相应地，施工活动的综合程度就比较低。一般地讲，由于施工项目的特殊性，相对于制造业的生产过程而言，为组织流水施工而定义的施工活动，所包括施工任务的范围较大，通常由一个或一个以上的分项工程组成。

根据不同的工艺性质、实施地点和不同的作用，组成施工项目的施工活动一般可分成三种不同的类型：

1. 建造类施工活动

建造类施工活动是指其施工过程必须直接使用拟建工程的活动空间并在此空间上直接形成工程产品的施工活动。例如，对砌筑墙体而言，作为一项施工活动，通常由砌筑、搅拌砂浆和运输材料等工艺上紧密相关的施工单元组合而成，由于其中的砌筑单元必须直接使用拟建工程的活动空间开展施工作业并在该空间上直接形成墙体，所以，砌筑墙体属于建造类施工活动。再如，对于浇捣混凝土构件，作为一项施工活动，通常由浇捣混凝土、搅拌混凝土和运输混凝土等施工单元组成，由于其中的浇捣混凝土施工单元必须直接使用拟建工程的活动空间开展施工作业并在该空间上直接形成混凝土构件，所以，浇捣混凝土构件同样属于建造类施工活动。

在组建施工流水线时，由于建造类施工活动必须直接使用拟建工程的活动空间并在该空间上直接形成工程产品，所以，建造类施工活动可以作为施工流水线的组成要素。组建施工流水线的任务之一，就是选择相应的建造类施工活动并确定其在拟建工程不同平面区段和竖向标高上的作业顺序。

2. 制备类施工活动

制备类施工活动是指其施工过程不必直接使用拟建工程的活动空间，一般可在施工现场的其他场所开展施工作业，并且是以向建造类施工活动提供制成品为目的的施工活动。例如，在施工现场开展的筛选黄砂、清理模板、钢筋的下料和成型、制作钢筋混凝土预制构件以及加工木门窗等均属于制备类施工活动。

由于制备类施工活动是为建造类施工活动提供制成品而开展的且其施工过程一般不必使用拟建工程的活动空间，所以，制备类施工活动通常不作为施工流水线的组成要素。在组织流水施工时，制备类施工活动通常从属于建造类施工活动，在满足建造类施工活动对制成品需求的基础上，可以在施工现场任意安排其作业时间。

3. 现场性工作

组成施工项目的建造类施工活动和制备类施工活动，均是为完成施工承包合同所规定的可交付物的施工任务，按施工技术规律的要求所必须开展的。除此之外，为了创造必要的施工条件并对施工过程进行组织和管理，还必须设置相应的现场性工作为其提供必要的施工保障。

现场性工作是为了创造必要的施工条件并对施工过程进行组织和管理而开展的施工活动。值得注意的是，现场性工作通常是相对于建造类和制备类施工活动而言的，就某项具体工程来讲，哪些活动应该被定义成建造类或制备类施工活动，哪些活动必须被定义成现场性工作，并没有固定不变的统一标准。在组织拟建工程施工时，应根据具体工程的具体情况，确定其施工过程所含施工活动的具体类型。

由于现场性工作是为了创造必要的施工条件并对施工过程进行组织和管理而开展的施工活动，所以，它同样不能作为施工流水线的组成要素。在组织流水施工时，通常可以从满足建造类或制备类施工活动对施工保障的需求角度出发，自行安排相应的现场性工作。

(二)资源组合

作为构成施工流水线的另一项基本要素，资源组合是施工活动的实施主体，一般由若干在工艺上紧密相关的专业生产班组所组成。在施工过程中，组成资源组合的各专业生产班组根据施工工艺的要求分别开展相应的施工作业，共同形成在拟建工程不同平面区段和竖向标高上的流水施工。

与制造业生产过程配置在各道工序上的资源组合不同，为组建施工流水线而配置的资源组合，在施工过程中不是一成不变的，它必须随工程施工的进展按需要随时进行调整组合。在组织流水施工时，组成施工流水线的资源组合处于变动之中。例如，为完成砌筑墙体的施工任务，可以将砌筑、搅拌砂浆和运输材料等专业生产班组组织起来形成相应的资源组合，并按照砌筑墙体的工艺要求分别开展相关的施工作业，共同形成在拟建工程不同平面区段和竖向标高上砌筑墙体的专业施工过程。当施工现场不需要砌筑墙体时，为了实现施工过程对资源需求的均衡性，原来属于砌筑墙体资源组合的不同专业生产班组则必须与其他班组重新组合以形成完成其他施工任务的生产能力。其中，砌筑和运输材料专业生产班组也许会与搅拌混凝土班组重新组合形成浇捣混凝土构件的资源组合，共同完成浇捣混凝土构件的施工任务。再如，配置在施工现场的钢筋工，在一定时期内属于在拟建工程上从事钢筋安装工作的资源组合，而在另一时期内可能会被调配到施工现场的钢筋加工车间去从事钢筋的下料和成型工作。

组织施工流水线进行施工的目的，就在于科学地组织和合理地安排各项施工活动与相应资源组合的关系，在按施工技术规律进行施工的前提下，尽量做到配置在施工现场的资源在施工过程中不出现闲置等待的现象，实现施工过程对资源需求的均衡性。

(三)工作面

工作面是指归属于某资源组合的专业生产班组在开展相应施工作业时所需的活动空间。由于工程产品的固定性，决定了在其施工过程中所能提供的工作面是有限的。在确定某施工流水线所需的工作面时，一方面要符合有关施工规范和安全规程对工作面的要求，另一方面必须充分考虑工作面的大小与相应专业生产班组规模之间的关系，工作面过大或过小，均会制约专业生产班组生产能力的发挥，进而影响其实际生产率。

(四)施工段

施工段是指为组织流水施工而对拟建工程的平面进行分割所形成的施工区段，划分施工段是组织流水施工的基础，通常应遵守如下划分原则：

(1)就同一条施工流水线而言，在不同施工段上所需完成施工任务的数量应大致相等；

(2)施工段所能提供的活动空间必须与相应资源组合中的专业生产班组在开展施工作业时所需的工作面相协调；

(3)为保证拟建工程整体结构的完整性，施工段的分界线应尽可能与该工程结构的自然界限(如沉降缝、伸缩缝等)相一致，当没有结构上的自然界限可资利用时，也应将施工段的分界线设置在对结构整体影响较小的部位；

(4)当组织多层建筑物的流水施工时，为确保参加流水施工的不同资源组合在施工过程中能实现连续施工，在划分施工段时，某一楼层上的施工段数必须大于在该楼层上进行流水施工的施工流水线的数量。

值得注意的是，在划分施工段的过程中，根据不同施工流水线对施工段划分的不同要求，可以采用相同或不同的划分方法。例如，在组建砌筑墙体施工流水线时，可将拟建工程从平面上划分成多个施工段，以便组织相应的专业生产班组在这些施工段上进行流水施工。再如，当组织外墙抹灰施工流水线时，则没有必要将拟建工程从平面上分段，通常的做法是将抹灰班组的工人顺建筑物外墙均匀地分布，从上往下组织流水施工。

(五)施工层

在组织流水施工时，将拟建工程在竖向标高上划分成若干操作层，则这些处于不同标高上的操作层通常被称为施工层。作为决定施工流向的重要因素，在组建施工流水线时，应根据拟建工程的具体情况确定施工层的划分标准。就建筑工程而言，一般以建筑物的操作层高度或层高为标准划分施工层，例如，砌筑墙体的施工层高度一般为1.2m，对于室内墙面抹灰以及木装饰、油漆、门窗安装等施工活动，则可以按自然楼层高度设置施工层。

三、组织流水施工的程序

将流水施工的基本原理应用于具体工程的施工组织，其过程通常被称为组织该工程的流水施工，组织流水施工的一般程序如下：

(一)明确施工流向和施工顺序

施工流向是指某施工流水线在拟建工程上开展施工作业时的走向，也即施工流水线上的资源组合在拟建工程不同平面区段和竖向标高上依次开展施工作业时所采用的顺序。

施工顺序是指不同施工流水线之间相继投入拟建工程某平面区段或竖向标高开展施工作业的先后顺序。

(二)组建施工流水线

选择建造类施工活动作为施工作业的对象，配置施工资源以形成相应的资源组合。在此基础上，根据既定的施工流向和施工顺序，分别确定其工作面、施工段和施工层。

(三)相邻施工流水线之间关系的确定

在组织流水施工时，通常需要组建若干条施工流水线，归属于不同施工流水线的资源组合，分别按不同的要求依次在拟建工程的施工区段上进行施工作业。在施工过程中，归属于不同施工流水线的资源组合之间客观上存在相互联系和相互制约的系统关系，根据产生这种系统关系的原因分类，则存在于施工流水线之间的关系一般可分成由工艺原因引起的工艺关系和由组织原因引起的组织关系两种。

在组织流水施工时，工艺关系决定了相关流水线在同一施工区段上相继投入施工作业的先后顺序，在搭接方式一定的条件下，相关施工流水线依次投入施工作业的时间间隔，也可以根据工艺关系来加以确定。

组织关系不仅决定相同施工流水线所属的资源组合在不同施工区段上开展施工作业的先后顺序，而且，在不同施工流水线共用施工资源的条件下，组织关系还是决定不同施工流水线相继投入施工作业的重要因素。为了提高配置在施工现场的资源的实际利用率，应该通过计划工作合理安排同一施工资源在不同施工流水线上的时间分配，实现施工资源在不同施工流水线之间的连续均衡施工。

(四)编制流水施工进度计划

依据既定的施工流向和施工顺序，结合存在于相邻施工流水线之间的相互关系，采用网络计划技术，可以形成基于流水施工方法的进度计划，该进度计划是组织流水施工的直接依据。

(五)安排相应的制备类施工活动和现场性工作

制备类施工活动是为相应建造类施工活动提供制成品而开展的施工活动，在确保建造类施工活动对制成品需求的基础上，可以根据具体情况安排制备类施工活动的作业时间和相应的资源配置。

开展现场性工作的主要目的是为建造类和制备类施工活动的顺利进行提供施工保障，根据开展建造类或制备类施工活动对施工保障的要求，必须配置相应资源作为现场性工作的实施主体，并确定不同现场性工作的起止时间。

(六)平衡资源需求

为了提高配置在施工现场的施工资源的利用率，必须反复协调组成施工流水线的各项施工活动的作业时间和资源配置的关系，通过资源优化以平衡施工过程对施工资源的需求。

第三节　计划对象

编制施工项目进度计划的过程，就是确定其计划进度和相应资源需求的过程。由于施工项目是由一系列施工活动组成的，所以进度计划的计划对象只能是组成施工项目的施工活动。在编制施工项目进度计划时，为了明确计划对象的具体内容，必须将由施工承包合同所定义的施工总任务分解开来，在确定其实施主体的基础上，形成计划工作所需的相对独立的施工活动清单，并分别对该清单中的施工活动进行属性和界面定义。

一、计划对象的划分

根据施工项目工作分解结构的一般模式，任何施工过程均可以被描述成由施工单元、分项工程和分部工程组成的具有一定层次结构的施工活动体系。该体系中的施工单元是指由最基本的资源组合，也就是专业生产班组，为完成最基本的施工任务而开展的施工活动。由若干工艺或组织关系紧密相关的施工单元组成的集合，一般被称为分项工程。若干具有共同特征的分项工程组成分部工程。

所谓计划对象的划分，是指根据编制进度计划的需要，将施工项目工作分解结构中相关的施工单元或分项工程归集到不同的施工活动上，并分别确定其必须完成的施工任务、施工任务的数量以及相应的产出成果。通过计划对象的划分工作，可以明确进度计划对象所包含施工任务的具体内容。

【例 3-2】在编制某施工项目的进度计划时，如果将“砌筑墙体”作为计划对象，则该计划对象至少应包括“砌筑内墙”和“砌筑外墙”两项分项工程，根据施工图纸经计算得，在某施工段上必须完成分项工程的实物工程量分别为：

砌筑外墙：20m^3

砌筑内墙：30m^3

则“砌筑墙体”计划对象所包括的施工任务、施工任务的数量以及相应产出成果的规格可用表 3-1 示意。

【例 3-3】在编制某施工项目的进度计划时，如果将“挖运土石方”作为计划对象，则该计划对象至少应包括“开挖土石方”和“运输土石方”两项分项工程，根据施工图纸经计算得，“挖运土石方”计划对象所包括分项工程的实物工程量分别为：

开挖土石方：1000m^3

运输土石方：1000m^3

则“挖运土石方”计划对象所包括的施工任务、施工任务的数量以及相应产出成果的规格同样可用表 3-1 示意。

计划对象明细表 **表 3-1**

工程名称：某工程

计划对象名称	所包括的分项工程	单　位	工程量	成果规格说明
砌筑墙体	砌筑外墙	m^3	20	标准砖 1 砖厚直形墙 M5 混合砂浆砌筑
	砌筑内墙	m^3	30	
挖运土石方	开挖土石方	m^3	1000	开挖深度为 3m 运输距离为 400m
	运输土石方	m^3	1000	

对应于不同作用的进度计划，作为计划对象的施工活动所需包括施工任务的范围是不同的。对于控制性进度计划，由于其作用是控制性的，所以其计划对象所需包括施工任务的范围应该宽一点。对于实施性进度计划，由于其作用是直接指导施工作业的，所以其计划对象所包括施工任务的范围相对比较狭窄，一般包括一项或若干项在施工工艺上紧密相关的分项工程。

二、计划对象的属性定义

所谓计划对象的属性定义，就是在划分计划对象的基础上，选择适用于不同施工活动的施工工艺，配置按既定施工工艺开展施工作业所需的施工资源，评估在一定工艺选择和资源配置条件下该施工活动能够达到的生产率，计算在一定生产率条件下完成施工活动的施工任务所需的持续时间和资源配置的过程。

(一)施工工艺的选择

施工工艺是指应用于施工活动上的施工技术和组织方法。对施工活动进行工艺选择，不仅要选择开展施工活动所需不同施工环节上的施工技术，而且要明确不同施工环节之间在组织上的相互联系。

【续例3-2】为完成“砌筑墙体”的施工任务，在选择施工工艺时，必须就以下两个层次的问题作出决定：

首先，必须选择“砌筑外墙”和“砌筑内墙”所用的施工技术：

不论是“砌筑外墙”还是“砌筑内墙”，其适用的施工技术均选择为手工砌筑墙体、现场机械搅拌砂浆、塔吊运输建筑材料。

其次，在确定适用的施工技术的基础上，还必须明确二者在施工过程中的搭接关系：

虽然“砌筑外墙”和“砌筑内墙”是在建筑物同一平面的不同位置分别进行的，在组织施工时，通常可配置不同的专业生产班组分别从事“砌筑外墙”和“砌筑内墙”的施工作业，但是，如果在施工现场只配置一组“搅拌砂浆”和“运输材料”专业生产班组，也即“砌筑外墙”和“砌筑内墙”必须共用相同的“搅拌机”和“塔吊”进行施工时，则“砌筑外墙”和“砌筑内墙”二者在施工过程中的搭接关系又可分两种情况。

(1)当施工现场所具备的“搅拌砂浆”和“运输材料”的施工能力大到能同时满足“砌筑外墙”和“砌筑内墙”对“砂浆搅拌”和“材料运输”的需求时，则“砌筑外墙”和“砌筑内墙”之间可以组织“同步循环”施工。此时，存在于“砌筑外墙”和“砌筑内墙”之间的这种同步循环的搭接关系，通常被称为“并行施工”关系。图3-2（*b*）是采用并行施工关系组织“砌筑墙体”施工的示意。

(2)当施工现场所具备的“搅拌砂浆”和“运输材料”的施工能力不能同时满足“砌筑外墙”和“砌筑内墙”对“砂浆搅拌”和“材料运输”的需求时，则“砌筑外墙”和“砌筑内墙”之间必须组织“顺序循环”施工。此时，存在于“砌筑外墙”和“砌筑内墙”之间的这种顺序循环的搭接关系，通常被称为“顺序施工”关系。图3-3（*b*）是采用顺序施工关系组织“砌筑墙体”施工的示意。

【续例3-3】为完成“挖运土石方”的施工任务，在选择施工工艺时，必须就以下两个层次的问题作出决定：

首先，必须选择“开挖土石方”和“运输土石方”的施工技术，可供选择的方案包括：

(1)对于“开挖土石方”，可以选择“人工开挖”、“反铲挖掘机开挖”以及“爆破开挖”等施工技术，采用不同的施工技术，必然会带来不同的资源需求和资源利用，进而带来不同的生产率。

(2)对于“运输土石方”，可以选择“人力车运输”或“自卸汽车运输”等施工技术，采用不同的施工技术，同样会带来不同的资源需求和生产率。

其次，在确定“开挖土石方”和“运输土石方”施工技术的基础上，还必须明确二者在施工过程中的搭接关系：

(1)假定采用“反铲挖掘机开挖”和“自卸汽车运输”施工技术来完成“挖运土石方”的施工任务，则“反铲挖掘机开挖”和“自卸汽车运输”必须同步进行。此时，虽然在施工过程中可以独立地组织“反铲挖掘机开挖”和“自卸汽车运输”的施工作业，但是，考虑到在“装车”时必须同时使用反铲挖掘机和自卸汽车这一限制条件，则“反铲挖掘机开挖”和“自卸汽车运输”之间必须以相同的速度循环施工。存在于“反铲挖掘机开挖”和“自卸汽车运输”之间的这种搭接关系，通常被称为“并行施工”关系。图3-2（*b*）是采用并行施工关系组织“挖运土石方”施工的示意。

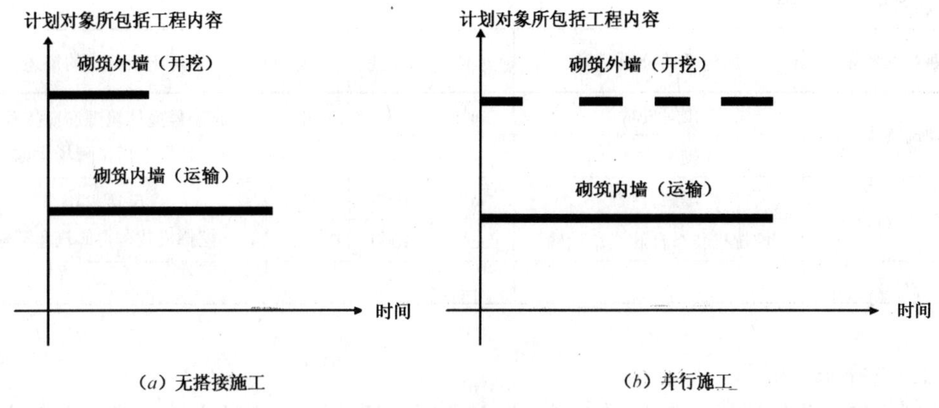

图 3-2　无搭接施工与并行施工对比

(2)当需要开挖的土石方比较坚硬时，如果采用“爆破开挖”和“自卸汽车运输”施工技术来完成“挖运土石方”的施工任务，则“爆破开挖”和“自卸汽车运输”必须依次进行。此时，由于“爆破开挖”只是将开挖现场的土石方炸松，根据相应的施工顺序，只有将土石方炸松后才能通过“自卸汽车运输”将土石方运走，所以，“爆破开挖”和“自卸汽车运输”之间必须依次施工。存在于“爆破开挖”和“自卸汽车运输”之间的这种搭接关系，一般被称为“顺序施工”关系。图 3-3(*b*)是采用顺序施工关系组织“挖运土石方”施工的示意。

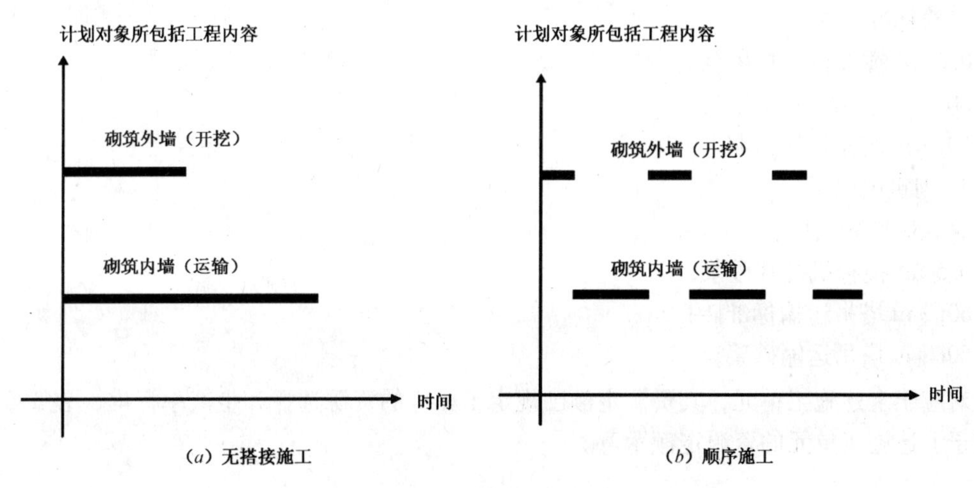

图 3-3　无搭接施工与顺序施工对比

通过对示例的分析可以看出，在组成计划对象的不同分项工程之间采用不同的搭接关系进行施工，必然会产生不同的资源需求和资源使用，进而产生不同的生产率。

针对【例 3-2】和【例 3-3】所示的计划对象所做的工艺选择，其选择结果可采用表 3-2 进行示意。

计划对象工艺选择明细表 **表 3-2**

工程名称：某工程

计划对象名称	所包括的分项工程	单位	工程量	搭接	对施工技术的描述
砌筑墙体	砌筑外墙	m^3	20	并行	某型号搅拌机现场搅拌砂浆
	砌筑内墙	m^3	30		某型号塔吊现场运输
挖运土石方	爆破开挖	m^3	1000	顺序	风钻成孔
	挖掘机装车自卸汽车运输	m^3	1000		挖掘机装车自卸汽车运输
…	…			…	…

（二）选择施工资源

通过施工工艺的选择，仅仅明确了计划对象所包括不同施工环节的施工技术方法，而施工技术方法的实施，则必须依赖于相应的施工资源。所谓选择施工资源，就是在确定施工工艺的基础上，选择具体的施工资源作为相关施工单元的实施主体。由于施工单元的实施主体通常是以专业生产班组的形式被配置在施工现场的，具有相对稳定资源配置结构的专业生产班组在完成具体施工单元的施工任务时所能达到的生产率一般被称为资源定额。所以，选择施工资源的过程，其实就是针对施工单元选择相应资源定额的过程。

【续例 3-2】在“砌筑墙体”计划对象中，包括“砌筑外墙”和“砌筑内墙”两项分项工程，根据所选择的施工工艺并结合资源定额所规定的划分施工单元的标准，则“砌筑外墙”和“砌筑内墙”分项工程所包括的施工单元如下：

1. 砌筑外墙

砌筑标准砖外墙；

0.5 m^3 搅拌机搅拌砂浆；

60t·m 塔吊运输标准砖；

60t·m 塔吊运输砂浆。

2. 砌筑内墙

砌筑标准砖内墙；

0.5 m^3 搅拌机搅拌砂浆；

60t·m 塔吊运输标准砖；

60t·m 塔吊运输砂浆。

对应于上述施工单元，其资源定额已规定了相应的资源选择和生产率标准，表 3-3 是对应于上述施工单元的资源定额示意。

资源定额示意表 **表 3-3**

工作内容：略

序　号	资源定额名称	单　位	主动性资源名称	单　位	消耗量标准
1	砌筑标准砖外墙	m^3	平均技术等级 3.2 级的瓦工	工日	0.5
2	砌筑标准砖内墙	m^3	平均技术等级 3.2 级的瓦工	工日	0.4
3	搅拌砂浆	m^3	容量 0.5 m^3 砂浆搅拌机	台班	0.2

续表

序　号	资源定额名称	单　位	主动性资源名称	单　位	消耗量标准
4	运输标准砖	百块	60t · m 塔吊	台班	0.01
5	运输砂浆	m^3	60t · m 塔吊	台班	0.05
…	…	…	…	…	…

注：本表是为了解题方便将相关资源定额消耗量进行汇编所形成的表格，它仅仅反映主动性资源的选择以及消耗量标准，资源定额项目表的具体形式请详本书第二章的内容。

【续例3-3】在“挖运土石方”计划对象中，包括“开挖”和“运输”二项分项工程。根据所选择的施工工艺，“开挖”和“运输”分别采用“爆破开挖”和“自卸汽车运输”技术方法进行施工。其中，“爆破开挖”分项工程仅包括“爆破开挖”一项施工单元；“自卸汽车运输”也只包括“自卸汽车运输”一项施工单元。

(1)对于“爆破开挖”分项工程，其包括的施工单元为：爆破开挖；

(2)对于“自卸汽车运输”分项工程，其包括的施工单元为：自卸汽车运输。

对应于上述施工单元，其资源定额已规定了相应的资源选择和生产率标准，表3-4是对应于上述施工单元的资源定额示意。

资源定额示意表　　**表3-4**

工作内容：略

序　号	资源定额名称	单　位	主动性资源名称	单　位	消耗量标准
1	爆破开挖	m^3	爆破工	工日	0.04
2	反铲挖掘机装车自卸汽车运输	m^3	5t 自卸汽车	台班	0.05
			反铲挖掘机	台班	0.05
…	…	…	…	…	…

注：本表是为了解题方便将相关资源定额消耗量进行汇编所形成的表格，它仅仅反映主动性资源的选择以及消耗量标准，资源定额项目表的具体形式请详本书第二章的内容。

针对【续例3-2】和【续例3-3】中不同计划对象所作出的资源选择，其选择结果可采用表3-5进行示意。

计划对象资源选择明细表　　**表3-5**

工程名称：某工程

计划对象名称	所包括的分项工程	所包括的资源定额
砌筑墙体	砌筑外墙	砌筑标准砖外墙
		搅拌砂浆
		运输砂浆
		运输标准砖

续表

计划对象名称	所包括的分项工程	所包括的资源定额
砌筑墙体	砌筑内墙	砌筑标准砖内墙
		搅拌砂浆
		运输砂浆
		运输标准砖
挖运土石方	爆破开挖	爆破开挖
	自卸汽车运输	反铲挖掘机装车自卸汽车运输
…	…	…

在实施计划对象的过程中，其所需开展的施工活动与相应的施工组织之间是一种矩阵关系。图3-4是用以反映“砌筑墙体”计划对象中工作分解结构(WBS)与组织分解结构(OBS)矩阵关系的示意。

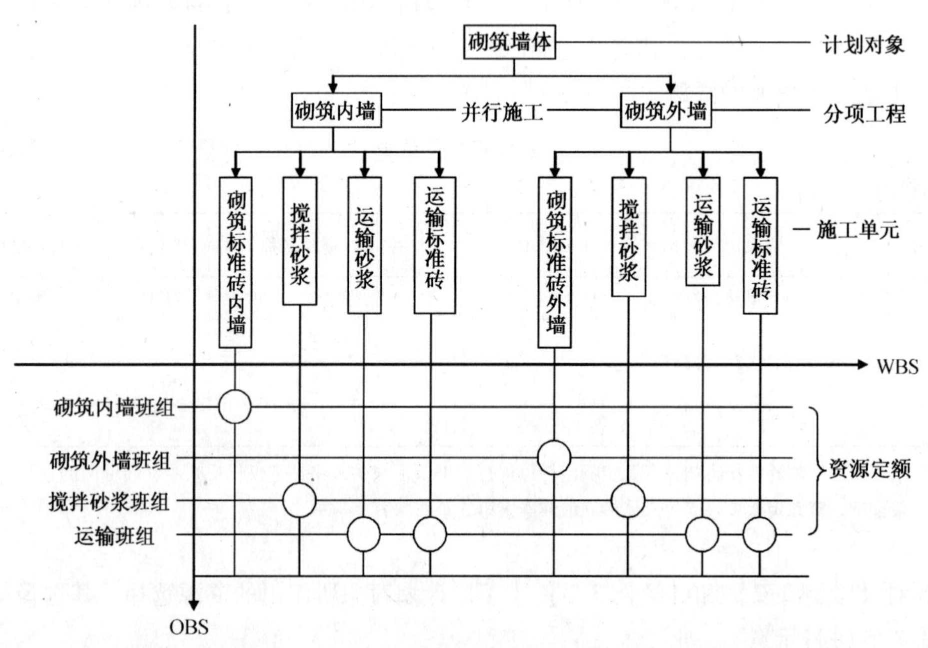

图3-4　计划对象工作分解结构与组织分解结构矩阵关系示意图

（三）确定计划对象的额定生产率

生产率是用以反映生产过程投入和产出关系的经济指标，通常用形成单位产出成果的资源需求量进行衡量。所谓资源需求量，是指完成施工任务所需耗用的资源时间。在明确定义计划对象所包括施工任务并对其施工工艺和相应资源作出选择的基础上，套用作为施工单元额定生产率标准的资源定额，可以计算完成计划对象所包括施工任务的资源额定需求量。

1. 计算施工单元的工程量

按照施工项目工作分解结构的一般模式，分项工程通常由工艺上紧密相关的若干施工单元所组成。对施工单元的计量，通常是用其产出成果的实物工程量来进行的。组成分项工程的施工单元，有些必须在工作面上直接参与形成分项工程产出成果的施工作业，此时，这些施工单元的工程量与相应分项工程的工程量相一致，另一些则是以形成分项工程产出成果所需的材料为对象开展施工作业，相应地，这些施工单元的工程量可以用相关材料的消耗量来计量。

所谓确定施工单元的工程量，就是在明确施工项目所包括计划对象、计划对象所包括分项工程以及分项工程对材料的需求的基础上，根据组成分项工程的不同施工单元在形成分项工程产出成果的施工过程中所发挥作用的不同，采用不同的计量方式对施工单元工程量进行计量的过程。

(1)对于直接参与形成分项工程产出成果的施工单元，其工程量用式(3-1)计算。

$$\text{施工单元工程量} = \text{分项工程实物工程量} \tag{3-1}$$

(2)对于以形成分项工程产出成果所需的材料为作业对象的施工单元，其工程量用式(3-2)计算。

$$\text{施工单元工程量} = \text{分项工程实物工程量} \times \text{相应材料消耗定额} \tag{3-2}$$

【续例3-2】查阅材料消耗定额，计算“砌筑内墙”和“砌筑外墙”分项工程的材料消耗量，在此基础上分别确定二者所包括的施工单元的工程量。

(1)本例所需的材料消耗定额见表3-6。

材料消耗定额汇总表 **表3-6**

计量单位：m^3

材料名称	单　位	砌筑外墙	砌筑内墙
标准砖	块	520	510
M5混合砂浆	m^3	0.23	0.23

(2)直接参与形成分项工程产出成果的施工单元工程量：

1)砌筑标准砖外墙：20 m^3

2)砌筑标准砖内墙：30 m^3

(3)以形成分项工程产出成果所需材料为作业对象的施工单元工程量：

1)对于“砌筑外墙”分项工程：

搅拌砂浆：$20 \times 0.23 = 4.6\ m^3$

运输砂浆：4.6 m^3

运输标准砖：$20 \times 520 = 10400$ 块

2)对于“砌筑内墙”分项工程：

搅拌砂浆：$30 \times 0.23 = 6.9\ m^3$

运输砂浆：6.9 m^3

运输标准砖：$30 \times 510 = 15300$ 块

【续例3-3】对于“挖运土石方”计划对象，由于其包括的“爆破开挖”和“自卸汽车运输”分项工程的实物工程量均为1000 m^3，再加上这两项分项工程均只包括“爆破开挖”和“反铲挖掘机装车自卸汽车运输”施工单元，所以，其施工单元的工程量均为1000 m^3。

如果将【续例3-2】和【续例3-3】所计算的施工单元的工程量进行汇编，则其计算结果可以采用表3-7进行示意。

计划对象资源选择及工程量明细表 **表3-7**

工程名称：某工程

计划对象名称	所包括的分项工程	所包括的资源定额	单位	工程量
砌筑墙体	砌筑外墙	砌筑标准砖外墙	m^3	20
		搅拌砂浆	m^3	4.6
		运输砂浆	m^3	4.6
		运输标准砖	百块	104
	砌筑内墙	砌筑标准砖内墙	m^3	30
		搅拌砂浆	m^3	6.9
		运输砂浆	m^3	6.9
		运输标准砖	百块	153
挖运土石方	爆破开挖	爆破开挖	m^3	1000
	自卸汽车运输	反铲挖掘机装车自卸汽车运输	m^3	1000
…	…	…	…	…

2. 套用资源定额计算资源额定需求量

(1)施工单元对资源的额定需求

将施工单元的工程量乘以相应的资源定额，即得该施工单元对资源的额定需求量，用式(3-3)表示。

$$\text{施工单元对资源的额定需求} = \text{施工单元工程量} \times \text{资源定额} \quad (3\text{-}3)$$

(2)分项工程对资源的额定需求

将分项工程所包括的施工单元对资源的需求量相加，即得该分项工程对资源的额定需求量，用式(3-4)表示。

$$\text{分项工程对资源的额定需求} = \sum \text{施工单元对资源的额定需求} \quad (3\text{-}4)$$

(3)计划对象对资源的额定需求

将计划对象所包括的分项工程对资源的需求量相加，即得该计划对象对资源的额定需求量，用式(3-5)表示。

$$\text{计划对象对资源的额定需求} = \sum \text{分项工程对资源的额定需求} \quad (3\text{-}5)$$

【续例3-2】套用资源定额计算“砌筑墙体”计划对象所包括的分项工程中不同施工单元对资源的额定需求量，并逐级汇总成分项工程和计划对象对资源的额定需求量如表3-8所示。

计划对象资源额定需求量计算表 **表 3-8**

计划对象名称：砌筑墙体

序号	资源定额名称	单　位	工程量	瓦工（工日）	砂浆搅拌机（台班）	塔吊（台班）
一	砌筑外墙	m^3	20	10	0.92	1.27
1	砌筑标准砖外墙	m^3	20	0.5 / 10	—	—
2	搅拌砂浆	m^3	4.6	—	0.2 / 0.92	—
3	运输标准砖	百块	104	—	—	0.01 / 1.04
4	运输砂浆	m^3	4.6	—	—	0.05 / 0.23
二	砌筑内墙	m^3	30	12	1.38	1.88
1	砌筑标准砖内墙	m^3	30	0.4 / 12	—	—
2	搅拌砂浆	m^3	6.9	—	0.2 / 1.38	—
3	运输标准砖	百块	153	—	—	0.01 / 1.53
4	运输砂浆	m^3	6.9	—	—	0.05 / 0.35
	合计	—	—	22	2.3	3.15

注：表格中“斜线”的左上部填写“定额消耗量”，右下部填写“施工单元对资源的需求量”。

【续例 3-3】套用资源定额计算“挖运土石方”计划对象所包括的分项工程中不同施工单元对资源的额定需求量，并逐级汇总成分项工程和计划对象对资源的额定需求量如表 3-9 所示。

计划对象资源额定需求量计算表 **表 3-9**

计划对象名称：挖运土石方

序号	资源定额名称	单　位	工程量	爆破工（工日）	挖掘机（台班）	自卸汽车（台班）
一	爆破开挖	m^3	1000	40	—	—
1	爆破开挖	m^3	1000	0.04 / 40	—	—
二	自卸汽车运输	m^3	1000	—	50	50

续表

序号	资源定额名称	单 位	工程量	爆破工（工日）	挖掘机（台班）	自卸汽车（台班）
1	挖掘机装车自卸汽车运输	m^3	1000	—	0.05 / 50	0.05 / 50
	合计	—	—	40	50	50

注：表格“斜线”的左上部填写“定额消耗量”，右下部填写“施工单元对资源的需求量”。

(四)工艺设计

对计划对象进行工艺设计的过程，就是围绕该计划对象的资源配置和作业时间作出决策的过程。决策过程的最终结果，就是要明确计划对象的资源需求强度和相应的作业时间。在资源额定需求量一定的条件下，配置在计划对象上的资源强度与相应作业时间之间存在密切的联系。依据组成计划对象的不同分项工程之间的搭接关系，可以建立资源配置和作业时间的函数关系。依据这种函数关系，可以确定计划对象的资源需求强度和相应的作业时间。

1. 分项工程的作业时间与资源需求

就分项工程而言，由于其施工过程是在既定施工工艺的约束下循环进行的，组成分项工程的不同施工单元分别在不同的工作面上开展相应的施工作业，所以，组成分项工程的不同施工单元之间总是并行施工的关系。依据这种并行施工的关系，则分项工程的资源需求强度和相应作业时间的函数关系，可用式(3-6)、式(3-7)来加以描述。

$$\text{第}\,i\,\text{项施工单元的作业时间} = \frac{\text{第}\,i\,\text{项施工单元的资源额定需求量}}{\text{第}\,i\,\text{项施工单元的资源配置强度}} \tag{3-6}$$

$$\text{分项工程的作业时间} = \max\left[\text{第}\,i\,\text{项施工单元的作业时间}\right] \tag{3-7}$$

(1)当配置在施工单元上的资源在分项工程作业时间里能被其他施工活动调配使用时，则该分项工程的资源需求强度为：

$$\text{分项工程资源需求强度(1)} = \frac{\sum \text{第}\,i\,\text{项施工单元的额定资源需求量}}{\text{分项工程作业时间}} \tag{3-8a}$$

(2)当配置在施工单元上的资源在分项工程作业时间里能被本分项工程所属的施工单元调配使用，但不能被其他施工活动调配使用时，则该分项工程的资源需求强度为：

$$\text{分项工程资源需求强度(2)} = \max\left[\begin{array}{l}\text{分项工程资源需求强度(1)}\\ \text{第}\,i\,\text{项施工单元资源配置强度}\end{array}\right. \tag{3-8b}$$

(3)当配置在施工单元上的资源在分项工程作业时间里均不能被其他施工活动调配使用时，则该分项工程的资源需求强度为：

$$\text{分项工程资源需求强度(3)} = \max\left[\begin{array}{l}\text{分项工程资源需求强度(2)}\\ \sum \text{第}\,i\,\text{项施工单元资源配置强度}\end{array}\right. \tag{3-8c}$$

2. 计划对象的作业时间与资源需求

由于计划对象通常是由若干分项工程组成的，组成计划对象的不同分项工程之间又存在不同的搭接关系，所以，在确定计划对象的资源配置和作业时间的函数关系时，还必须考虑这种搭接关系对计划对象资源配置和作业时间的影响。

(1)基于并行施工的资源配置和作业时间

当计划对象包括的分项工程以并行施工的方式进行施工作业时，则意味着这些分项工程在施工过程中相互独立，在此条件下，计划对象资源配置和作业时间的函数关系，可用式(3-9)来加以描述。

$$\text{计划对象作业时间} = \max\left[\text{第 } i \text{ 项分项工程作业时间}\right] \tag{3-9}$$

当配置在分项工程上的资源在计划对象作业时间里能被其他施工活动调配使用时，则该计划对象的资源需求强度为：

$$\text{计划对象资源需求强度(1)} = \frac{\sum \text{第 } i \text{ 项分项工程资源需求强度} \times \text{该分项工程作业时间}}{\text{计划对象作业时间}} \tag{3-10a}$$

当配置在分项工程上的资源在计划对象作业时间里能被本计划对象所属的分项工程调配使用，但不能被其他施工活动调配使用时，则该计划对象的资源需求强度为：

$$\text{计划对象资源需求强度(2)} = \max\begin{bmatrix}\text{计划对象资源需求强度(1)}\\ \text{第 } i \text{ 项分项工程资源需求强度}\end{bmatrix} \tag{3-10b}$$

当配置在分项工程上的资源在计划对象作业时间里均不能被其他施工活动调配使用时，则该计划对象的资源需求强度为：

$$\text{计划对象资源需求强度(3)} = \max\begin{bmatrix}\text{计划对象资源需求强度(2)}\\ \sum \text{第 } i \text{ 项分项工程资源需求强度}\end{bmatrix} \tag{3-10c}$$

(2)基于顺序施工的资源配置和作业时间

当计划对象所包括的分项工程以顺序施工的方式进行施工作业时，则意味着这些分项工程在施工作业时必须依次进行，即只有当某项分项工程完成其施工作业后，才能进行另一项分项工程的施工。在这种条件下，计划对象资源配置和作业时间的函数关系，可用式(3-11)来加以描述，进一步，根据这些公式可计算计划对象的资源需求强度和相应的作业时间。

$$\text{计划对象作业时间} = \sum \text{第 } i \text{ 项分项工程作业时间} \tag{3-11}$$

当配置在分项工程上的资源在计划对象作业时间里能被其他施工活动调配使用时，则该计划对象的作业时间为：

$$\text{计划对象资源需求强度(1)} = \frac{\sum \text{第 } i \text{ 项分项工程资源需求强度} \times \text{该分项工程作业时间}}{\text{计划对象作业时间}} \tag{3-12a}$$

当配置在分项工程上的资源在计划对象作业时间里能被本计划对象所属的分项工程调配使用，但不能被其他施工活动调配使用时，则该计划对象的资源需求强度为：

$$\text{计划对象资源需求强度(2)} = \max\left[\begin{matrix}\text{计划对象资源需求强度(1)}\\ \text{第 } i \text{ 项分项工程资源需求强度}\end{matrix}\right. \tag{3-12b}$$

当配置在分项工程上的资源在计划对象作业时间里均不能被其他施工活动调配使用时，则该计划对象的资源需求强度为：

$$\text{计划对象资源需求强度(3)} = \max\begin{bmatrix}\text{计划对象资源需求强度(2)}\\ \sum \text{第 } i \text{ 项分项工程资源需求强度}\end{bmatrix} \tag{3-12c}$$

(3)基于不同搭接方式的资源配置和资源利用关系图

通过上述分析可以看出，即使是在作业时间和资源额定需求量一定的条件下，配置在施工活动上的资源也会随不同的搭接关系产生不同的资源利用，不同的资源利用导致不同的生产率，不同的生产率决定该施工活动对资源不同的实际需求。

当采用并行方式施工时，不论是分项工程中的施工单元，还是计划对象中的分项工程，其施工过程中资源配置、作业时间和对资源的实际需求之间的关系，可用图3-5示意。

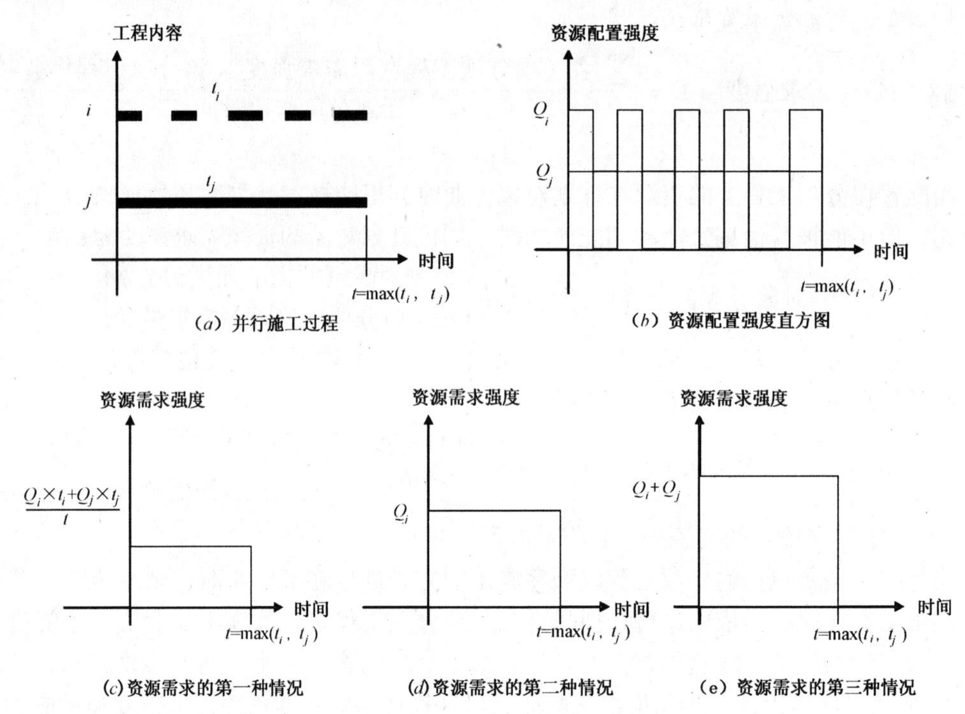

图3-5 并行施工过程中资源配置、作业时间和对资源实际需求之间的关系

当采用顺序方式施工时，对于计划对象中的分项工程，其施工过程中资源配置、作业时间和对资源的实际需求之间的关系，可用图3-6示意。

【续例3-2】将“砌筑墙体”作为计划对象，在其施工过程中所包括的“砌筑外墙”和“砌筑内墙”两项分项工程之间采用并行施工的方式开展施工作业，假定配置在不同施工单元上的主动性资源强度如表3-10所示。

资源配置强度表 **表3-10**

计划对象名称：砌筑墙体

序　号	施工单元名称	资 源 名 称	单位	配置强度
1	砌筑标准砖外墙	平均技术等级3.2级的瓦工	人	5
2	砌筑标准砖内墙	平均技术等级3.2级的瓦工	人	4
3	搅拌砂浆	容量0.5 m^3 砂浆搅拌机	台	1
4	运输标准砖	60t · m塔吊	台	1
5	运输砂浆	60t · m搭吊	台	1

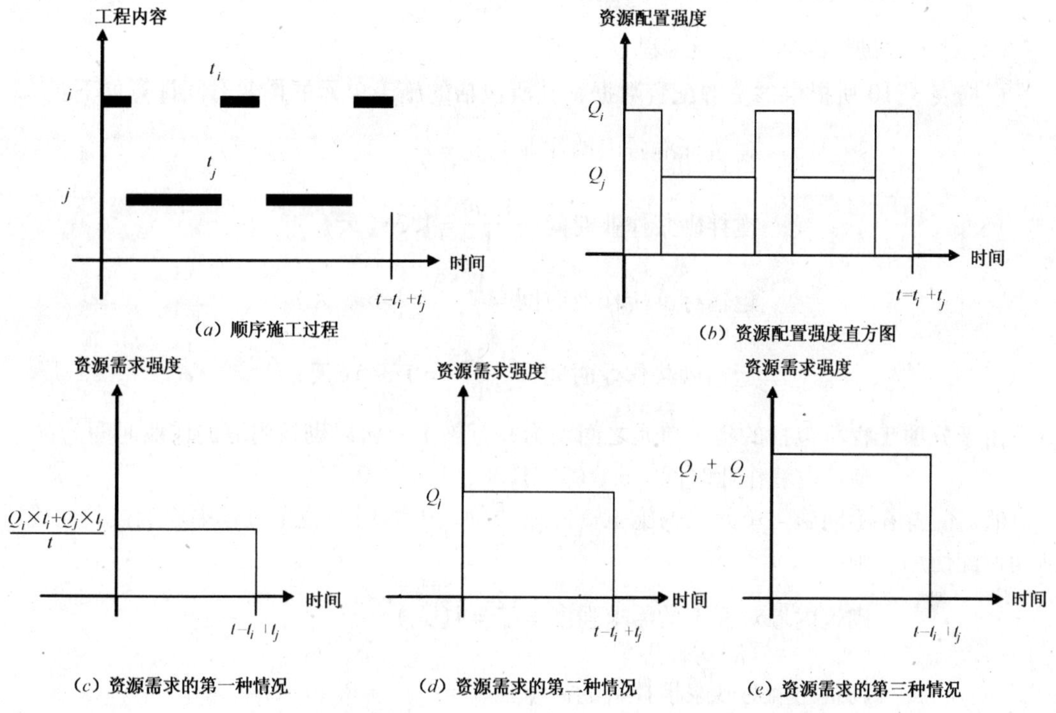

图 3-6　顺序施工过程中资源配置、作业时间和对资源的实际需求之间的关系

依据表 3-10 所提供的资源配置数据，则该计划对象所包括分项工程的作业时间和相应资源需求强度的计算过程如下：

(1) 对于“砌筑外墙”分项工程

根据表 3-10 所提供的资源配置数据，其所包括的施工单元的作业时间计算如下：

$$\text{砌筑标准砖外墙作业时间} = \frac{10}{5} = 2(\text{天})$$

$$\text{搅拌砂浆作业时间} = \frac{0.92}{1} = 0.92(\text{天})$$

$$\text{运输标准砖作业时间} = \frac{1.04}{1} = 1.04(\text{天})$$

$$\text{运输砂浆作业时间} = \frac{0.23}{1} = 0.23(\text{天})$$

由于分项工程所包括的施工单元之间均为并行施工，所以砌筑外墙的作业时间为：

$$\text{砌筑外墙作业时间} = \max(2,\ 0.92,\ 1.04,\ 0.23) = 2(\text{天})$$

假定配置在不同施工单元上的施工资源在“砌筑外墙”的施工过程中均能被其他施工活动调配使用，则

$$\text{砌筑外墙对瓦工的需求强度} = \frac{10}{2} = 5(\text{人})$$

$$\text{砌筑外墙对砂浆搅拌机的需求强度} = \frac{0.92}{2} = 0.46(\text{台})$$

$$砌筑外墙对塔吊的需求强度=\frac{1.04+0.23}{2}=0.635(台)$$

(2)对于“砌筑内墙”分项工程

根据表3-10所提供的资源配置数据，其所包括的施工单元的作业时间计算如下：

$$砌筑标准砖内墙作业时间=\frac{12}{4}=3(天)$$

$$搅拌砂浆作业时间=\frac{1.38}{1}=1.38(天)$$

$$运输标准砖作业时间=\frac{1.53}{1}=1.53(天)$$

$$运输砂浆作业时间=\frac{0.345}{1}=0.345(天)$$

由于分项工程所包括的施工单元之间均为并行施工，所以砌筑内墙的作业时间为：

$$砌筑内墙作业时间=\max(3,1.38,1.53,0.345)=3(天)$$

假定配置在不同施工单元上的施工资源在“砌筑内墙”的施工过程中均能被其他施工活动调配使用，则

$$砌筑内墙对瓦工的需求强度=\frac{12}{3}=4(人)$$

$$砌筑内墙对砂浆搅拌机的需求强度=\frac{1.38}{3}=0.46(台)$$

$$砌筑内墙对塔吊的需求强度=\frac{1.53+0.345}{3}=0.625(台)$$

根据分项工程的资源配置和作业时间以及相应的资源利用，计算计划对象的资源需求强度和相应作业时间如下：

$$砌筑墙体作业时间=\max(2,3)=3(天)$$

$$砌筑墙体对瓦工的需求强度=\frac{5\times2+4\times3}{3}=7.33(人)$$

$$砌筑墙体对砂浆搅拌机的需求强度=\frac{0.46\times2+0.46\times3}{3}=0.6(台)$$

$$砌筑墙体对塔吊的需求强度=\frac{0.635\times2+0.625\times3}{3}=1.048(台)$$

【续例3-3】在“挖运土石方”的施工过程中，其所包括的“爆破开挖”和“自卸汽车运输”两项分项工程之间采用顺序施工的方式开展施工作业，如果配置在不同施工单元上的资源强度如表3-11所示。

资源强度配置表 **表3-11**

计划对象名称：挖运土石方

序 号	施工单元名称	资源名称	单 位	配置强度
1	爆破开挖	爆破工	人	10
2	反铲挖掘机装车自卸汽车运输	反铲挖掘机	台	1
		5t自卸汽车	台	1

依据表3-11所提供的资源配置数据，则该计划对象所包括分项工程的作业时间和相应资源需求强度的计算过程如下：

(1)对于“爆破开挖”分项工程

根据表3-11所提供的资源配置数据，其所包括的施工单元的作业时间计算如下：

$$爆破开挖施工单元作业时间=\frac{40}{10}=4(天)$$

由于分项工程所包括的施工单元只有一项，所以爆破开挖的作业时间为：

$$爆破开挖分项工程作业时间=\max(4)=4(天)$$

假定配置在爆破开挖施工单元上的爆破工人在“爆破开挖”的施工过程中不能被其他施工活动调配使用，则

$$爆破开挖分项工程对爆破工人的需求强度=\max\left(\frac{10\times4}{4},\ 10\right)=10(人)$$

(2)对于“自卸汽车运输”分项工程

根据表3-11所提供的资源配置数据，其所包括的施工单元的作业时间计算如下：

$$自卸汽车运输施工单元作业时间=\frac{50}{1}=50(天)$$

由于分项工程所包括的施工单元只有一项，所以自卸汽车运输的作业时间为：

$$自卸汽车运输分项工程作业时间=\max(50)=50(天)$$

假定配置在自卸汽车运输施工单元上的自卸汽车和反铲挖掘机在“自卸汽车运输”的施工过程中不能被其他施工活动调配使用，则

$$自卸汽车运输分项工程对自卸汽车的需求强度=\max\left(\frac{50\times1}{50},\ 1\right)=1(台)$$

$$自卸汽车运输分项工程对反铲挖掘机的需求强度=\max\left(\frac{50\times1}{50},\ 1\right)=1(台)$$

根据分项工程的资源配置和作业时间以及相应的资源利用，计算计划对象的资源需求强度和相应作业时间如下：

$$挖运土石方作业时间=50+4=54(天)$$

$$挖运土石方对爆破工人的需求强度=\max\left(\frac{10\times4}{53},\ 10\right)=10(人)$$

$$挖运土石方对自卸汽车的需求强度=\max\left(\frac{50\times1}{54},\ 1\right)=1(台)$$

$$挖运土石方对反铲挖掘机的需求强度=\max\left(\frac{50\times1}{54},\ 1\right)=1(台)$$

三、计划对象的搭接关系

客观存在于施工项目所包括的不同施工活动之间的相互关系，不论是工艺关系还是组织关系，必然会导致相关施工活动之间在时间上的相关性，只有全面定义了存在于施工活动之间的这种在时间上的相关关系，才能将处于孤立和静止状态下的施工活动联系起来，并还原成编制进度计划所需的动态的施工过程。

存在于施工活动之间的这种时间上的相关性，通常被称为计划对象之间的搭接关系。为了定量地描述存在于计划对象之间的这种搭接关系，一般可采用“搭接方式”和“搭

接时距”两项指标对这种关系进行定义。

(一)搭接方式

搭接方式是指相邻施工活动之间在时间上相关的具体形式，通常包括以下四种：

1. 结束—开始搭接方式(Finish to start 简称 FTS)

在结束—开始搭接方式下，相邻施工活动在时间上的关系是：当某项施工活动结束后，间隔一定的时间，另一项施工活动开始。

例如，在混凝土浇捣成形后，至少需要养护 7 天才能拆除模板，则浇捣混凝土和拆除模板之间的搭接方式，就属于结束—开始方式。结束—开始搭接方式可用图 3-7 示意。

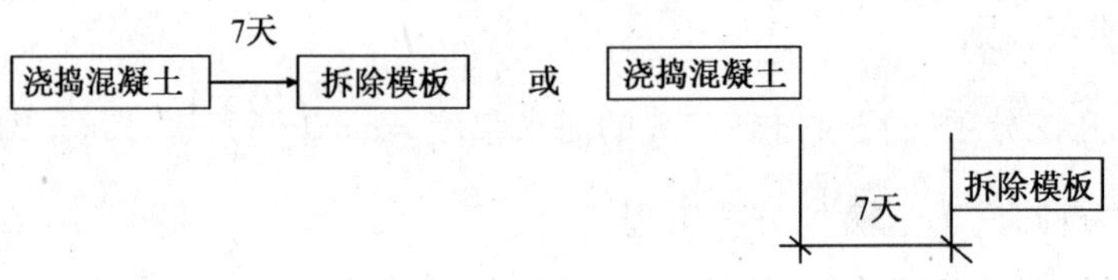

图 3-7　结束—开始搭接方式

2. 开始—开始搭接方式(Start to start 简称 STS)

在开始—开始搭接方式下，相邻施工活动在时间上的关系是：当某项施工活动开始后，间隔一定的时间，另一项施工活动开始。

例如，在某基础工程的施工过程中，采用井点降水法降低地下水位，按规定抽水设备安装完毕并开始抽水一天后，即可开始开挖基坑，则抽水和开挖基坑之间的搭接方式，就属于开始—开始方式。开始—开始搭接方式可用图 3-8 示意。

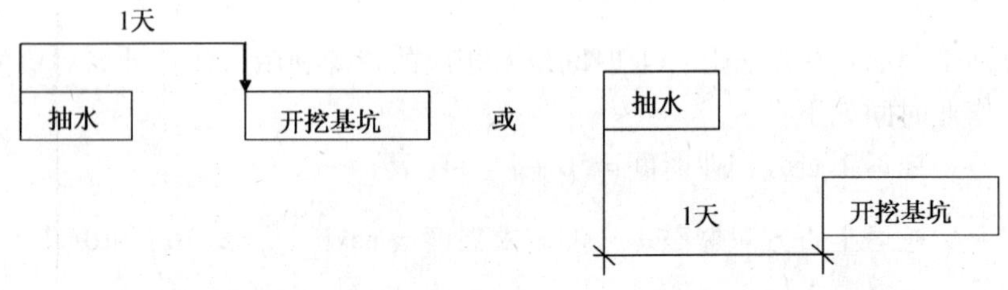

图 3-8　开始—开始搭接方式

3. 结束—结束搭接方式(Finish to finish 简称 FTF)

在结束—结束搭接方式下，相邻施工活动在时间上的关系是：当某项施工活动结束后，间隔一定的时间，另一项施工活动结束。

例如，根据施工技术规律的要求，只有当基坑回填土结束后，基坑地下水排水工作才能停止。结束—结束搭接方式可用图 3-9 示意。

4. 开始—结束搭接方式(Start to finish 简称 STF)

在开始—结束搭接方式下，相邻施工活动在时间上的关系是：当某项施工活动开始后，间隔一定的时间，另一项施工活动结束。

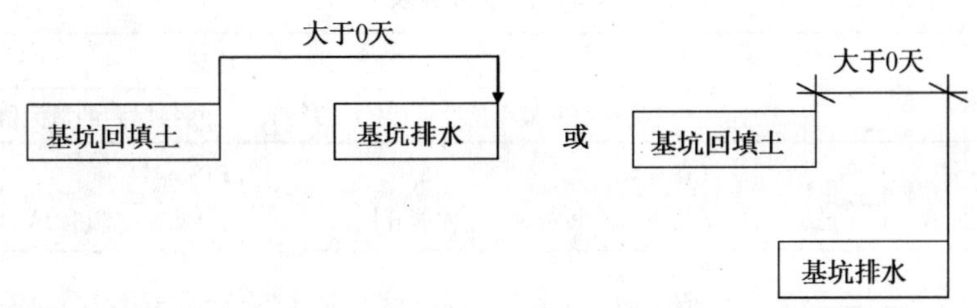

图 3-9　结束—结束搭接方式

例如，在挖掘带有部分地下水的基坑时，位于地下水位以上的部分可以在降低地下水位开始前就进行挖掘，但位于地下水位以下的部分则必须在降低地下水位后才能开始，也就是说，降低地下水位的完成与何时开挖地下水位以下的部分有关，而降低地下水位何时开始则与挖土的开始并无直接关系。在此假定挖掘底下水位以上部分需 10 天时间，则挖掘土方开始与降低地下水位完成之间的关系可用图 3-10 示意。

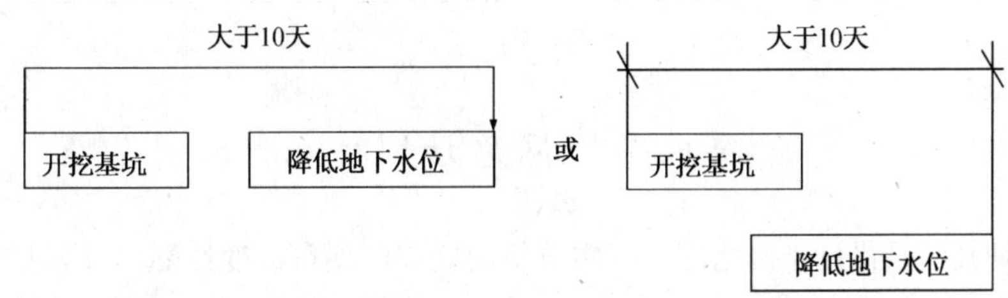

图 3-10　开始—结束搭接方式

（二）搭接时距

搭接时距是指处于某种搭接方式下的相邻施工活动在开展施工作业时所必须的时间间隔，根据这种时间间隔所产生的约束的方向性不同，通常可分成最大值设置和最小值设置两种类型。

1. 搭接时距的最小值设置（MI 设置）

搭接时距的最小值设置是对相邻施工活动在开展施工作业时必须间隔的最小时间的限制，该时距设置规定了相邻施工活动之间所必须的最小时间间隔。

如果在相邻施工活动之间设置了最小值搭接时距，则意味着当某项施工活动开始（或结束）后，必须间隔该时距所规定的时间，另一项施工活动才能开始（或结束）。

2. 搭接时距的最大值设置（MA 设置）

搭接时距的最大值设置是对相邻施工活动在开展施工作业时可以间隔的最大时间的限制，该时距设置规定了相邻施工活动之间可以存在的最大时间间隔。

如果在相邻施工活动之间设置了最大值搭接时距，则意味着当某项施工活动开始（或结束）后，另一项施工活动必须在该最大时距设置所规定的时间范围内开始（或结束）。

（三）搭接关系的具体形式

将不同的搭接方式和搭接时距加以组合，则存在于施工活动之间的搭接关系的具体形式，可分成表 3-12 所示的八种类型。

搭接关系分类表 **表 3-12**

搭接方式	图示	搭接关系及意义	
		搭接时距的最小值设置(MI)	搭接时距的最大值设置(MA)
FTS	FTS i→j	FTS = MI i 结束后，间隔 MI，j 才能开始	FTS = MA i 结束后，j 在 MA 内必须开始
STS	STS i j	STS = MI i 开始后，间隔 MI，j 才能开始	STS = MA i 开始后，j 在 MA 内必须开始
FTF	FTF i j	FTF = MI i 结束后，间隔 MI，j 才能结束	FTF = MA i 结束后，j 在 MA 内必须结束
STF	STF i j	STF = MI i 开始后，间隔 MI，j 才能结束	STF = MA i 开始后后，j 在 MA 内必须结束

第四节　网络计划技术

网络计划技术是借助于网络图的逻辑分析功能编制项目进度计划的计划技术。在采用网络计划技术编制施工项目的进度计划时，首先，可借助网络图构建能反映施工项目实施过程的进度模型；其次，根据该进度模型对相应施工过程的计划进度和资源配置作出选择；第三，必要时还可将选择结果作为评判标准，据此对所选择的计划进度和资源配置进行适当调整，通过不断改进计划内容以优化计划目标，当经反复调整均不能达到原定的计划目标时，则必须对原定计划目标进行重新审定。

一、网络计划技术的优点

网络计划技术具有广泛的适用性，除极少数情况外，它是目前应用于工程建设领域的最理想的进度计划方法之一，与其他计划技术相比，网络计划技术具有如下优点：

1. 具有较强的逻辑分析功能

由于网络图是一种能反映施工流程的网状图形，具有很强的逻辑分析功能，所以在采用网络计划技术编制进度计划时，计划人员能据此对施工过程进行富于逻辑性的系统思考，从而为准确决策创造必要的条件。

2. 基于数学模型的参数计算

从存在于进度计划所包括的不同施工活动之间的相互关系出发，网络计划技术能建立基于逻辑分析的数学计算模型，借助于该数学计算模型的运算，能够给计划人员提供包括施工活动的最早开始、最迟开始、最早完成、最迟完成以及总时差、自由时差等时间参数在内的时间信息，这些时间信息不仅是计划人员进行正确决策所必需的，而且是项目管理者准确判断管理重点并据此实现有效管理的基础。

3. 可以实现计算机辅助计划

由于基于逻辑分析的数学计算模型可以实现计算机运算，所以采用网络计划技术的进度计划过程特别适用于计算机辅助，而采用计算机辅助计划能够使计划人员从大量重复性劳动中解脱出来，从而大大提高计划工作的效率和计划结果的时效性。

二、网络图

用于构建施工项目进度模型的网络图，通常是指由一系列“箭线”和“节点”组成的用以描述施工过程所包括不同施工活动的工作流程和逻辑关系的有向、有序的网状图解模型。

最早采用网络图描述相关活动之间工作流程和逻辑关系的计划项目，可以追溯到20世纪50年代美国的“北极星导弹工程”。在该项目计划过程中所采用的网络图，通常被称为“双代号网络图”。双代号网络图用“箭线”代表活动，箭线两侧的“节点”代表事件，箭线左侧的事件代表活动的开始，箭线右侧的事件代表活动的结束。组成项目的活动均通过这种格式来表示。由于每项活动均可用其左右两侧的节点代码来命名，所以将这种由一系列“箭线”和“节点”连成的、能反映不同活动之间工作流程和逻辑关系的网络图称为“双代号网络图”。

双代号网络图的局限性主要表现在构图时必须加上“虚工作”来保证网络图的完整性，活动之间工作流程和逻辑关系的表现方式较复杂，并且不利于采用计算机进行辅助处理。

随着计算机辅助进度计划系统的开发和应用，双代号网络图已失去了其存在的意义，一种新型的网络图已被开发出来，由于能克服双代号网络图的局限性，所以被广泛应用于进度计划工作中，这就是所谓的“单代号网络图”。

(一)单代号网络图的一般形式

单代号网络图是以“节点”及其编号代表施工活动，以“箭线”及其方向代表施工活动之间工作流程和逻辑关系的网络图。由于该网络图中的任何一项施工活动均可用惟一的“节点”及其相应的编号来表示，所以人们将这种网络图称为“单代号网络图”。

【例3-4】单代号网络图的一般形式，可用图3-11示意。

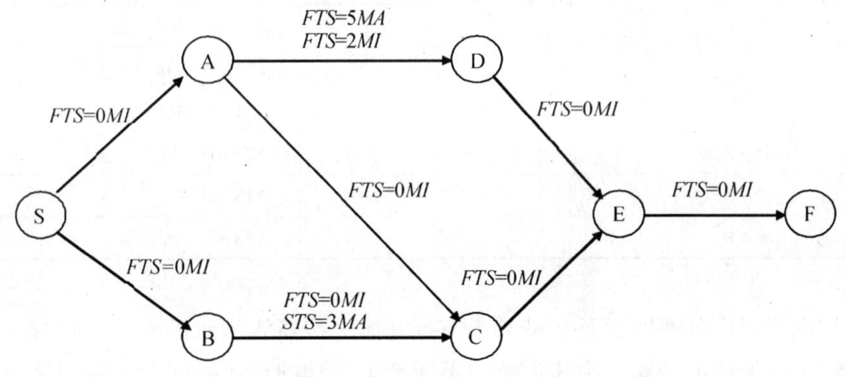

图3-11 单代号网络图的一般形式

在单代号网络图中，每个节点代表一项施工活动，节点可以用“圆圈”或“矩形框”表示。节点所代表的施工活动的编号、名称和作业时间等，既可以直接标注在相应的圆圈内，也可以以节点编号为索引，将相应的名称和作业时间标注在表3-13所示的索引表中。

节点编号可以间断，但严禁重复，每项施工活动必须有惟一的一个节点及其编号与之相对应。

节点编号与活动名称索引表 **表 3-13**

工程名称：某基础工程

节点编号	施工活动名称	作业时间
S	起始节点	0
A	挖运基槽土方	5
B	场地准备	2
C	浇捣混凝土条形基础	3
D	运回填土	2
E	基槽回填	1
F	终止节点	0

箭线是用以代表单代号网络图中不同施工活动之间工作流程和逻辑关系的带箭头方向的实线。不同施工活动之间的逻辑关系，不论是什么起因，在单代号网络图中均表现为施工活动之间的搭接关系。这种搭接关系既可以直接标注在网络图上，也可以以节点编号为索引标注在表 3-14 所示的索引表中。

节点编号与搭接关系索引表 **表 3-14**

工程名称：某基础工程

节点编号	搭接关系
S－A	$FTS=0$ MI
S－B	$FTS=0$ MI
A－D	$FTS=2$ MI
	$FTS=5$ MA
A－C	$FTS=0$ MI
B－C	$FTS=0$ MI
	$STS=3$ MA
D－E	$FTS=0$ MI
C－E	$FTS=0$ MI
E－F	$FTS=0$ MI

单代号网络图中的线路，是指从某个节点开始，按箭线所示的方向和搭接关系，到另一个节点结束所形成的通路。由该通路中不同施工活动的作业时间和搭接时距所组成的时间间隔，一般被称为该线路的长度。

(二)绘制单代号网络图的基本要求

1. 单代号网络图中不能有相同编号的节点

在单代号网络图中，节点代表活动，节点编号代表活动的编号，节点编号与相应的活动是一一对应的关系，相同编号的节点即为相同的活动。如果出现相同编号的节点，则意味着同样的活动出现在网络图的不同位置，必然会引起定义上的混乱。

2. 单代号网络图必须正确表述既定的逻辑关系

违反逻辑就是违反客观规律，不符合客观规律的逻辑或错误的逻辑，均会导致相互矛盾的结果。

在绘制单代号网络图时，不允许出现以下违反逻辑的情况：

(1)回路：即出现活动之间在顺序上的循环回路；

(2)双向箭线或无箭头箭线：有向箭线是表示活动之间逻辑关系的符号，活动之间的逻辑关系是时间上的顺序关系，如果出现双向箭线或无箭头箭线，则会引起逻辑关系不清；

(3)除起始节点和终止节点外，严禁出现无箭尾节点的箭线和无箭头节点的箭线。单代号网络图中的箭线是用以表示活动之间逻辑关系的符号，由于网络图中的活动均是项目的组成部分，均存在与相关活动的逻辑关系，所以反映这种逻辑关系的箭线也应该在相邻活动之间关联。

3. 对存在搭接时距最大值定义的线路的规定

由于搭接时距的最大值定义是指相邻施工活动之间的最大的时间间隔，而搭接时距的最小值定义则是相邻施工活动之间的最小的时间间隔，所以当从同一项活动出发至同一项活动结束的不同路径中存在搭接时距的最大值定义时，则存在搭接时距最大值定义的线路长度必须大于或等于不存在搭接时距最大值定义的线路的长度；反之，则虽然在网络图中不存在回路，但也会造成逻辑上的错误。

4. 单代号网络图有且只能有一个起始节点和一个终止节点

起始节点代表网络图的开始，终止节点代表网络图的结束，它们是为了表示网络图所代表的项目的整体开始和结束所必须加注的非实质性活动。起始节点没有前导逻辑，也即没有在其前必须完成或开始的活动；终止节点没有后续逻辑，也即没有在其后完成或开始的活动。

5. 网络图中每一项活动必须有至少一项搭接时距最小值设置的紧前和紧后关系

当根据既定的技术和组织逻辑构建网络图时，有可能会出现相邻施工活动之间只存在 *MA* 关系的情况，此时，如果其紧后活动与其他活动之间没有 *MI* 关系、其紧前活动与其他活动之间没有 *MI* 关系，则对于紧后活动，应增加一个 $FTS(\mathrm{s}, j) = 0MI$ 关系，对于紧前活动，应增加一个 $FTS(i, \mathrm{F}) = 0MI$ 关系。

(三)单代号网络图的绘制

绘制单代号网络图的基本步骤主要包括：

1. 列出施工活动清单

根据进度计划中不同施工活动在工艺和组织上的相互关系，编制能反映组成施工项目的不同施工活动及其相应搭接关系的施工活动一览表，其内容主要包括施工活动名称、活动编号、作业时间以及相应的紧前活动、与紧前活动的搭接方式和搭接时距等。

2. 根据施工活动一览表绘制单代号网络图

按照单代号网络图的一般形式和基本要求，将施工活动一览表所反映的施工活动及其活动间的逻辑顺序，从左向右地绘制到网络图上。

下面根据【例3-4】所提供网络图的节点编号和相应逻辑顺序、节点编号与施工活动名称索引以及节点编号与搭接关系索引等资料，介绍根据施工活动一览表绘制单代号网络图的具体步骤。

【续例 3-4】编制用于描述【例 3-4】所示基础工程施工的单代号网络图的步骤如下：

(1)编制该基础工程的施工活动一览表，其结果如表 3-15 所示。

某基础工程施工活动一览表 **表 3-15**

工程名称：某基础工程

节点编号	施工活动名称	作业时间	紧前活动	搭接方式	搭接时距
S	起始节点	0	—	—	—
A	挖运基槽土方	5	S	FTS	0 MI
B	场地准备	2	S	FTS	0 MI
C	浇捣混凝土条形基础	3	A	FTS	0 MI
			B	FTS	0 MI
				STS	3 MA
D	运回填土	2	A	FTS	2 MI
				FTS	5 MA
E	基槽回填	1	C	FTS	0 MI
			D	FTS	0 MI
F	终止节点	0	E	FTS	0 MI

(2)依据施工活动一览表所提供的逻辑关系，按照绘制单代号网络图的规则，从左向右地进行绘制，其绘制成果如图 3-12 所示。

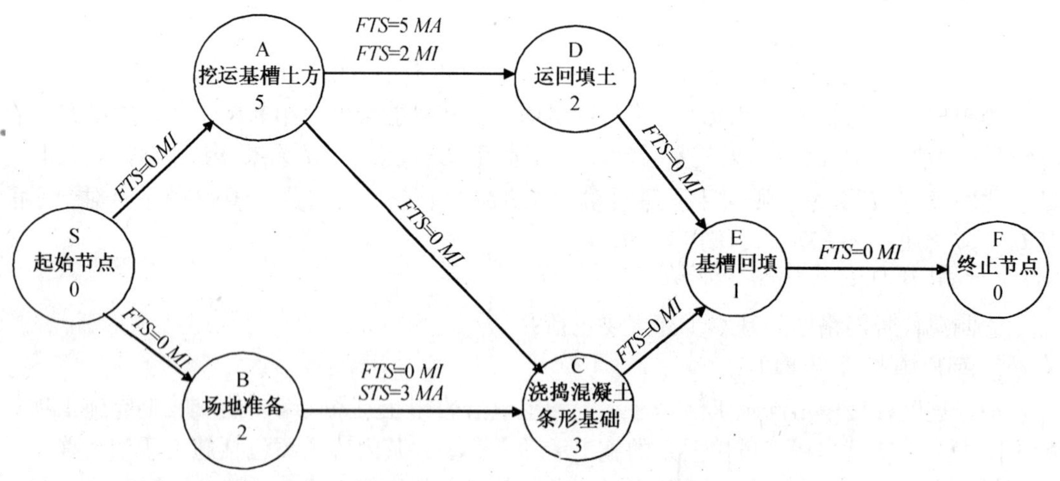

图 3-12 某基础工程单代号网络图

三、网络图的时间参数

网络图的时间参数是用以规定网络图中不同施工活动的计划时间的时间指标，针对某项施工活动，通常用该活动的最早开始时间、最早完成时间、最迟开始时间、最迟完成时间、总时差和自由时差等六项指标来加以规定。

(一)最早开始时间

最早开始时间是指根据网络图中不同施工活动之间的逻辑关系推算的，某施工活动最早可能开始的时间，记作 $ES\ (i)$。

(二)最早完成时间

最早完成时间是指根据网络图中不同施工活动之间的逻辑关系推算的，某施工活动最早可能完成的时间，记作 $EF\ (i)$。

(三)最迟完成时间

最迟完成时间是指在不影响网络图所代表的项目总任务按期完成的条件下，根据网络图中不同施工活动之间的逻辑关系推算的，某施工活动最迟必须完成的时间，记作 $LF\ (i)$。

(四)最迟开始时间

最迟开始时间是指在不影响网络图所代表的项目总任务按期完成的条件下，根据网络图中不同施工活动之间的逻辑关系推算的，某施工活动最迟必须开始的时间，记作 $LS\ (i)$。

(五)总时差

总时差是指在不影响网络图所代表的项目总任务按期完成的条件下，根据网络图中不同施工活动之间的逻辑关系推算的，某施工活动所拥有的最大的机动时间，记作 $TF\ (i)$。

特别要注意的是，某施工活动的总时差是该活动所处的线路上所有施工活动所共有的时差，当该线路上某施工活动使用了总时差，则意味着在该线路上的其他施工活动所拥有的可利用机动时间的减少。

(六)自由时差

自由时差是指在不影响其紧后活动最早开始和其紧前活动最早完成的前提下，根据网络图中不同施工活动之间的逻辑关系推算的，该施工活动所拥有的机动时间，记作 $FF\ (i)$。

四、网络分析

网络分析是指通过对网络图的时间参数计算，确定网络图所代表的施工项目的计划进度，在此基础上，将开展施工活动所需的资源按计划进度的要求进行分配和汇总，进而编制相应资源需求直方图的过程。

(一)时间参数的计算

时间参数计算是指根据网络图中不同施工活动之间的逻辑关系分析并计算每项施工活动的时间参数的过程。

1. 相邻施工活动之间搭接关系的转换

客观存在于相邻施工活动之间的搭接关系，包括 FTS、STS、STF、FTF，均可进行等效转换。为了便于计算施工活动的时间参数，在开始计算前，可先将这四种关系统一转换成 FTS 搭接关系，转换方法见式(3-13)所示。

$$
\begin{aligned}
FTS(i,j) &= FTS(i,j) \\
FTS(i,j) &= STS(i,j) - D(i) \\
FTS(i,j) &= STF(i,j) - D(i) - D(j) \\
FTS(i,j) &= FTF(i,j) - D(j)
\end{aligned}
\tag{3-13}
$$

式中 $FTS(i,\ j)$——相邻施工活动在 FTS 搭接方式下的搭接时距；

$STS(i,\ j)$——相邻施工活动在 STS 搭接方式下的搭接时距；

$STF(i,\ j)$——相邻施工活动在 STF 搭接方式下的搭接时距；

$FTF(i,\ j)$——相邻施工活动在 FTF 搭接方式下的搭接时距；

i——编号为"i"的施工活动，是编号为"j"施工活动的紧前活动；

j——编号为"j"的施工活动，是编号为"i"施工活动的紧后活动；

$D(i)$或$D(j)$——施工活动"i"或"j"的作业时间。

2. 最早开始和最早完成时间的计算

从网络图的起始节点开始，按施工活动间的逻辑顺序，利用式(3-14)所提供的计算方法依次进行计算。

对于最小值设置：

$$
\begin{aligned}
&ES(s)=0\\
&ES(j)=\max\left[EF(i)+FTS(i,\ j)\right]\\
&EF(j)=ES(j)+D(j)
\end{aligned}
\tag{3-14}
$$

式中 $ES(s)$——网络图的起始节点的最早开始时间；

$ES(i)$——编号为"i"活动的最早开始时间；

$EF(i)$——编号为"i"活动的最早完成时间；

$ES(j)$——编号为"j"活动的最早开始时间；

$EF(j)$——编号为"j"活动的最早完成时间。

如果在施工活动"i"和"j"之间存在搭接的最大值设置，

如果 $ES(j)-EF(i)\leqslant FTS(i,\ j)MA$

则令 保持最小值设置的计算结果不变，

否则 $EF(i)=ES(j)-FTS(i,\ j)MA$

3. 最迟完成时间和时间最迟开始时间的计算

在计算最迟完成时间和最迟开始时间之前，必须首先确定网络图所代表的施工项目的计划工期。计划工期的确定，可以采用计算工期，即通过最早开始时间和最早完成时间参数计算所得网络图终止节点的最早完成时间；也可以根据需要由计划人员自行确定计划工期。

从网络图的终止节点开始，逆网络图的逻辑顺序，采用式(3-15)所提供的计算方法依次进行计算。

对于最小值设置：

$$
\begin{aligned}
&LF(f)=PD\\
&LF(i)=\min\left[LS(j)-FTS(i,\ j)\right]\\
&LS(i)=LF(i)-D(i)
\end{aligned}
\tag{3-15}
$$

式中 $LF(f)$——网络图终止节点的最迟完成时间；

PD——计划工期；

$LF(i)$——编号为"i"活动的最迟完成时间；

$LS(i)$——编号为"i"活动的最迟开始时间；

$LF(j)$——编号为"j"活动的最迟完成时间；

$LS(j)$——编号为“j”活动的最迟开始时间。

如果在施工活动“i”和“j”之间存在搭接的最大值设置，

如果　$LS(j)-LF(i) \leqslant FTS(i,\ j)MA$

则令　保持最小值设置的计算结果不变，

否则　$LS(j)=LF(i)+FTS(i,\ j)MA$

4. 总时差

当网络图所包括的不同施工活动的早时间和迟时间均计算完毕后，则可按式(3-16)别计算不同施工活动的总时差。

$$TF(i)=LF(i)-EF(i)=LS(i)-ES(i) \tag{3-16}$$

式中　$TF(i)$——编号为“i”活动的总时差。

5. 自由时差

在计算某施工活动的自由时差时，必须将通过式(3-17)计算出来的结果进行对比，取其最小值作为该施工活动的自由时差。

对于最小值设置

$$FF(i)=\min\ [ES(j)-FTS(i,\ j)-EF(i)] \tag{3-17}$$

当施工活动“i”与其紧后活动“j”之间存在最大值搭接设置时，

则令　$FF(i)=\min\ [ES(j)-EF(j)]$

当施工活动“i”与其紧前活动“h”之间存在最大值搭接设置时，

则令　$FF(i)=\min\ [EF(h)+FTS(h,\ i)-ES(i)]$

式中　$FF(i)$——编号为“i”活动的自由时差。

在计算网络图的时间参数时，一般应根据网络图的逻辑顺序，首先，从左向右地逐个计算施工活动的早时间；其次，在确定计划工期的基础上，再从右向左地逐个计算施工活动的迟时间；最后，依据所算出的施工活动的早时间和迟时间，分别计算不同施工活动的总时差和自由时差。

【续例3-4】根据所绘制的单代号网络图，计算相应的时间参数如下：

(1)将相邻施工活动之间的搭接关系转化成FTS关系

$FTS(\mathrm{S},\ \mathrm{A})MI$：$FTS(\mathrm{S},\ \mathrm{A})=0\ MI$

$FTS(\mathrm{S},\ \mathrm{B})MI$：$FTS(\mathrm{S},\ \mathrm{B})=0\ MI$

$FTS(\mathrm{B},\ \mathrm{C})MA$：$STS(\mathrm{B},\ \mathrm{C})-\mathrm{D}(\mathrm{B})=3-2=1\ MA$

$FTS(\mathrm{B},\ \mathrm{C})MI$：$FTS(\mathrm{B},\ \mathrm{C})=0\ MI$

$FTS(\mathrm{A},\ \mathrm{C})MI$：$FTS(\mathrm{A},\ \mathrm{C})=0\ MI$

$FTS(\mathrm{A},\ \mathrm{D})MA$：$FTS(\mathrm{A},\ \mathrm{D})=5\ MA$

$FTS(\mathrm{A},\ \mathrm{D})MI$：$FTS(\mathrm{A},\ \mathrm{D})=2\ MI$

$FTS(\mathrm{C},\ \mathrm{E})MI$：$FTS(\mathrm{C},\ \mathrm{D})=0\ MI$

$FTS(\mathrm{D},\ \mathrm{E})MI$：$FTS(\mathrm{D},\ \mathrm{E})=0\ MI$

$FTS(\mathrm{E},\ \mathrm{F})MI$：$FTS(\mathrm{E},\ \mathrm{F})=0\ MI$

(2)分别计算不同施工活动的最早开始时间和最早完成时间

$ES(\mathrm{S})=0$

$EF(\mathrm{S})=ES(\mathrm{S})+D(\mathrm{S})=0+0=0$

$ES(\mathrm{A})=EF(\mathrm{S})+FTS(\mathrm{S},\ \mathrm{A})\mathrm{MI}=0+0=0$

$EF(\mathrm{A})=ES(\mathrm{A})+D(\mathrm{A})=0+5=5$

$ES(\mathrm{B})=EF(\mathrm{S})+FTS(\mathrm{S},\ \mathrm{B})MI=0+0=0$ ，经 MA 验证不采用

$EF(\mathrm{B})=ES(\mathrm{B})+D(\mathrm{B})=0+2=2$ ，经 MA 验证不采用

$ES(\mathrm{D})=EF(\mathrm{A})+FTS(\mathrm{A},\ \mathrm{D})MI=5+2=7$

$EF(\mathrm{D})=ES(\mathrm{D})+D(\mathrm{D})=7+2=9$

因为 $ES(\mathrm{D})-EF(\mathrm{A})=7-5=2\leqslant FTS(\mathrm{A},\ \mathrm{D})MA$

所以 保持原计算结果不变

$ES(\mathrm{C})=\max\ [EF(\mathrm{B})+FTS(\mathrm{B},\ \mathrm{C})MI,\ EF(\mathrm{A})+FTS(\mathrm{A},\ \mathrm{C})MI]$

$=\max\ [2,\ 5]\ =5$

$EF(\mathrm{C})=ES(\mathrm{C})+D(\mathrm{C})=5+3=8$

因为 $ES(\mathrm{C})-EF(\mathrm{B})=5-2=3\geqslant FTS(\mathrm{B},\ \mathrm{C})MA$

所以 $EF(\mathrm{B})=ES(\mathrm{C})-FTS(\mathrm{B},\ \mathrm{C})MA=5-1=4$

$ES(\mathrm{B})=EF(\mathrm{B})-D(\mathrm{B})=4-2=2$

$ES(\mathrm{E})=\max\ [EF(\mathrm{D})+FTS(\mathrm{D},\ \mathrm{E})MI,\ EF(\mathrm{C})+FTS(\mathrm{C},\ \mathrm{E})MI]$

$=\max\ [9,\ 8]\ =9$

$EF(\mathrm{E})=ES(\mathrm{E})+D(\mathrm{E})=9+1=10$

$ES(\mathrm{F})=EF(\mathrm{E})+FTS(\mathrm{E},\ \mathrm{F})MI=10+0=10$

$EF(\mathrm{F})=ES(\mathrm{F})+D(\mathrm{F})=10+0=10$

(3)确定网络图所代表基础工程的计划工期

设计划工期等于计算工期

则 $PD=10$(天)

(4)分别计算不同施工活动的最迟完成和最迟开始时间

$LF(\mathrm{F})=PD=10$

$LS(\mathrm{F})=LF(\mathrm{F})-D(\mathrm{F})=10-0=10$

$LF(\mathrm{E})=LS(\mathrm{F})-FTS(\mathrm{E},\ \mathrm{F})MI=10-0=10$

$LS(\mathrm{E})=LF(\mathrm{E})-D(\mathrm{E})=10-1=9$

$LF(\mathrm{D})=LS(\mathrm{E})-FTS(\mathrm{D},\ \mathrm{E})MI=9-0=9$

$LS(\mathrm{D})=LF(\mathrm{D})-D(\mathrm{D})=9-2=7$

$LF(\mathrm{C})=LS(\mathrm{E})-FTS(\mathrm{C},\ \mathrm{E})MI=9-0=9$

$LS(\mathrm{C})=LF(\mathrm{C})-D(\mathrm{C})=9-3=6$

$LF(\mathrm{B})=LS(\mathrm{C})-FTS(\mathrm{B},\ \mathrm{C})MI=6-0=6$

$LS(\mathrm{B})=LF(\mathrm{B})-D(\mathrm{B})=6-2=4$

因为 $LS(\mathrm{C})-LF(\mathrm{B})=6-6=0\leqslant FTS(\mathrm{B},\ \mathrm{C})MA$

所以 保持原计算结果不变。

$LF(\mathrm{A})=\min\ [LS(\mathrm{D})-FTS(\mathrm{A},\ \mathrm{D})MI,\ LS(\mathrm{C})-FTS(\mathrm{A},\ \mathrm{C})MI]$

$=\min\ [5,\ 6]\ =5$

$LS(\mathrm{A}) = LF(\mathrm{A}) - D(\mathrm{A}) = 5 - 5 = 0$

因为 $LS(\mathrm{D}) - LF(\mathrm{A}) = 7 - 5 = 2 \leqslant \mathrm{FTS}(\mathrm{A},\ \mathrm{D})\mathrm{MA}$

所以 保持原计算结果不变。

$$LF(\mathrm{S}) = \min\ [LS(\mathrm{A}) - FTS(\mathrm{S},\ \mathrm{A})MI,\ LS(\mathrm{B}) - FTS(\mathrm{S},\ \mathrm{B})MI]$$

$$= \min\ [0,\ 4] = 0$$

$LS(\mathrm{S}) = LF(\mathrm{S}) - D(\mathrm{S}) = 0 - 0 = 0$

(5)分别计算不同施工活动的总时差

$TF(\mathrm{S}) = LS(\mathrm{S}) - ES(\mathrm{S}) = 0 - 0 = 0$

$TF(\mathrm{A}) = LS(\mathrm{A}) - ES(\mathrm{A}) = 0 - 0 = 0$

$TF(\mathrm{B}) = LS(\mathrm{B}) - ES(\mathrm{B}) = 4 - 2 = 2$

$TF(\mathrm{C}) = LS(\mathrm{C}) - ES(\mathrm{C}) = 6 - 5 = 1$

$TF(\mathrm{D}) = LS(\mathrm{D}) - ES(\mathrm{D}) = 7 - 7 = 0$

$TF(\mathrm{E}) = LS(\mathrm{E}) - ES(\mathrm{E}) = 9 - 9 = 0$

$TF(\mathrm{F}) = LS(\mathrm{F}) - ES(\mathrm{F}) = 10 - 10 = 0$

(6)分别计算不同施工活动的自由时差

$$FF(\mathrm{S}) = \min\ [ES(\mathrm{A}) - FTS(\mathrm{S},\ \mathrm{A})MI,\ ES(\mathrm{B}) - FTS(\mathrm{S},\ \mathrm{B})MI]$$

$$= \min\ [0,\ 2] = 0$$

$$FF(\mathrm{A}) = \min\begin{bmatrix} \min\begin{bmatrix} ES(\mathrm{D}) - FTS(\mathrm{A},\ \mathrm{D})MI - EF(\mathrm{A}) \\ ES(\mathrm{C}) - FTS(\mathrm{A},\ \mathrm{C})MI - EF(\mathrm{A}) \end{bmatrix} = \begin{bmatrix} 0 \\ 0 \end{bmatrix} = 0 \\ ES(\mathrm{D}) - EF(\mathrm{A}) = 7 - 5 = 2 \end{bmatrix} = \begin{bmatrix} 0 \\ 2 \end{bmatrix} = 0$$

$$FF(\mathrm{B}) = \min\begin{bmatrix} ES(\mathrm{C}) - FTS(\mathrm{B},\ \mathrm{C})MI - EF(\mathrm{B}) = 1 \\ ES(\mathrm{C}) - EF(\mathrm{B}) = 1 \end{bmatrix} = \begin{bmatrix} 1 \\ 1 \end{bmatrix} = 1$$

$$FF(\mathrm{C}) = \min\begin{bmatrix} ES(\mathrm{E}) - FTS(\mathrm{C},\ \mathrm{E})MI - EF(\mathrm{C}) = 1 \\ EF(\mathrm{B}) + FTS(\mathrm{B},\ \mathrm{C})MA - ES(\mathrm{C}) = 0 \end{bmatrix} = \begin{bmatrix} 1 \\ 0 \end{bmatrix} = 0$$

$$FF(\mathrm{D}) = \min\begin{bmatrix} ES(\mathrm{E}) - FTS(\mathrm{D},\ \mathrm{E})MI - EF(\mathrm{D}) = 0 \\ EF(\mathrm{A}) + FTS(\mathrm{A},\ \mathrm{D})MA - ES(\mathrm{D}) = 3 \end{bmatrix} = \begin{bmatrix} 0 \\ 3 \end{bmatrix} = \begin{bmatrix} 0 \\ 3 \end{bmatrix} = 0$$

$$FF(\mathrm{E}) = ES(\mathrm{F}) - FTS(\mathrm{E},\ \mathrm{F})MI - EF(\mathrm{E}) = 10 - 0 - 10 = 0$$

(7)将所算出的时间参数纳入时间坐标，则图 3-13、图 3-14 是用以描述该基础工程计划进度的计划图表示意。

1)基于早时间的计划进度图表见图 3-13 所示。

2)基于迟时间的计划进度图表见图 3-14 所示。

(二)计划进度

通过对网络图的时间参数计算，可得施工项目所包括不同施工活动的时间参数值，在此基础上，以施工项目的计划开始日期作为网络图的起点，分别计算这些时间参数的日历时间，并以其中的最早开始和最早完成日历时间为依据，分别确定不同施工活动的基于最早开始的计划进度。

【续例3-4】假定基础工程的计划开始日期为2007 年 10 月 8 日，则该施工项目所包括不同施工活动的基于最早开始的计划进度如表 3-16 所示。

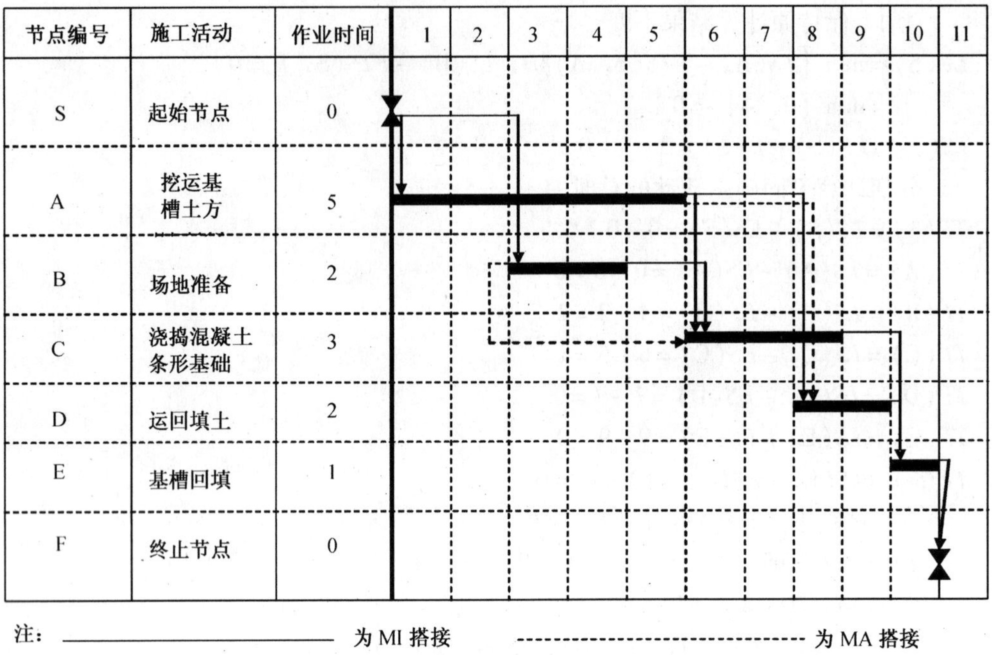

节点编号	施工活动	作业时间	1	2	3	4	5	6	7	8	9	10	11
S	起始节点	0											
A	挖运基槽土方	5											
B	场地准备	2											
C	浇捣混凝土条形基础	3											
D	运回填土	2											
E	基槽回填	1											
F	终止节点	0											

注：———— 为 MI 搭接　　- - - - 为 MA 搭接

图 3-13　基于早时间的计划进度图表

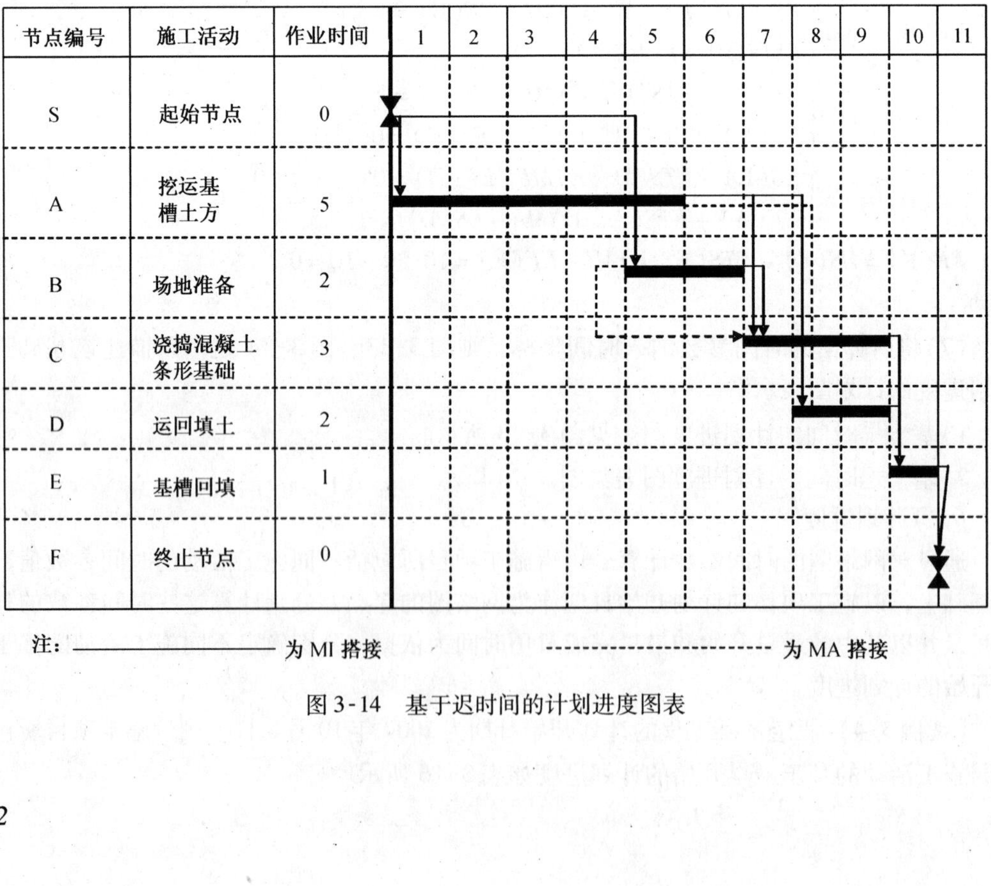

节点编号	施工活动	作业时间	1	2	3	4	5	6	7	8	9	10	11
S	起始节点	0											
A	挖运基槽土方	5											
B	场地准备	2											
C	浇捣混凝土条形基础	3											
D	运回填土	2											
E	基槽回填	1											
F	终止节点	0											

注：———— 为 MI 搭接　　- - - - 为 MA 搭接

图 3-14　基于迟时间的计划进度图表

基于最早开始的计划进度一览表 **表 3-16**

工程名称：某基础工程

施工活动名称	作业时间	*ES*	*EF*	*LS*	*LF*	*TF*	*FF*	计划开始	计划完成
挖运基槽土方	5	0	5	0	5	0	0	2007 年 10 月 8	2007 年 10 月 12
场地准备	2	2	4	4	6	2	1	2007 年 10 月 10	2007 年 10 月 11
浇捣混凝土条形基础	3	5	8	6	9	1	0	2007 年 10 月 13	2007 年 10 月 15
运回填土	2	7	9	7	9	0	0	2007 年 10 月 15	2007 年 10 月 16
基槽回填	1	9	10	9	10	0	0	2007 年 10 月 17	2007 年 10 月 17

在确定施工项目所包括不同施工活动的计划进度时，一般将由总时差为零或总时差最小的施工活动所组成的线路称为关键线路。由于组成关键线路的施工活动所拥有的机动时间最少，如果这些施工活动发生施工延误则必将引起施工项目总工期的延误，所以在编制进度计划时，通常应采用某种醒目的方式将这些关键线路上的施工活动标注出来，以便在执行计划时进行重点控制。

对于非关键线路上的施工活动，由于均存在一定数量的可以被利用的机动时间，所以，通常可根据计划进度与资源配置的对应关系，在编制施工项目进度计划时，利用这种机动时间对计划进度作适当的调整，通过调整计划进度以提高配置在施工现场的资源的利用率，进而降低施工过程对资源的需求。

(三)资源需求

根据所确定的计划进度，将开展施工作业所需的资源配置到相应的时间上去，并按不同的时间阶段加以汇总，即可形成与计划进度相对应的资源需求直方图。

1. 时间阶段的划分

包括不同施工活动的时间阶段对资源的需求是不同的。为了形成与计划进度相对应的资源需求直方图，必须根据施工活动在时间上的分布情况，将施工期限划分成不同的时间阶段。划分时间阶段的标准，只能是不同时间阶段上所包括的施工活动的差异性。

2. 资源需求的计算

对应于既定的计划进度，不同时间阶段上的资源需求是不同的，就某时间阶段而言，其资源需求强度的计算方法如下：

$$Q(\Delta t) = \sum_{i=1}^{n} q(i) \tag{3-18}$$

式中 $Q(\Delta t)$——某资源在某时间阶段（Δt）上的需求强度；

$q(i)$——同一种资源在不同施工活动（i）上的需求强度，在编制施工项目进度计划时，施工活动一般是指该进度计划的计划对象。

【续例 3-4】依据所确定的计划进度一览表，将该基础工程的施工过程划分成如表 3-17 所示的时间阶段。

施工过程时间阶段划分表　　表 3-17

工程名称：某基础工程

时间阶段编号	起止日期	时间阶段编号	起止日期
1	2007 年 10 月 8 日 ~ 2007 年 10 月 9 日	5	2007 年 10 月 15 日 ~ 2007 年 10 月 15 日
2	2007 年 10 月 10 日 ~ 2007 年 10 月 11 日	6	2007 年 10 月 16 日 ~ 2007 年 10 月 16 日
3	2007 年 10 月 12 日 ~ 2007 年 10 月 12 日	7	2007 年 10 月 17 日 ~ 2007 年 10 月 17 日
4	2007 年 10 月 13 日 ~ 2007 年 10 月 14 日		

根据表 3-18 所提供的相关施工单元的实物工程量和相应的资源定额，分别计算不同时间阶段上的资源需求强度。

为了简单起见，只计算人工需求强度，且在计算时作如下假定：

①人工为综合工；

②计划对象所包括的不同分项工程之间均为并行施工且作业时间相等；

③分项工程所包括的不同施工单元之间均为并行施工且作业时间相等；

④配置在任何施工活动的资源在其作业时间里均可被其他施工活动调配使用。

施工单元实物工程量及相应资源定额明细表　　表 3-18

编制单位：某企业

节点	计划对象	分项工程	施工单元	单位	工程量	资源名称	单位	生产率
A	挖运土方	挖土	人工挖土	m^3	80	综合人工	工日	0.3
		运土	人力车运土	m^3	80	综合人工	工日	0.5
B	场地准备	除草	人工除草	$10m^2$	200	综合人工	工日	0.1
		平整场地	人工平土	$10m^2$	200	综合人工	工日	0.2
C	浇捣混凝土条形基础	浇捣混凝土条形基础	商品混凝土浇捣	m^3	40	综合人工	工日	0.3
D	运回填土	挖堆积土	人工挖土	m^3	40	综合人工	工日	0.2
		运土	人力车云土	m^3	40	综合人工	工日	0.5
E	基槽回填	回填	人工回填土	m^3	40	综合人工	工日	0.2

根据表 3-18 所提供的资源定额数据和相应的假设条件，分别计算不同计划对象的人工需求强度如下：

$$挖运基槽土方=\frac{80\times0.3+80\times0.5}{5}=12.8(人)$$

$$场地准备=\frac{200\times0.1+200\times0.2}{2}=30(人)$$

$$浇捣混凝土条形基础=\frac{40\times0.3}{3}=4(人)$$

$$运回填土=\frac{40\times0.2+40\times0.5}{2}=14(人)$$

$$基槽回填=\frac{40\times0.2}{1}=8(人)$$

根据不同计划对象对人工的需求情况，套用式(3-18)分别计算不同时间阶段上的人工需求强度，表3-19集中显示了不同时间阶段上人工需求强度的计算过程。

不同时间阶段上人工需求强度计算表 **表3-19**

工程名称：某基础工程

时段编号	起止日期	人工强度计算
1	2007年10月8日~2007年10月9日	12.8(人)
2	2007年10月10日~2007年10月11日	12.8+30=32.8(人)
3	2007年10月12日~2007年10月12日	12.8(人)
4	2007年10月13日~2007年10月14日	4(人)
5	2007年10月15日~2007年10月15日	4+14=18(人)
6	2007年10月16日~2007年10月16日	14(人)
7	2007年10月17日~2007年10月17日	8(人)

(四)材料需求

按照已经划分的时间阶段，可以计算与计划进度相对应的材料需求强度。由于不同时间阶段上所包括的施工活动不同，所以，相应的材料需求强度也不一样。在计算材料需求强度时，应针对不同的时间阶段分别计算。

1. 对应于实质性消耗的需求强度

施工项目对材料的实质性消耗，包括为构成工程实体所需发生的实体材料消耗、施工过程所需周转材料的施工损耗以及针对其寿命期内可周转次数较少的周转材料所计算的周转材料摊销等。由于这些实质性消耗的材料均与计划对象所包括分项工程的实物工程量成正比，所以，依据相应的材料消耗定额，可分别计算不同分项工程所需实质性消耗材料的数量，在此基础上，套用式(3-19)计算不同计划对象对应于这种实质性消耗的材料需求强度。

$$计划对象实体材料需求强度=\frac{\sum 分项工程实物工程量\times实体材料定额消耗量}{计划对象作业时间} \tag{3-19a}$$

$$计划对象周转材料施工损耗需求强度=\frac{\sum 分项工程实物工程量\times周转材料定额损耗量}{计划对象作业时间} \tag{3-19b}$$

$$计划对象周转材料摊销需求强度=\frac{\sum 分项工程实物工程量\times周转材料定额摊销量}{计划对象作业时间} \tag{3-19c}$$

在确定计划对象对应于实质性消耗的材料需求强度的基础上，依据所划分的时间阶段，套用式(3-20)分别计算对应于不同时间阶段的实质性消耗的材料需求强度。

$$\text{某时段的材料需求强度} = \sum \text{该时段上计划对象对应于实质性消耗的材料需求强度} \tag{3-20}$$

2. 对应于周转使用的需求强度

周转材料是施工项目所需周转使用的材料，相应地，对应于周转材料周转使用的需求强度是指在施工过程中某单位时间里所需占用周转材料的数量。就单个计划对象的施工过程而言，其单位时间所需占用周转材料的数量通常包括两种情况：其一，是在计划对象的施工作业期内，依据材料消耗定额所规定的周转材料一次使用量标准，完成计划对象施工任务所需周转材料的数量与该计划对象所包括相关分项工程的实物工程量成正比，假定计划对象所包括相关分项工程在其施工作业期内是均匀施工的，则该计划对象所需占用周转材料的累计数量与其施工作业期内所进行的施工作业时间成正比；其二，是在计划对象施工作业期外，由于通过施工作业已经形成的对周转材料的占用数量在不发生其他施工作业的条件下不会发生任何改变，所以，在计划对象施工作业期外，施工项目对周转材料的占用数量与时间并无直接关系，相对于时间来讲，它只是一个常数。

通过上述分析可以得知，在施工过程中某时间点的周转材料需求强度，就单个计划对象而言，在其施工作业期内，通常与业已发生的施工作业的时间成正比，而在其施工作业期外，则只是一个常数。就整个施工项目而言，某时间点的周转材料需求强度等于处于该时间点的计划对象的周转材料需求强度之和。如果依据既定的时间阶段的划分结果，则某时间阶段末的周转材料需求强度可以用式(3-21)进行计算。

$$\text{某时段末需求强度} = \text{上时段末需求强度} + \sum_{i=1}^{n}(\text{分项工程量} \times \text{定额一次使用量}) \times \frac{\text{该时段内作业时间}}{\text{计划对象作业时间}} \tag{3-21}$$

式中 i——本时段所包括计划对象中的具体分项工程；

n——本时段所包括计划对象中的分项工程数。

如式(3-22)所示，由于对施工过程的时段划分是连续进行的，所以，某时段初的周转材料需求强度必然等于其紧前时段末的周转材料需求强度。

$$\text{某时段初周转材料需求强度} = \text{紧前时段末周转材料需求强度} \tag{3-22}$$

五、基于网络分析的横道图进度计划

在编制施工项目进度计划时，经网络分析得到的不同施工活动的计划进度和相应不同时间阶段上资源和材料的需求强度，必须采用某种直观的形式来加以表达。能够满足这一要求的有效途径之一，是将“横道图”这种计划图表引入网络计划技术。作为显示经由网络分析所得到的计划进度和相应不同时间阶段上资源和材料需求强度的直观形式，基于网络分析的“横道图”一般被称为“关联横道图”。

(一)横道图的基本形式

19 世纪中叶，美国 Frankford 兵工厂的顾问 H. L. Gant 发表了能够反映生产过程与时间关系的“甘特进度图表”，即我国所谓的“横道图”。自从“横道图”作为一种进度计划方法出现以来，由于其简单、直观并且易于理解，在工程建设领域一直被广泛使用。直到今天，“横道图”仍然是最易于理解和最广泛被使用的计划形式，深受广大计划人员的欢迎。

“横道图”采用横坐标表示时间，施工活动名称则在图的左侧纵向排列，以代表施工活动作业过程的“横道”位置表示该施工活动的起止时间，“横道”的长度用以表示施工活动作业时间的长短。

在编制施工项目进度计划时，必须根据施工活动的作业时间和存在于相邻施工活动之间的搭接关系，从左向右地依次将用以代表施工活动作业过程的“横道”摆入时间坐标，最终确定不同施工活动的计划进度并以图表的形式加以表现。

“横道图”还可以用于计算施工过程对资源和材料的需求，将配置在不同施工活动上的资源或材料按时间序列进行分类和汇总，就可以得到与计划进度相对应的资源或材料需求直方图。

【续例 3-4】采用“横道图”进度计划方法，将【例 3-4】所示基础工程的计划进度和相应不同时段的人工需求强度用“横道图进度计划”的方式显示出来，则该横道图进度计划可用图 3-15 示意。

施工活动名称	作业时间	2007 年 10 月													
		8	9	10	11	12	13	14	15	16	17	18	19		
挖运基础土方	5														
场地准备	2														
浇捣混凝土条形基础	3														
挖运回填土	2														
基槽回填	1														
人工需求直方图（人）		12.8		32.8		12.8	4		18	14	8				

图 3-15 某基础工程的横道图进度计划

(二)关联横道图进度计划

关联横道图是集网络分析和横道图两种计划技术的优点于一体的进度计划方法，它借助于网络图的逻辑分析功能构建施工项目的进度模型，通过网络分析确定相应的计划进度和资源以及材料的需求强度，并以横道图的形式将计划进度和资源以及材料的需求强度直观地表现出来。

关联横道图的一般形式，通常是在原始横道图的基础上，采用图 3-16 所示的图例将相邻施工活动联系起来，并据此表示相邻施工活动之间的搭接关系。

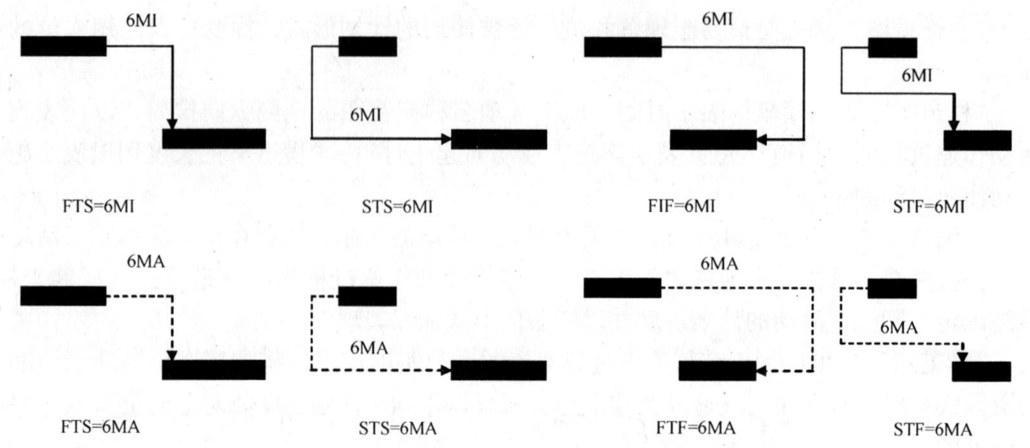

图 3-16　关联横道图中反映相邻施工活动搭接关系的图例

【续例 3-4】采用关联横道图进度计划方法，将【例 3-4】所示基础工程的计划进度和相应不同时间阶段上的人工需求强度用关联横道图进度计划的形式显示出来，则该关联横道图进度计划如图 3-17 所示。

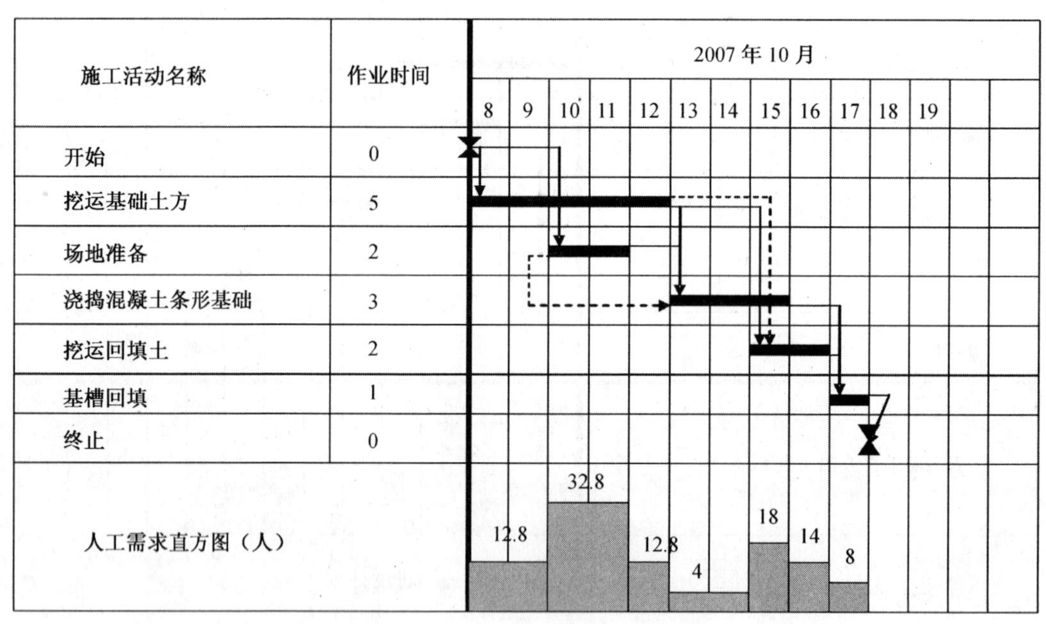

图 3-17　某基础工程的关联横道图进度计划

六、对资源的优化

编制施工项目进度计划的过程，实际上是对其施工过程进行结构化和系统化的过程。所谓对资源的优化，是指依据经结构化和系统化所形成的施工项目的系统模型以及该模型所反映的施工过程中相关因素的内在联系，通过对施工项目的计划进度和资源配置进行合理调整，以平衡施工过程中进度、资源和成本相互关系的决策过程。

对施工项目所需资源进行优化是一项十分重要的管理工作。资源优化的目的是以资源的合理配置为纽带，实现施工项目实施过程中进度和成本的综合平衡。相应地，进行优化的约束条件是该施工项目必须面对和满足的合同工期、资源可获得性以及成本费用最小化要求。

从广义上讲，编制施工项目进度计划的过程，本身就是对资源配置进行优化的过程，通过对计划过程中不同环节上相关因素的权衡和选择，客观上已经起到了优化资源配置的作用。而且，围绕计划过程中不同环节上资源问题所做的决策，属于“事前”的优化过程，通过这种过程所形成的决策结果，对施工项目的计划进度、资源配置和成本费用之间的综合平衡，更具积极的意义。

至于资源优化的方法问题，很遗憾，目前还没有开发出十分完善的优化理论和基于数学模型的优化方法。有指导意义的优化原则，通常是在确定调整资源配置的优先级的基础上，依据所构建的施工过程的系统模型，通过对组成施工项目的不同施工活动的计划进度和资源配置进行不断调整，逐步地平衡进度、资源和成本之间的关系，在此基础上，力争使施工项目对资源的需求趋于均衡，以提高配置在施工现场的资源的利用率。

(一)优先级

施工项目对资源的需求多种多样，不同资源影响施工项目实施效果的程度是不同的，为了分清主次，通常采用定义优先级的方法来确定资源的重要程度。所谓优先级高，是指该资源对施工项目实施效果的影响程度大，反之，则该资源对施工项目实施效果的影响程度小。在对资源进行优化时，一般应先考虑优先级高的资源的优化问题，只有当优先级高的资源被优化至理想状态后，再考虑对优先级较低的资源进行优化。

确定资源优先级的标准，对于不同的施工项目可以有不同的选择，也就是说，不同施工项目所选择的确定资源优先级的标准是不尽相同的，在选择某具体施工项目的资源优先级评定标准时，一般可以从下述两个方面加以考虑：

1. 资源的需求量和相应价格

对于需求量大且价格高的资源，由于其对施工项目成本的影响大，所以，一般应对其特别重视，在确定资源优先级顺序时，必须给予较高的等级。

2. 获得过程的复杂性

对于不易获得或无法用其他资源替代的资源，如进口设备、专业性很强的资源或必须通过专门采购过程才能获得的资源，由于获得这些资源的过程复杂，在施工过程中变更资源的风险大，所以，对获得过程复杂的资源应给予较高的优先级。

(二)利用时差调整资源需求

通过网络分析可以得到施工项目的计划进度和相应的资源需求直方图，在确定计划进度的基础上，可以利用时差对相关施工活动的时间进度进行调整，通过调整施工活动的开始、结束或延续时间，以优化施工过程对资源的需求，利用时差进行资源优化的步骤是：

1. 确定基于最早开始时间的计划进度和相应资源需求直方图

按最早开始时间确定施工项目所包括不同施工活动的计划进度，并用关联横道图的形式加以表现，在此基础上，画出相应的资源需求直方图，则该资源需求直方图反映在施工项目所包括的所有施工活动均尽可能早地开始的条件下，施工项目对资源需求的极端状态。

2. 确定基于最迟完成时间的计划进度和相应资源需求直方图

按最迟完成时间确定施工项目所包括不同施工活动的计划进度，并用关联横道图的形式加以表现，在此基础上，画出相应的资源需求直方图，则该资源需求直方图反映在施工项目所包括的所有施工活动均尽可能迟地完成施工任务的条件下，施工项目对资源需求的极端状态。

3. 对资源进行调整

对上述两个直方图进行比较，可以看到在全部施工活动尽量提前开始或尽量推迟完成两种极端状态下施工项目对资源的需求情况，依据直方图的直观形象，对相关施工活动在上述两种极端状态之间进行调整，则可以逐步找出能够达到进度、资源和成本综合平衡的折中方案。

(三)其他方法

当利用时差调整资源需求仍然不能满足要求时，可以采用下述几种其他的优化方法：

1. 修改逻辑设计

对施工活动之间的搭接关系进行修改，以便将那些对资源需求强度太高或太低的施工活动从作业时间上相互错开，必要时，甚至可以重新拟定施工部署，包括对施工活动的划分以及确定相应的施工流向和顺序等，通过对施工部署的重新拟定，以便重新确定施工活动之间的工艺和组织关系。

2. 修改施工活动的技术方法

施工活动所采用的技术方法直接影响对资源的需求，通过修改技术方法可以改变施工过程所需资源的种类、使用时间和配置数量。例如，只要将原定在施工现场搅拌混凝土改成购买泵送商品混凝土，就可以改变施工过程对混凝土搅拌机和塔吊的需求数量。

3. 加班和翻班

加班是指延长工作班的工作时间，在资源配置强度不变的条件下，可以提高该工作班所能达到的生产率，而提高生产率的直接后果是缩短施工活动的作业时间，进而改变施工过程对资源的需求。

翻班是指在一天中安排两个或三个工作班进行依次施工，在工作面有限的条件下，通过翻班可以增加在该工作面上开展施工作业的资源的强度，从而缩短施工活动的作业时间，进而改变施工过程对资源的需求。

第五节　编制施工项目的进度计划

施工项目进度计划作为直接指导施工的计划文件，其计划内容主要包括带时间限制的施工活动清单和相应的资源需求直方图。编制施工项目进度计划的过程，必须在满足施工承包合同对承包人所提出的全部要求基础上，依据施工现场所具备的技术和经济条件，并结合施工企业的具体情况，按如下程序开展工作：

一、拟定施工部署

施工部署是指对施工项目的实施过程所做出的技术和组织规划，除了确定施工技术和组织原则并对施工现场进行总体布置外，拟定施工部署的主要工作包括：

(一)确定计划对象

进度计划的对象就是将施工承包合同所规定的施工总任务按编制进度计划的要求分解开来所形成的一系列施工活动，确定计划对象的过程，就是在拟定施工技术和组织方案的基础上，确定施工项目所包括的施工活动、组成这些施工活动的分项工程、并选择实施这些分项工程的施工技术方法以及按既定的技术方法进行施工作业所需主要资源的过程。

（二）明确施工流向和施工顺序

施工流向是指某施工流水线在拟建工程不同平面区段和竖向标高上依次开展流水作业时所取定的走向，或者说某施工流水线所属的某资源组合在拟建工程不同平面区段和竖向标高上依次开展施工作业的顺序。

施工顺序是指不同施工流水线之间相继投入拟建工程某平面区段或竖向标高上开展施工作业的先后顺序。

【例3-5】为了编制某建筑物基础工程的进度计划，依据施工图设计所规定的工程内容，在拟定该基础工程施工技术和组织方案的基础上，确定其计划对象如表3-20、表3-21所示。

建造类计划对象及施工方法确定表 **表3-20**

工程名称：某建筑物基础工程

序号	计划对象名称	所包括的分项工程	施工技术方法	主要资源
Ⅰ	人工挖运土方	人工挖基槽	人工挖土	普工
		人力车运土致场外	人力车运土	普工
Ⅱ	浇捣混凝土垫层（施工段Ⅰ、Ⅱ）	浇捣C10混凝土垫层	现拌混凝土	某型号混凝土搅拌机
			塔吊运输	60t·m塔吊
Ⅲ	钢筋和模板安装（施工段Ⅰ、Ⅱ）	安装钢筋	现场制作工作面安装	60t·m塔吊
		安装模板	组合钢模板钢支撑	60t·m塔吊
Ⅳ	浇捣钢筋混凝土条形基础（施工段Ⅰ、Ⅱ）	浇捣C20钢筋混凝土条形基础	现拌混凝土	某型号混凝土搅拌机
			塔吊运输	60t·m塔吊
Ⅴ	拆除模板（施工段Ⅰ、Ⅱ）	拆除模板	塔吊运输	60t·m塔吊
Ⅵ	砌筑砖条形基础（施工段Ⅰ、Ⅱ）	砌筑标准砖条形基础	现拌砂浆	某型号砂浆搅拌机
			塔吊运输	60t·m塔吊
Ⅶ	基槽回填土	挖堆积土	人工挖土	普工
		人力车运土	人力车运土	普工
		回填土	人工夯填	普工

制备类计划对象及施工方法确定表 **表3-21**

工程名称：某建筑物基础工程

序号	计划对象名称	所包括的分项工程	施工技术方法	主要资源
①	筛选砂	筛选砂	人工筛选	普工
②	钢筋制作	钢筋制作	现场制作	钢筋工

根据所拟定的施工技术和组织方案，对应于所确定的计划对象，则拟定该建筑物基础工程的施工流向和施工顺序如图3-18所示。

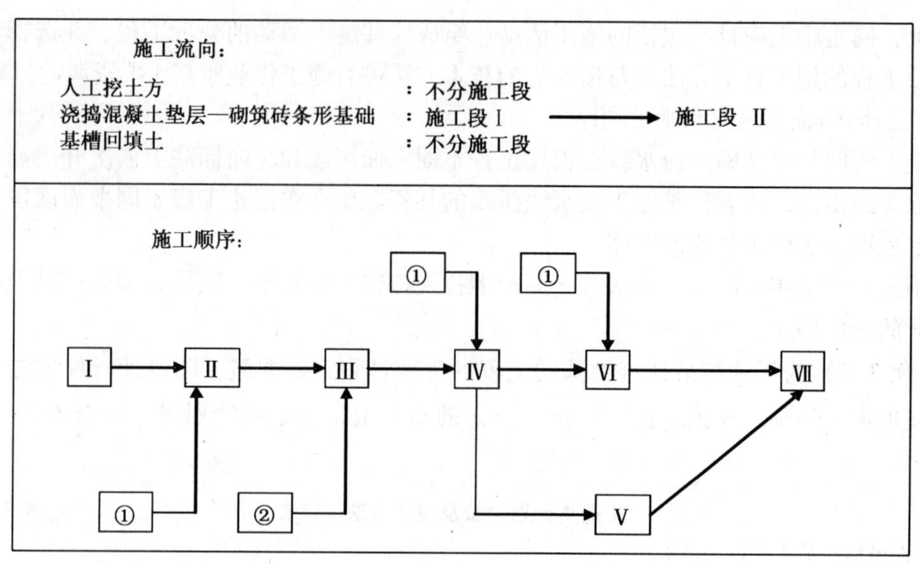

图 3-18 某建筑物基础工程的施工流向和施工顺序流程图

二、建造类计划对象材料需求量的确定

对拟建工程所包括的分项工程进行计量，在确定不同分项工程的实物工程量后，套用材料消耗定额，分别计算完成不同分项工程施工任务对材料的需求数量。在此基础上，以所确定的计划对象所包括的分项工程为依据，将计算出来的材料需求数量在不同计划对象之间进行分配。

(一)分项工程实物工程量的计算

根据施工图设计所包括的工程内容，结合材料消耗定额对分项工程的划分标准和相应的工程量计算规则，通过计算分别确定不同分项工程的实物工程量。

(二)将分项工程的实物工程量在不同计划对象之间进行分配

根据既定计划对象所包括施工任务的具体内容，将计算所得的分项工程实物工程量分配到不同的计划对象中去，以明确计划对象所包括分项工程的具体数量。

【续例 3-5】经计算，【例 3-5】所示基础工程所包括的分项工程的实物工程量以及这些实物工程量在不同计划对象之间的分配情况如表 3-22 所示。

分项工程实物工程量在计划对象之间的分配表(建造类) **表 3-22**

工程名称：某建筑物基础工程

计划对象 / 分项工程	工程量	人工挖运土方	浇捣混凝土垫层		钢筋模板安装		浇捣混凝土条形基础		拆除模板		砌筑砖条形基础		基槽回填
			施工段Ⅰ	施工段Ⅱ	施工段Ⅰ	施工段Ⅱ	施工段Ⅰ	施工段Ⅱ	施工段Ⅰ	施工段Ⅱ	施工段Ⅰ	施工段Ⅱ	
人工挖基槽	400m³	400											
人力车运土	580m³	400											180

续表

分项工程 \ 工程量 \ 计划对象	量	人工挖运土方	浇捣混凝土垫层		钢筋模板安装		浇捣混凝土条形基础		拆除模板		砌筑砖条形基础		基槽回填
			施工段Ⅰ	施工段Ⅱ	施工段Ⅰ	施工段Ⅱ	施工段Ⅰ	施工段Ⅱ	施工段Ⅰ	施工段Ⅱ	施工段Ⅰ	施工段Ⅱ	
浇捣C10混凝土垫层	$40m^3$		20	20									
安装钢筋	2t				1	1							
安装模板	$160m^2$				80	80							
浇捣钢筋混凝土条形基础	$120m^3$						60	60					
拆除模板	$160m^2$								80	80			
砌筑标准砖条形基础	$60m^3$										30	30	
挖堆积土	$180m^3$												180
回　填　土	$180m^3$												180

（三）套用材料消耗定额计算不同计划对象对材料的需求

1. 对实体材料的需求

实体材料是指构成工程实体的材料，通常由直接构成工程实体所需的材料净用量和相应施工过程所需的材料损耗量组成。相应地，计划对象对实体材料的需求指标，包括完成该计划对象施工任务所需实体材料的净用量和施工损耗量两个部分。所谓套用材料消耗定额，就是选择相应的材料消耗定额，将分项工程实物工程量乘以定额消耗量的过程。

套用材料消耗定额计算不同计划对象对实体材料需求量的基本原理，可以用式(3-23)、式(3-24)示意。

$$\text{分项工程材料消耗量} = \text{分项工程实物工程量} \times \text{定额消耗量} \tag{3-23}$$

$$\text{计划对象材料消耗量} = \sum_{i=1}^{n} \text{分项工程材料消耗量} \tag{3-24}$$

式中　定额消耗量——材料消耗定额中净用量指标与损耗量指标之和；

i——计划对象所包括的某分项工程；

n——计划对象包括的分项工程数。

2. 对周转材料的需求

周转材料是指在分项工程施工过程中被周转使用的材料。施工过程对周转材料的需求指标，主要包括为完成分项工程施工任务所需周转材料的一次使用量和相应的施工损耗量，另外，当所使用的周转材料在其寿命期内可周转次数较少时，则相应的需求指标也可能包括周转材料的一次使用量和周转摊销量。所谓套用材料消耗定额，通常是指选择相应的材料消耗定额，将分项工程实物工程量分别乘以定额一次使用量和定额损耗量或分别乘以定额一次使用量和定额摊销量的过程。

当周转材料在其寿命期内的可周转使用次数较多时，则通常采用租赁单价核算这种周转材料的费用，此时，套用材料消耗定额计算不同计划对象对周转材料需求量的基本原理，可用式(3-25)~式(3-28)示意。

$$\text{分项工程周转材料一次使用量} = \text{实物工程量} \times \text{定额一次使用量} \tag{3-25}$$

$$\text{计划对象周转材料一次使用量} = \sum_{i=1}^{n} \text{分项工程周转材料一次使用量} \tag{3-26}$$

$$\text{分项工程周转材料损耗量} = \text{实物工程量} \times \text{定额施工损耗量} \tag{3-27}$$

$$\text{计划对象周转材料损耗量} = \sum_{i=1}^{n} \text{分项工程周转材料损耗量} \tag{3-28}$$

式中　i——计划对象所包括的某分项工程；

n——计划对象包括的分项工程数。

当周转材料在其寿命期内的可周转使用次数较少时，则通常采用摊销价格核算这种周转材料的费用，此时，套用材料消耗定额计算不同计划对象对周转材料需求量的基本原理，可用式(3-29)~式(3-32)示意。

$$\text{分项工程周转材料摊销量} = \text{实物工程量} \times \text{定额摊销量} \tag{3-29}$$

$$\text{计划对象周转材料摊销量} = \sum_{i=1}^{n} \text{分项工程周转材料摊销量} \tag{3-30}$$

$$\text{分项工程周转材料损耗量} = \text{实物工程量} \times \text{定额施工损耗量} \tag{3-31}$$

$$\text{计划对象周转材料损耗量} = \sum_{i=1}^{n} \text{分项工程周转材料损耗量} \tag{3-32}$$

式中　i——计划对象所包括的某分项工程；

n——计划对象包括的分项工程数。

【续例3-5】选择相应的材料消耗定额，采用式(3-23)~式(3-28)，对【例3-5】所示某建筑物基础工程所包括的不同分项工程进行套用计算，分别确定不同分项工程对材料的需求数量，并据此汇总不同计划对象对材料的需求。

套用材料消耗定额计算不同分项工程对材料的需求，并按不同计划对象加以汇总的过程如表3-23所示。

计划对象材料需求分析表(建造类)　　　**表3-23**

工程名称：某建筑物基础工程

计划对象和分项工程	工程量	C10混凝土(m^3)	C20混凝土(m^3)	M5砂浆(m^3)	钢筋(t)	钢模使用(m^2)	钢模损耗(m^2)	标准砖(百块)
浇捣C10混凝土垫层	×2	40						
浇捣C10混凝土垫层(施工段Ⅰ、Ⅱ)	20 m^3	1 / 20						

续表

计划对象和分项工程	工程量	C10 混凝土（m^3）	C20 混凝土（m^3）	M5 砂浆（m^3）	钢筋（t）	钢模使用（m^2）	钢模损耗（m^2）	标准砖（百块）
钢筋及模板安装	×2				2	160	16	
钢筋安装（施工段Ⅰ、Ⅱ）	1t				1 / 1			
模板安装（施工段Ⅰ、Ⅱ）	80 m^2					1 / 80	0.1 / 8	
浇捣 C20 混凝土条形基础	×2		120					
浇捣 C20 混凝土条形基础（施工段Ⅰ、Ⅱ）	60 m^3		1 / 60					
拆除模板	×2					−160	16	
拆除模板（施工段Ⅰ、Ⅱ）	80 m^2					−1 / −80	0.1 / 8	
砌筑砖条形基础	×2			12				300
砌筑标准砖条形基础（施工段Ⅰ、Ⅱ）	30 m^3			0.2 / 6				5 / 150
合　计		40	120	12	2	0	32	300

注：表格中处于“斜线”左上方的数据为“定额消耗量”，处于“斜线”右下方的数据为对应于实物工程量的材料需求数量。

套用材料消耗定额所得到的计划对象对混凝土和砂浆等混合材料的需求数量，还必须按其配合比进一步拆分成具体的材料。作为计算材料需求的依据之一，表3-24是本例所涉及的混凝土和砂浆的配合比表。

作为计算依据的混凝土和砂浆配合比表　　**表3-24**

混和砂浆名称 \ 配合比 / 单位	水泥	碎石	砂	水
单　位	kg	t	t	t
C10 混凝土	250	1.2	0.8	0.2
C20 混凝土	400	1.4	0.6	0.2
M5 水泥砂浆	200	—	1.6	0.2

根据表3-24所提供的配合比数据，将表3-23所示对混凝土和砂浆的需求量作进一步的拆分计算，并采用表3-25的形式将对应于这种需求数量的水泥、碎石和砂等材料的需求数量显示出来。

对应于混凝土和砂浆需求量的计划对象材料需求分析表（建造类） **表3-25**

工程名称：某建筑物基础工程

计划对象和分项工程	工程量	C10混凝土（m^3）	C20混凝土（m^3）	M5砂浆（m^3）	水泥（t）	碎石（t）	砂（t）
浇捣C10混凝土垫层	×2	40			10	48	32
浇捣C10混凝土垫层（施工段Ⅰ、Ⅱ）	20 m^3	1 / 20			0.25 / 5	1.2 / 24	0.8 / 16
浇捣C20混凝土条形基础	×2		120		48	168	72
浇捣C20混凝土条形基础（施工段Ⅰ、Ⅱ）	60 m^3		1 / 60		0.4 / 24	1.4 / 84	0.6 / 36
砌筑砖条形基础	×2			12	2.4	0	19.2
砌筑标准砖条形基础（施工段Ⅰ、Ⅱ）	30 m^3			0.2 / 6	0.2 / 1.2		1.6 / 9.6
合　　计		40	120	12	60.4	216	123.2

注：对于材料而言，表格中处于“斜线”左上方的数据为“配合比量”，处于“斜线”右下方的数据为对应于混凝土或砂浆需求量的材料需求数量。

三、制备类计划对象材料需求量的确定

当施工项目所包括的计划对象对材料的需求数量被计算出来后，选择其中需要现场制备或加工的材料，将这些材料的制备或加工过程作为制备类计划对象，并根据制备或加工的工艺要求确定这些计划对象必须包括的分项工程。在此基础上，套用材料消耗定额分别计算不同制备类计划对象对材料的需求。

（一）确定制备类计划对象

选择需要在施工现场进行制备或加工的材料，将该材料的加工或制备过程作为制备类计划对象。

（二）明确制备类计划对象所包括的分项工程并计算其实物工程量

依据对材料进行加工或制备的施工技术方法，确定在加工或制备这些材料时所必须包括的分项工程的具体内容，并根据需要加工或制备材料的数量，计算相应计划对象所包括分项工程的实物工程量。

【续例3-5】依据建造类计划对象及其对材料的需求情况，选择“筛选砂”和“钢筋制作”两项施工活动作为制备类计划对象，根据所选定的施工技术方法，确定其必须包括的分项工程及其相应的实物工程量如表3-26所示。

制备类计划对象所包括分项工程及其实物工程量计算表 **表 3-26**

工程名称：某建筑物基础工程

计划对象 / 分项工程	筛选黄砂						钢筋制作	
	混凝土垫层Ⅰ(t)	混凝土垫层Ⅱ(t)	混凝土条形基础Ⅰ(t)	混凝土条形基础Ⅱ(t)	砖条形基础Ⅰ(t)	砖条形基础Ⅱ(t)	Ⅰ(t)	Ⅱ(t)
筛选黄砂	16	16	36	36	9.6	9.6		
钢筋制作							1	1

(三)套用材料消耗定额计算制备类计划对象对材料的需求

套用材料消耗定额计算制备类计划对象对材料需求的方法同建造类计划对象材料需求数量的计算。

【续例3-5】选择相应的材料消耗定额，计算不同分项工程对材料的需求数量，并据此汇总制备类计划对象对材料的需求。

套用材料消耗定额计算不同分项工程对材料的需求，并按相关制备类计划对象加以汇总的过程如表3-27所示。

计划对象材料需求分析表(制备类) **表 3-27**

工程名称：某建筑物基础工程

计划对象和分项工程	工程量	砂(t)	钢筋(t)
筛选砂(混凝土垫层)	×2	35.2	
筛选砂(施工段Ⅰ、Ⅱ)	16 t	1.1 / 17.6	
筛选砂(混凝土条形基础)	×2	79.2	
筛选砂(施工段Ⅰ、Ⅱ)	36 t	11 / 39.6	
筛选黄砂(砖条形基础)	×2	21.12	
筛选砂(施工段Ⅰ、Ⅱ)	9.6t	1.1 / 10.56	
钢筋制作	×2		2.1
钢筋制作(施工段Ⅰ、Ⅱ)	1 t		1.1 / 1.1
合　　计		135.52	2.2

注：表格中处于“斜线”左上方的数据为“定额消耗量”，处于“斜线”右下方的数据为对应于实物工程量的材料需求数量。

四、确定计划对象对资源的额定需求量

在确定施工项目所包括的计划对象、计划对象所包括的分项工程以及完成分项工程施工对材料需求的基础上，根据既定的施工技术方法，选择相应的施工单元并确定其工程量，在此基础上，套用资源定额计算完成施工任务对资源的额定需求。

【续例3-5】根据某建筑物基础工程所包括的计划对象、计划对象所包括的分项工程以及分项工程对材料的需求，选择并确定不同施工单元及其工程量的过程如表3-28～表3-30所示。

对应于分项工程的施工单元工程量确定表（建造类） **表 3-28**

工程名称：某建筑物基础工程

计划对象		人工挖运土方		浇捣混凝土垫层		钢筋和模板安装				浇捣混凝土条形基础		拆除模板		砌筑砖条形基础		回填土		
分项工程		挖土	运土	Ⅰ	Ⅱ	钢筋Ⅰ	钢筋Ⅱ	模板Ⅰ	模板Ⅱ	Ⅰ	Ⅱ	Ⅰ	Ⅱ	Ⅰ	Ⅱ	挖土	运土	回填土
施工单元及计量单位		m^3	m^3	m^3	m^3	t	t	m^2	m^2	m^3	m^3	m^2	m^2	m^3	m^3	m^3	m^3	m^3
人工挖基槽	m^3	400																
人力车运土	m^3		400														180	
浇捣混凝土构件	m^3			20	20					60	60							
安装模板	m^2							80	80									
安装钢筋	t					1	1											
拆除模板	m^2											80	80					
砌筑标准砖条形基础	m^3													30	30			
挖堆积土	m^3															180		
基槽回填	m^3																	180

对应于材料的施工单元工程量确定表(建造类)　　　　表 3-29

工程名称：某建筑物基础工程

计划对象		浇筑混凝土垫层		钢筋及模板安装				浇筑混凝土条形基础		拆除模板		砌筑标准砖条形基础			
分项工程		Ⅰ	Ⅱ	Ⅰ	Ⅱ	Ⅰ	Ⅱ	Ⅰ	Ⅱ	Ⅰ	Ⅱ	Ⅰ		Ⅱ	
材料		混凝土	混凝土	钢筋	钢筋	模板	模板	混凝土	混凝土	模板	模板	标准砖	砂浆	标准砖	砂浆
施工单元及计量单位		m^3	m^3	t	t	m^2	m^2	m^3	m^3	m^2	m^2	百块	m^3	百块	m^3
混凝土搅拌	m^3	20	20					60	60						
混凝土运输	m^3	20	20					60	60						
模板运输	m^2					80	80			80	80				
钢筋运输	t			1	1										
搅拌砂浆	m^3												6		6
砂浆运输	m^3												6		6
运标准砖	百块											150		150	

对应于分项工程的施工单元工程量确定表(制备类)　　　　表 3-30

工程名称：某建筑物基础工程

计划对象		钢筋制作		筛垫层黄砂		筛混凝土条形基础黄砂		筛砖条形基础黄砂	
分项工程		Ⅰ	Ⅱ	Ⅰ	Ⅱ	Ⅰ	Ⅱ	Ⅰ	Ⅱ
施工单元及计量单位		t	t	t	t	t	t	t	t
制作钢筋	t	1	1						
筛选黄砂	t			16	16	36	36	9.6	9.6

根据施工单元工程量在不同计划对象中的不同分项工程上的分配情况，选择并套用相应的资源定额，计算施工单元对资源的额定需求量如表 3-31、表 3-32 所示。

施工单元对资源的额定需求量计算表(建造类)　　　　表 3-31

工程名称：某建筑物基础工程

计划对象	分项工程	施工单元	单位	工程量	普工	技工	混凝土搅拌机	砂浆搅拌机	塔吊
					工日	工日	台班	台班	台班
人工挖运土方	人工挖基槽	人工挖基槽	m^3	400	0.5 / 200				
	人力车运土	人力车运土	m^3	400	0.3 / 120				

续表

计划对象	分项工程	施工单元	单位	工程量	普工	技工	混凝土搅拌机	砂浆搅拌机	塔吊
					工日	工日	台班	台班	台班
浇捣混凝土垫层（施工段Ⅰ、Ⅱ）	浇捣混凝土垫层（施工段Ⅰ、Ⅱ）	浇捣混凝土构件	m^3	20×2		0.4/8			
		混凝土搅拌	m^3	20×2	0.06/1.2		0.03/0.6		
		混凝土运输	m^3	20×2	0.12/2.4				0.06/1.2
钢筋、模板安装（施工段Ⅰ、Ⅱ）	钢筋安装（施工段Ⅰ、Ⅱ）	钢筋安装	t	1×2		0.6/0.6			
		钢筋运输	t	1×2	0.06/0.06				0.03/0.03
	模板安装（施工段Ⅰ、Ⅱ）	模板安装	m^2	80×2		0.3/24			
		模板运输	m^2	80×2	0.12/9.6				0.06/4.8
浇捣混凝土条形基础（施工段Ⅰ、Ⅱ）	浇捣混凝土条形基础（施工段Ⅰ、Ⅱ）	浇捣混凝土构件	m^3	60×2		0.4/24			
		混凝土搅拌	m^3	60×2	0.06/3.6		0.03/1.8		
		混凝土运输	m^3	60×2	0.12/7.2				0.06/3.6
拆除模板（施工段Ⅰ、Ⅱ）	拆除模板（施工段Ⅰ、Ⅱ）	模板拆除	m^2	80×2		0.2/16			
		模板运输	m^2	80×2	0.12/9.6				0.06/4.8
砌筑砖条形基础（施工段Ⅰ、Ⅱ）	砌筑砖条形基础（施工段Ⅰ、Ⅱ）	砌标准砖条形基础	m^3	30×2		0.4/12			
		搅拌砂浆	m^3	6×2	0.4/2.4			0.2/1.2	
		运输砂浆	m^3	6×2	0.1/0.6				0.05/0.3
		运输标准砖	百块	150×2	0.02/3				0.01/1.5

续表

计划对象	分项工程	施工单元	单位	工程量	普工	技工	混凝土搅拌机	砂浆搅拌机	塔吊
					工日	工日	台班	台班	台班
回填土	基槽回填	挖堆积土	m^3	180	0.4 / 72				
		人力车运土	m^3	180	0.3 / 54				
		基槽回填	m^3	180	0.6 / 108				

注：1. 为简化计算过程，本表将不同工种工人合并成"普工"和"技工"两种，且只计算"普工、技工、混凝土搅拌机、砂浆搅拌机、塔吊"等五种资源；

2. 表格中"斜线"左上角数据为"定额需求量"，"斜线"右下角数据为相应施工单元对资源的额定需求量。

施工单元对资源的额定需求量计算表(制备类) **表 3-32**

工程名称：某建筑物基础工程

计划对象	分项工程	施工单元	单位	工程量	普工	技工
					工日	工日
钢筋制作（施工段Ⅰ、Ⅱ）	钢筋制作（施工段Ⅰ、Ⅱ）	钢筋制作	t	1×2		0.7 / 0.7
筛选垫层砂（施工段Ⅰ、Ⅱ）	筛选垫层砂（施工段Ⅰ、Ⅱ）	人工筛砂	t	16×2	0.1 / 1.6	
筛选混凝土条形基础砂（施工段Ⅰ、Ⅱ）	筛选混凝土条形基础砂（施工段Ⅰ、Ⅱ）	人工筛砂	t	36×2	0.1 / 3.6	
筛选砖条形基础砂（施工段Ⅰ、Ⅱ）	筛选砖条形基础砂（施工段Ⅰ、Ⅱ）	人工筛砂	t	9.6×2	0.1 / 0.96	

注：同表 3-27。

五、确定计划对象的作业时间和资源需求强度

计划对象的作业时间与相应资源需求强度之间，依据施工过程对资源的额定需求，客观上存在着紧密的联系。资源需求强度是为了完成计划对象所包括分项工程的施工任务，必须配置在施工现场的资源数量；作业时间是完成计划对象包括施工任务所需的延续时间。根据组成计划对象的分项工程之间的不同搭接，可以建立如本章第三节中式(3-6)~式(3-12)所示的资源需求强度与相应作业时间的函数关系。依据这种函数关系，可以对不同计划对象的资源需求强度和相应的作业时间作出决策，进而确定施工项目在不同时期内的资源需求强度。

【续例3-5】在确定施工单元对资源的额定需求的基础上，依据不同计划对象所包括的分项工程、不同分项工程所包括的施工单元以及不同计划对象所包括分项工程之间的不同的搭接关系，选择不同计划对象的资源配置强度和相应的作业时间，并据此确定不同计划对象的资源需求强度如表3-33、表3-34所示。

计划对象资源需求取定表（建造类） **表3-33**

工程名称：某建筑物基础工程

计划对象和所含分项工程	单位	工程量	作业时间（班）	搭接	普工（人）	技工（人）	混凝土搅拌机（台）	砂浆搅拌机（台）	塔吊（台）
人工挖运土方			10		32				
人工挖基槽	m^3	400	10	并行	200/20				
人力车运土	m^3	400	10	并行	120/12				
浇捣混凝土垫层（施工段Ⅰ、Ⅱ）			1		3.6	8	0.6		1.2
浇捣混凝土垫层	m^3	20	1	并行	3.6/3.6	8/8	0.6/0.6		1.2/1.2
钢筋模板安装（施工段Ⅰ、Ⅱ）			3		3.22	8.2			1.61
钢筋安装	t	1	0.5	顺序	0.06/0.12	0.6/1.2			0.03/0.06
模板安装	m^2	80	2.5	顺序	9.6/3.84	24/9.6			4.8/1.92
浇捣混凝土条形基础（施工段Ⅰ、Ⅱ）			2		5.4	12	0.9		1.8
浇捣混凝土条形基础	m^3	60	2	并行	10.8/5.4	24/12	1.8/0.9		3.6/1.8
拆除模板（施工段Ⅰ、Ⅱ）			1		9.6	16			4.8
拆除模板	m^2	80	1	并行	9.6/9.6	16/16			4.8/4.8
砌筑砖条形基础（施工段Ⅰ、Ⅱ）			2		3	6		0.6	0.9
砌标准砖条形基础	m^3	30	2	并行	6/3	12/6		1.2/0.6	1.8/0.9
回填土			6		39				

续表

计划对象和所含分项工程	单位	工程量	作业时间(班)	搭接	普工(人)	技工(人)	混凝土搅拌机(台)	砂浆搅拌机(台)	塔吊(台)
基槽回填	m^3	180	6	并行	108/18				
人力车运土	m^3	180	6	并行	54/9				
挖堆积土	m^3	180	6	并行	72/12				

注：1. 表中“作业时间”由计划人员取定，根据“作业时间”并结合“搭接关系”确定“资源需求强度”；
2. 在确定“资源需求强度”时，假定资源在不同施工活动之间均可进行调配使用；
3. 表格中“斜线”左上角的数据为“分项工程的资源需求量”，右下角的数据为“分项工程资源需求强度”。

计划对象资源需求取定表(制备类) **表 3-34**

工程名称：某建筑物基础工程

计划对象分项工程	单位	工程量	作业时间(班)	搭接	普工(工日)	技工(工日)
钢筋制作(施工段Ⅰ、Ⅱ)			0.5			1.4
钢筋制作	t	1	0.5	并行		0.7/1.4
筛混凝土垫层砂(施工段Ⅰ、Ⅱ)			0.5		3.2	
人工筛砂	t	16	0.5	并行	1.6/3.2	
筛混凝土条形基础砂(施工段Ⅰ、Ⅱ)			1		3.6	
人工筛砂	t	36	1	并行	3.6/3.6	
筛砖条形基础砂(施工段Ⅰ、Ⅱ)			0.5		1.92	
人工筛砂	t	9.6	0.5	并行	0.96/1.92	

注：1. 表中“作业时间”由计划人员取定，根据“作业时间”并结合“搭接关系”确定“资源需求强度”；
2. 在确定“资源需求强度”时，假定资源在不同施工活动之间均可进行调配使用；
3. 表格中“斜线”左上角的数据为“分项工程的资源需求量”，右下角的数据为“分项工程资源需求强度”。

六、进行网络分析

在选择不同计划对象的作业时间和资源配置并据此确定相应资源需求强度的基础上，

根据既定的施工流向和施工顺序，创建该施工项目实施过程的网络图，通过对网络图进行时间参数的计算，确定其计划进度，并将开展施工作业所需的资源按计划进度的要求进行汇总和分配，进而编制资源(以及材料)需求直方图。

(一)创建网络图

创建施工项目网络图的过程，就是根据既定的施工流向和施工顺序，通过对施工项目所包括的不同建造类计划对象进行逻辑设计，确定不同计划对象的紧前工作以及相应的搭接关系，并据此绘制单代号搭接网络的过程。

【续例3-5】根据既定的施工流向和施工顺序，通过对某建筑物基础工程所包括的不同建造类计划对象进行逻辑设计，确定不同计划对象的紧前工作以及相应的搭接关系，如表3-35所示。

建造类计划对象逻辑设计表 **表3-35**

工程名称：××建筑物基础工程

序号	计划对象名称	作业时间	紧前工作	搭接关系
S	起始节点	0	—	—
1	人工挖运土方	10	S	*FTS* =0 *MI*
2	浇捣混凝土垫层(Ⅰ)	1	1	*FTS* =0 *MI*
3	浇捣混凝土垫层(Ⅱ)	1	2	*FTS* =0 *MI*，*FTS* =0 *MA*
4	钢筋及模板安装(Ⅰ)	3	2	*FTS* =2 *MI*
5	钢筋及模板安装(Ⅱ)	3	3 4	*FTS* =2 *MI* *FTS* =0 *MI*，*FTS* =0 *MA*
6	浇捣混凝土条形基础(Ⅰ)	2	4	*FTS* =0 *MI*
7	浇捣混凝土条形基础(Ⅱ)	2	5 6	*FTS* =0 *MI* *FTS* =0 *MI*，*FTS* =0 *MA*
8	砌筑砖条形基础(Ⅰ)	2	6	*FTS* =0 *MI*
9	砌筑砖条形基础(Ⅱ)	2	7 8	*FTS* =0 *MI* *FTS* =0 *MI*，*FTS* =0 *MA*
10	拆除模板(Ⅰ)	1	6	*FTS* =7 *MI*
11	拆除模板(Ⅱ)	1	7 10	*FTS* =7 *MI* *FTS* =0 *MA*，*FTS* =0 *MI*
12	回填土	6	9 11	*FTS* =0 *MI* *FTS* =0 *MI*
F	终止节点	0	12	*FTS* =0 *MI*

根据表3-35所示不同计划对象之间的逻辑关系，创建该基础工程的单代号搭接网络如图3-19所示。

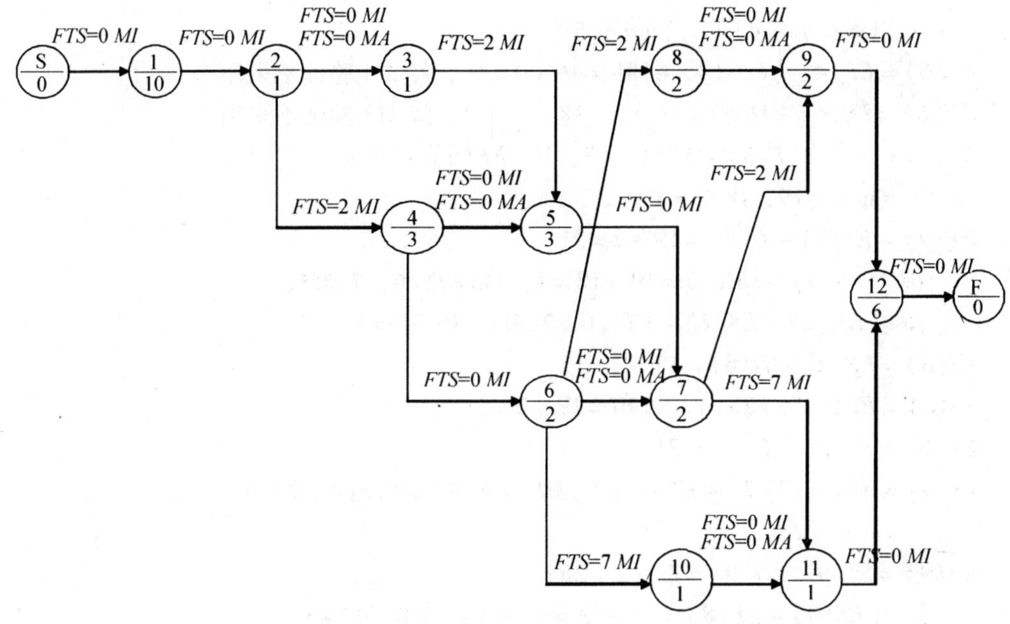

图 3-19　某建筑物基础工程单代号搭接网络(建造类计划对象)

(二)网络图的时间参数计算

计算网络图的时间参数就是根据组成网络图的不同计划对象之间的搭接关系，分别计算不同计划对象的早时间、迟时间、总时差和自由时差的过程。

【续例 3-5】根据所创建的某建筑物基础工程的单代号搭接网络，分别计算不同计划对象时间参数的过程如下：

1. 早时间的计算

$ES(\mathrm{S})=0$

$EF(\mathrm{S})=ES(\mathrm{S})+D(\mathrm{S})=0+0=0$

$ES(1)=EF(\mathrm{S})+FTS(\mathrm{S},1)\mathrm{MI}=0+0=0$

$EF(1)=ES(1)+D(1)=0+10=10$

$ES(2)=EF(1)+FTS(1,2)\mathrm{MI}=10+0=10$

$EF(2)=ES(2)+D(2)=10+1=11$

$ES(3)=EF(2)+FTS(2,3)\mathrm{MI}=11+0=11$

$EF(3)=ES(3)+D(3)=11+1=12$

因为 $ES(3)-EF(2)=11-11=0$，$0\leqslant FTS(2,3)MA$，

所以保持 $EF(2)$ 的计算值不变。

$ES(4)=EF(2)+FTS(2,4)\mathrm{MI}=11+2=13$

$EF(4)=ES(4)+\mathrm{D}(4)=13+3=16$

$ES(5)=\max\ [EF(3)+FTS(3,5)\mathrm{MI},\ EF(4)+FTS(4,5)MI]$

$\quad=\max\ [14,\ 16]\ =16$

$EF(5) = ES(5) + D(5) = 16 + 3 = 19$

因为 $ES(5) - EF(4) = 16 - 16 = 0$，$0 \leqslant FTS(4, 5)MA$，

所以保持 $EF(4)$的计算值不变。

$ES(6) = EF(4) + FTS(4, 6)MI = 16 + 0 = 16$，经 MA 验证不采用。

$EF(6) = ES(6) + D(6) = 16 + 2 = 18$，　　经 MA 验证不采用。

$ES(7) = \max\ [EF(5) + FTS(5, 7)MI,\ EF(6) + FTS(6, 7)MI]$

$= \max\ [19, 18] = 19$

$EF(7) = ES(7) + D(7) = 19 + 2 = 21$

因为 $ES(7) - EF(6) = 19 - 18 = 1$，$1 \geqslant FTS(6, 7)MA$，

所以 $EF(6) = ES(7) - FTS(6, 7)MA = 19 - 0 = 19$

$ES(6) = EF(6) - D(6) = 19 - 2 = 17$

$ES(8) = EF(6) + FTS(6, 8)MI = 19 + 2 = 21$

$EF(8) = ES(8) + D(8) = 21 + 2 = 23$

$ES(9) = \max\ [EF(7) + FTS(7, 9)MI,\ EF(8) + FTS(8, 9)MI]$

$= \max\ [23, 23] = 23$

$EF(9) = ES(9) + D(9) = 23 + 2 = 25$

因为 $ES(9) - EF(8) = 23 - 23 = 0$，$0 \leqslant FTS(8, 9)MA$，

所以保持 $EF(8)$的计算值不变。

$ES(10) = EF(6) + FTS(6, 10)MI = 19 + 7 = 26$　　经 MA 验证不采用

$EF(10) = ES(10) + D(10) = 26 + 1 = 27$　　经 MA 验证不采用

$ES(11) = \max\ [EF(7) + FTS(7, 11)MI,\ EF(10) + FTS(10, 11)MI]$

$= \max\ [28, 27] = 28$

$EF(11) = ES(11) + D(11) = 28 + 1 = 29$

因为 $ES(11) - EF(10) = 28 - 27 = 1$，$1 \geqslant FTS(10, 11)MA$，

所以 $EF(10) = ES(11) - FTS(10, 11)MA = 28 - 0 = 28$

$ES(10) = EF(10) - D(10) = 28 - 1 = 27$

$ES(12) = \max\ [EF(9) + FTS(9, 12)MI,\ EF(11) + FTS(11, 12)MI]$

$= \max\ [25, 29] = 29$

$EF(12) = ES(12) + D(12) = 29 + 6 = 35$

$ES(F) = EF(12) + FTS(12, F)MI = 35$

$EF(F) = ES(F) + D(F) = 35 + 0 = 35$

2. 迟时间的计算

将网络图的计算工期取定为计划工期，即计划工期等于 35 天。

$LF(F) =$ 计划工期 $= 35$(天)

$LS(F) = LF(F) - D(F) = 35 - 0 = 35$

$LF(12) = LS(F) - FTS(12, F)MI = 35 - 0 = 35$

$LS(12) = LF(12) - D(12) = 35 - 6 = 29$

$LF(11) = LS(12) - FTS(11, 12)MI = 29 - 0 = 29$

$LS(11) = LF(11) - D(11) = 29 - 1 = 28$

$LF(9)=LS(12)-FTS(9,12)MI=29-0=29$

$LS(9)=LF(9)-D(9)=29-2=27$

$LF(7)=\min\ [LS(11)-FTS(7,11)MI,\ LS(9)-FTS(7,9)MI]$

$=\min\ [21,\ 25]\ =21$

$LS(7)=LF(7)-D(7)21-2=19$

$LF(8)=LS(9)-FTS(8,9)MI=27-0=27$

$LS(8)=LF(8)-\mathrm{D}(8)=27-2=25$

因为 $LS(9)-LF(8)=27-27=0$，$0\leqslant FTS(8,9)MA$

所以保持 $LS(9)$ 的计算值不变

$LF(10)=LS(11)-FTS(10,11)MI=28-0=28$

$LS(10)=LF(10)-D(10)=28-1=27$

因为 $LS(11)-LF(10)=28-28=0$　　$0\leqslant FTS(10,11)MA$

所以保持 $LS(11)$ 的计算值不变

$LF(6)=\min[LS(10)-FTS(6,10)MI,\ LS(8)-FTS(6,8)MI,\ LS(7)-FTS(6,7)MI]$

$=[20,\ 23,\ 19]=19$

$LS(6)=LF(6)-D(6)=19-2=17$

因为 $LS(7)-LF(6)=19-19=0$，$0\leqslant FTS(6,7)MA$

所以保持 $LS(7)$ 的计算值不变。

$LF(5)=LS(7)-FTS(5,7)MI=19-0=19$

$LS(5)=LF(5)-D(5)=19-3=16$

$LF(4)=\min\ [LS(5)-FTS(4,5)MI,\ LS(6)-FTS(4,6)MI]$

$=\min\ [16,\ 17]\ =16$

$LS(4)=LF(4)-D(4)=16-3=13$

因为 $LS(5)-LF(4)=16-16=0$，$0\leqslant FTS(4,5)MA$

所以保持 LS(5) 的计算值不变。

$LF(3)=LS(5)-FTS(3,5)MI=16-2=14$，经 MA 验证不采用。

$LS(3)=LF(3)-D(3)=14-1=13$，　　　经 MA 验证不采用。

$LF(2)=\min\ [LS(4)-FTS(2,4)MI,\ LS(3)-FTS(2,3)MI]$

$=\min\ [11,\ 13]\ =11$

$LS(2)=LF(2)-\mathrm{D}(2)=11-1=10$

因为 $LS(3)-LF(2)=13-11=2$，$2\geqslant FTS(2,3)MA$

所以 $LS(3)=LF(2)+FTS(2,3)MA=11+0=11$

$LF(3)=LS(3)+D(3)=11+1=12$

$LF(1)=LS(2)-FTS(1,2)MI=10-0=10$

$LS(1)=LF(1)-D(1,2)MI=10-10=0$

$LF(\mathrm{S})=LS(1)-FTS(\mathrm{S},1)MI=0-0=0$

$LS(\mathrm{S})=LF(\mathrm{S})-D(\mathrm{S})=0-0=0$

3. 总时差的计算

根据不同计划对象的早时间和迟时间，相应总时差的计算过程如表 3-36 所示。

总时差计算表 **表 3-36**

工程名称：× ×建筑物基础工程

序　号	计划对象名称	作业时间(天)	ES	EF	LS	LF	TF
1	人工挖运土方	10	0	10	0	10	0
2	浇捣混凝土垫层(Ⅰ)	1	10	11	10	11	0
3	浇捣混凝土垫层(Ⅱ)	1	11	12	11	12	0
4	钢筋及模板安装(Ⅰ)	3	13	16	13	16	0
5	钢筋及模板安装(Ⅱ)	3	16	19	16	19	0
6	浇捣混凝土条形基础(Ⅰ)	2	17	19	17	19	0
7	浇捣混凝土条形基础(Ⅱ)	2	19	21	19	21	0
8	砌筑砖条形基础(Ⅰ)	2	21	23	25	27	4
9	砌筑砖条形基础(Ⅱ)	2	23	25	27	29	4
10	拆除模板(Ⅰ)	1	27	28	27	28	0
11	拆除模板(Ⅱ)	1	28	29	28	29	0
12	回填土	6	29	35	29	35	0

4. 自由时差的计算

根据不同计划对象的早时间和迟时间，计算相应的自由时差如下：

$$FF(1)=ES(2)-FTS(1,\ 2)-EF(1)=10-0-10=0$$

$$FF(2)=\min[ES(3)-FTS(2,\ 3)MI-EF(2),\ ES(4)-FTS(2,\ 4)MI-EF(2)]$$
$$=\min[0,\ 0]=0$$

$$FF(3)=\min[ES(5)-FTS(2,\ 3)MI-EF(3),\ EF(4)-FTS(2,\ 3)MI-EF(2)]$$
$$=\min[2,\ 0]=0$$

$$FF(4)=\min[ES(5)-FTS(4,\ 5)MI-EF(4),\ EF(4)-FTS(4,\ 6)MI-EF(4)]$$
$$=\min[0,\ 1]=0$$

$$FF(5)=\min[ES(5)-FTS(5,\ 7)MI-EF(5),\ EF(4)-FTS(4,\ 5)MI-EF(5)]$$
$$=\min[0,\ 0]=0$$

$$FF(6)=\min[ES(7)-FTS(6,\ 7)MI-EF(6),\ EF(10)-FTS(6,\ 10)MI-EF(6)$$
$$ES(8)-FTS(6,\ 8)MI-EF(6)]$$
$$=\min[0,\ 1,\ 0]=0$$

$$FF(7)=\min[ES(9)-FTS(7,\ 9)MI-EF(7),\ EF(11)-FTS(7,\ 11)MI-EF(7),$$
$$EF(6)+FTS(6,\ 7)MA-ES(7)]$$
$$=\min[0,\ 0,\ 0]=0$$

$$FF(8)=ES(9)-FTS(8,\ 9)MI-EF(8)=23-0-23=0$$

$$FF(9)=\min[ES(12)-FTS(9,\ 12)MI-EF(9),\ EF(8)-FTS(8,\ 9)MI-EF(9)]$$
$$=\min[4,\ 0]=0$$

$$FF(10)=ES(11)-FTS(10,\ 11)MI-EF(10)=28-0-28=0$$

$$FF(11)=\min[ES(12)-FTS(11,\ 12)MI-EF(11),\ EF(10)-FTS(10,\ 11)MI-EF(11)]$$
$$=\min[0,\ 0]=0$$

$$FF(12)=ES(F)-FTS(12,\ F)MI-EF(12)=35-0-35=0$$

(三) 确定计划进度

当网络图的时间参数计算完毕后，根据既定的逻辑顺序，将施工项目所包括的不同建造类计划对象按照其最早开始时间排入日历时间坐标，在此基础上，确定制备类计划对象与建造类计划对象之间的搭接关系，并据此安排制备类计划对象的日历进度，最后采用关联横道图的形式将所确定的计划进度表现出来，形成施工项目计划进度的初稿。

由于制备类计划对象的主要任务是向相应的建造类计划对象提供制成品，所以，确定制备类计划对象与建造类计划对象之间搭接关系的原则，是确保由制备类计划对象所提供的制成品能满足相应建造类计划对象施工作业的要求，在编制具体施工项目的计划进度时，计划人员必须在该原则的约束下，根据具体情况确定二者之间的搭接方式和相应的搭接时距。

【续例 3-5】根据所计算的时间参数，按既定的逻辑关系，编制某建筑物基础工程的计划进度，如图 3-20 所示。

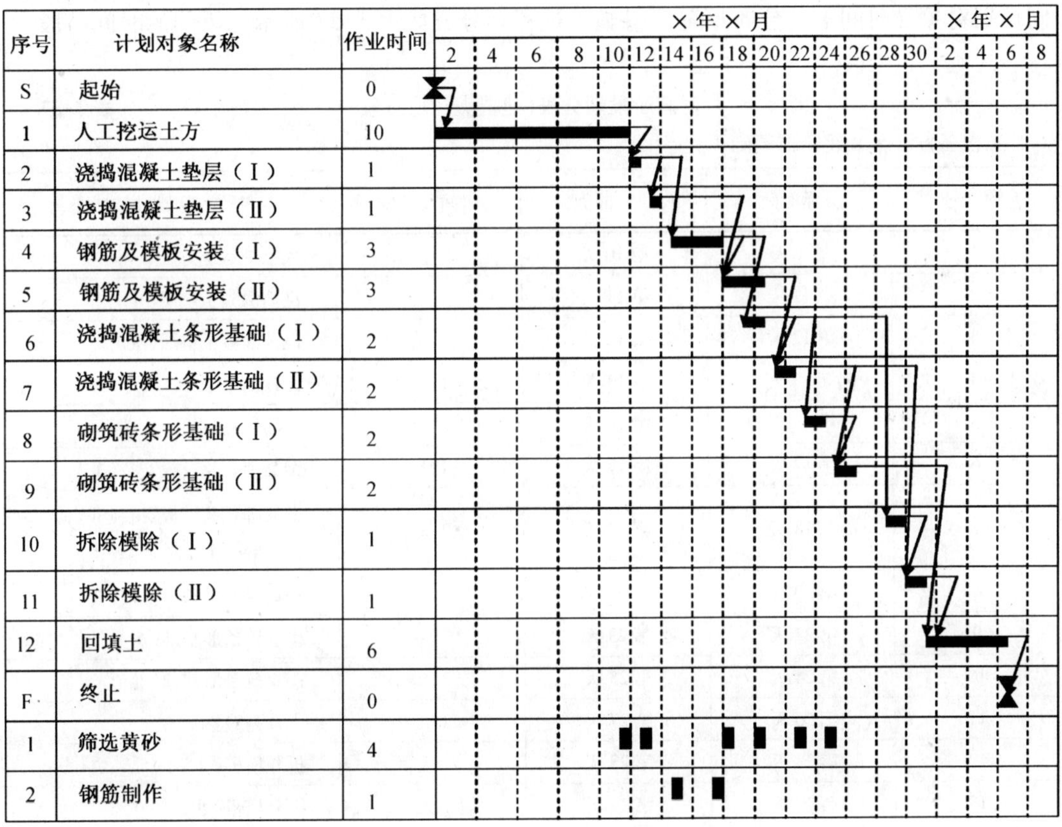

序号	计划对象名称	作业时间	×年×月 2 4 6 8 10 12 14 16 18 20 22 24 26 28 30 ×年×月 2 4 6 8
S	起始	0	
1	人工挖运土方	10	
2	浇捣混凝土垫层（Ⅰ）	1	
3	浇捣混凝土垫层（Ⅱ）	1	
4	钢筋及模板安装（Ⅰ）	3	
5	钢筋及模板安装（Ⅱ）	3	
6	浇捣混凝土条形基础（Ⅰ）	2	
7	浇捣混凝土条形基础（Ⅱ）	2	
8	砌筑砖条形基础（Ⅰ）	2	
9	砌筑砖条形基础（Ⅱ）	2	
10	拆除模除（Ⅰ）	1	
11	拆除模除（Ⅱ）	1	
12	回填土	6	
F	终止	0	
1	筛选黄砂	4	
2	钢筋制作	1	

图 3-20 关联横道图形式的计划进度表

(四) 编制资源和材料需求直方图

当施工项目的计划进度被确定后，根据计划对象对资源和材料的需求，分别计算施工过程的不同时间阶段对资源和材料的需求强度，进而形成与施工项目计划进度相对应的资源和材料需求直方图。

资源和材料需求直方图是指由施工过程不同时间阶段上的资源或材料需求强度所连成的曲线。编制施工项目资源和材料需求直方图的过程，就是根据施工项目的计划进度分别计算不同时间阶段上资源或材料需求强度并将这些需求强度按时间顺序连接起来的过程。

1. 时间阶段的划分

根据施工项目在不同时间阶段上对资源或材料需求强度的差异性，将施工过程划分成不同的时间阶段，在此基础上，分别计算不同时间阶段上资源或材料的需求强度，将这些经计算得到的需求强度按时间顺序连接起来，才能形成反映施工过程对资源和材料需求的资源和材料需求直方图。

由于某时间阶段所需资源或材料的数量主要取决于该时间阶段上的计划对象对资源或材料的需求，所以，划分时间阶段的方法，就是根据施工过程中不同计划对象在时间上的分布情况，按时间顺序找出计划对象在时间分布上的差异点，再根据这种差异点将施工过程划分成不同的时间阶段。

【续例3-5】在确定某建筑物基础工程计划进度的基础上，根据计划进度所规定的不同计划对象在时间上的分布情况，将施工过程划分成如表3-37所示的不同的时间阶段。

时间阶段划分表（建造类计划对象） **表3-37**

工程名称：××建筑物基础工程

序　号	开始时间	终止时间	时间段长度	所包括的计划对象
1	第1天	第10天	10天	人工挖运土方
2	第11天	第11天	1天	浇捣混凝土垫层（Ⅰ）
3	第12天	第12天	1天	浇捣混凝土垫层（Ⅱ）
4	第13天	第13天	1天	无计划对象
5	第14天	第16天	3天	钢筋绑扎及模板安装（Ⅰ）
6	第17天	第17天	1天	钢筋绑扎及模板安装（Ⅱ）
7	第18天	第19天	2天	钢筋绑扎及模板安装（Ⅱ）；浇捣混凝土条形基础（Ⅰ）
8	第20天	第21天	2天	浇捣混凝土条形基础（Ⅱ）
9	第22天	第23天	2天	砌筑砖条形基础（Ⅰ）
10	第24天	第25天	2天	砌筑砖条形基础（Ⅱ）
11	第26天	第27天	2天	无计划对象
12	第28天	第28天	1天	拆除模板（Ⅰ）
13	第29天	第29天	1天	拆除模板（Ⅱ）
14	第30天	第35天	6天	回填土

注：本表中时间为相对时间。

2. 计算资源需求强度

根据本章第四节中式(3-18)所提供的计算方法，施工过程某时间阶段对资源的需求强度等于该时间阶段所包括的不同计划对象对资源需求的强度之和。

【续例 3-5】根据所划分的时间阶段以及不同时间阶段所包括的计划对象对资源的需求强度，计算施工过程中不同时间阶段对资源的需求强度，并据此编制对应于该施工项目计划进度的资源需求直方图。

为了简单明了地说明问题，本例所计算的资源需求强度和相应的资源需求直方图，是基于如下说明和假设之上的：

◎只计算“普工”的需求强度；

◎只计算“建造类计划对象”对“普工”的需求；

◎“普工”在不同计划对象之间均可以被调配使用。

建筑物基础工程施工过程中不同时间阶段对“普工”需求强度的计算过程如下：

(1)第 1 段：从第 1 天开始到第 10 天终止，时间段长度为 10 天

普工需求强度 =32(人)

(2)第 2 段：从第 11 天开始到第 11 天终止，时间段长度为 1 天

普工需求强度 =3.6(人)

(3)第 3 段：从第 12 天开始到第 12 天终止，时间段长度为 1 天

普工需求强度 =3.6(人)

(4)第 4 段：从第 13 天开始到第 13 天终止，时间段长度为 1 天

普工需求强度 =0(人)

(5)第 5 段：从第 14 天开始到第 16 天终止，时间段长度为 3 天

普工需求强度 =3.22(人)

(6)第 6 段：从第 17 天开始到第 17 天终止，时间段长度为 1 天

普工需求强度 =3.22(人)

(7)第 7 段：从第 18 开始到第 19 天终止，时间段长度为 2 天

普工需求强度 =3.22 +5.4 =8.62(人)

(8)第 8 段：从第 20 天开始到第 21 天终止，时间段长度为 2 天

普工需求强度 =5.4(人)

(9)第 9 段：从第 22 天开始到第 23 天终止，时间段长度为 2 天

普工需求强度 =3(人)

(10)第 10 段：从第 24 天开始到第 25 天终止，时间段长度为 2 天

普工需求强度 =3(人)

(11)第 11 段：从第 26 天开始到第 27 天终止，时间段长度为 2 天

普工需求强度 =0(人)

(12)第 12 段：从第 28 天开始到第 28 天终止，时间段长度为 1 天

普工需求强度 =9.6(人)

(13)第 13 段：从第 29 天开始到第 29 天终止，时间段长度为 1 天

普工需求强度 =9.6(人)

(14)第 14 段：从第 30 天开始到第 35 天终止，时间段长度为 6 天

普工需求强度 =39(人)

将不同时间阶段上的“普工”需求强度连接起来，可以得到如图 3-21 所示的对应于计划进度的“普工”需求直方图。

3. 计算材料需求强度

施工过程对材料的需求强度，根据不同的消耗性质，包括“对应于实质性消耗的需求强度”和“对应于周转使用的需求强度”两种不同的类型。在计算施工过程中不同时间阶段对材料的需求强度时，针对“对应于实质性消耗的需求强度”，可按本章第四节中式(3-19)和式(3-20)所提供的方法进行计算，针对“对应于周转使用的需求强度”，则可按本章第四节中式(3-21)和式(3-22)所提供的方法进行计算。

【续例3-5】根据所划分的时间阶段以及不同时间阶段所包括的计划对象对材料的不同性质的需求，计算施工过程中不同时间阶段对材料的需求强度，并据此编制对应于该施工项目计划进度的材料需求直方图。

为了简单明了地说明问题，本例只围绕“建造类计划对象”所需的材料进行计算，且只计算“水泥”和“模板”两种材料的需求强度和相应的需求直方图。其中，“水泥”的计算代表了“对应于实质性消耗的需求强度”，“模板”的计算则代表“对应于周转使用的需求强度”。

(1)不同时间阶段对“水泥”的需求强度

第1段：从第1天开始到第10天终止，时间段长度为10天

$$水泥需求强度=0(kg)$$

第2段：从第11天开始到第11天终止，时间段长度为1天

$$水泥需求强度=\frac{20\times 250}{1}=5000(kg)$$

第3段：从第12天开始到第12天终止，时间段长度为1天

$$水泥需求强度=\frac{20\times 250}{1}=5000(kg)$$

第4段：从第13天开始到第13天终止，时间段长度为1天

$$水泥需求强度=0(kg)$$

第5段：从第14天开始到第16天终止，时间段长度为3天

$$水泥需求强度=0(kg)$$

第6段：从第17天开始到第17天终止，时间段长度为1天

$$水泥需求强度=0(kg)$$

第7段：从第18开始到第19天终止，时间段长度为2天

$$水泥需求强度=\frac{60\times 400}{2}=12000(kg)$$

第8段：从第20天开始到第21天终止，时间段长度为2天

$$水泥需求强度=\frac{60\times 400}{2}=12000(kg)$$

第9段：从第22天开始到第23天终止，时间段长度为2天

$$水泥需求强度=\frac{30\times 40}{2}=600(kg)$$

第10段：从第24天开始到第25天终止，时间段长度为2天

$$水泥需求强度=\frac{30\times 40}{2}=600(kg)$$

第11段：从第26天开始到第27天终止，时间段长度为2天

$$水泥需求强度=0(kg)$$

第12段：从第28天开始到第28天终止，时间段长度为1天

$$水泥需求强度=0(kg)$$

第13段：从第29天开始到第29天终止，时间段长度为1天

$$水泥需求强度=0(kg)$$

第14段：从第30天开始到第35天终止，时间段长度为6天

$$水泥需求强度=0(kg)$$

将不同时间阶段上的“水泥”需求强度连接起来，可以得到如图3-21所示的对应于计划进度的“水泥”需求直方图。

(2)不同时间阶段对“模板”的需求强度

第1段：从第1天开始到第13天终止，时间段长度为13天

$$第1天初对模板的需求强度=0(m^2)$$

$$第13天末对模板的需求强度=0(m^2)$$

第2段：从第14天开始到第16天终止，时间段长度为3天

$$第16天末对模板的需求强度=0+80+0=80(m^2)$$

第3段：从第17天开始到第17天终止，时间段长度为1天

$$第17天末对模板的需求强度=80+\frac{80\times1}{3}=106.67(m^2)$$

第4段：从第18天开始到第19天终止，时间段长度为2天

$$第19天末对模板的需求强度=106.67+\frac{80\times1}{3}\times2=160(m^2)$$

第5段：从第20天开始到第27天终止，时间段长度为8天

$$第27天末对模板的需求强度=160(m^2)$$

第6段：从第28天开始到第28天终止，时间段长度为1天

$$第28天末对模板的需求强度=160-\frac{80\times1}{1}=80(m^2)$$

第7段：从第29天开始到第29天终止，时间段长度为1天

$$第29天末对模板的需求强度=80-\frac{80\times1}{1}=0(m^2)$$

第8段：从第30天开始到第35天终止，时间段长度为6天

$$第35天末对模板的需求强度=0(m^2)$$

将不同时间点的“模板”需求强度连接起来，可以得到如图3-21所示的对应于计划进度的“模板”需求直方图。

(五)编制进度计划

确定开始施工的日历时间，采用关联横道图的形式，将所计算的不同计划对象的计划进度排到既定的日历时间中去，再配上与计划进度相对应的资源和材料需求直方图，就可形成施工项目进度计划的初稿。

【续例3-5】某建筑物基础工程施工的进度计划图表如图3-21所示。

序号	计划对象名称	作业时间
S	起始	0
1	人工挖运土方	10
2	浇捣混凝土垫层（Ⅰ）	1
3	浇捣混凝土垫层（Ⅱ）	1
4	钢筋及模板安装（Ⅰ）	3
5	钢筋及模板安装（Ⅱ）	3
6	浇捣混凝土条形基础（Ⅰ）	2
7	浇捣混凝土条形基础（Ⅱ）	2
8	砌筑砖条形基础（Ⅰ）	2
9	砌筑砖条形基础（Ⅱ）	2
10	拆除模板（Ⅰ）	1
11	拆除模板（Ⅱ）	1
12	回填土	6
F	终止	0
11	筛选黄砂	4
22	钢筋制作	1
	普工需求直方图	最高 39 人
	水泥需求直方图	最高 12t
	模板需求直方图	最高 80m²

×年×月：2 4 6 8 10 12 14 16 18 20 22 24 26 28 30；×年×月：2 4 6 8

图 3-21　施工项目进度计划图表

在施工项目进度成本集成管理的实践中，为了提高计划工作的效果，还必须对所形成的进度计划初稿进行反复的优化处理，以便在满足合同工期的条件下尽量平衡所需的资源或材料，进而降低施工项目的计划成本。关于进度计划的优化问题，请详见本章第四节的相关内容。由于优化过程比较复杂，其计算工作量大，手工计算需要花费大量的时间并占用本书太多的篇幅，所以，本书没有安排案例对优化计划的过程作详细的介绍。

第六节　计划过程的几个特殊问题

在编制施工项目进度计划时，除了按本章所述的程序和方法进行包括施工部署、确定计划对象对材料的需求并据此选择生产班组和相应资源的额定需求量、依据计划对象对资源的额定需求选择作业时间或资源配置并据此确定相应的资源和材料需求强度以及按既定的逻辑关系创建网络图、经网络分析确定计划进度和相应资源和材料需求直方图等计划工作外，客观上还存在若干特殊的计划问题，为了编制出符合实际的进度计划，必须研究解决这些特殊问题的方法，并将这些方法运用到具体工程的计划过程中去。

一、关于“时限”问题

组成施工项目的不同施工活动，可能会受某些主观或客观因素的影响，在编制进度计划时，这些主观或客观的影响因素有时会制约施工项目的进度安排。例如，在安排某施工活动的进度时，或不得早于某时刻开始、或不得迟于某时刻完成、或不得安排在某个特定的时期内进行。这种约束通常被称为对施工活动的所谓“最早开始时限”、“最迟完成时限”和“中断时限”，统称为“时限”。

（一）存在最早开始时限和最迟完成时限的网络图时间参数的计算

存在最早开始时限和最迟完成时限的网络图，其时间参数的计算方法是，首先按常规网络图时间参数的计算方法算出不同计划对象的早时间和迟时间，再按下述方法确定受最早开始时限和最迟完成时限的限制后的时间参数。

1. 最早开始时限的影响

最早开始时限只影响计划对象的最早开始时间和最早完成时间，存在最早开始时限的网络图的时间参数计算，除了要符合常规网络图时间参数计算的一般方法外，其计划对象的最早开始和最早完成时间还必须满足式(3-33)、式(3-34)的计算结果。

$$ES(i) = \max\left[CGES(i),\ LES(i)\right] \tag{3-33}$$

$$EF(i) = ES(i) + D(i) \tag{3-34}$$

式中 $ES(i)$——受最早开始时限影响的某计划对象的最早开始时间；

$CGES(i)$——按常规方法计算的某计划对象的最早开始时间初值；

$LES(i)$——某计划对象的最早开始时限。

2. 最迟完成时限的影响

最迟完成时限只影响计划对象的最迟完成时间和最迟开始时间，存在最迟完成时限的网络图的时间参数计算，除了要符合常规网络图时间参数计算的一般方法外，其计划对象的最迟完成和最迟开始时间还必须满足式(3-35)、式(3-36)的计算结果。

$$LF(i) = \min\left[CGLF(i),\ LLF(i)\right] \tag{3-35}$$

$$LS(i) = LF(i) - D(i) \tag{3-36}$$

式中 $LF(i)$——受最迟完成时限影响的某计划对象的最迟完成时间；

$CGLF(i)$——按常规方法计算的某计划对象的最迟完成时间初值；

$LLF(i)$——某计划对象的最迟完成时限。

3. 总时差

计划对象的总时差等于其迟时间减去早时间所形成的差，所以，不论是否存在最早开始时限和最迟完成时限，总时差的计算方法还是同常规方法。

$$TF(i) = LF(i) - EF(i) \tag{3-37}$$

式中 $TF(i)$——已考虑时限影响的某计划对象的总时差；

$LF(i)$——已考虑时限影响的某计划对象的最迟完成时间；

$EF(i)$——已考虑时限影响的某计划对象的最早完成时间。

4. 自由时差

在存在最早开始时限和最迟完成时限的网络图中，对某计划对象自由时差的计算，除了要保证不影响其紧后工作的最早开始时间外，还必须保证某计划对象本身和其后续工作不违反最迟完成时限的限制，基于此，则某计划对象的自由时差，可用式(3-38)计算。

$$FF(i)=\min\left[CGFF(i),\ LLF(i)-CGEF(i),\ TF(i)\right] \tag{3-38}$$

式中 $FF(i)$——受时限影响的某计划对象的自由时差；

$CGFF(i)$——按常规方法计算的某计划对象的自由时差初值；

$LLF(i)$——某计划对象的最迟完成时限；

$CGEF(i)$——按常规方法计算的某计划对象的最早完成时间；

$TF(i)$——已考虑时限影响的某计划对象的总时差。

(二)限停时间及其计算

网络图所包括的计划对象，由于受时限的影响，在其开始前或完成后，可能会产生一定的时间中断，统称为限停时间，通常用 $TLD(i)$ 表示。

1. 由最早开始时限引起的限停时间

当计划对象的最早开始时限大于该计划对象的最早开始时间初值时，必须将该计划对象的最早开始时间推迟，于是在该计划对象开始前产生了一段时间间隔，该时间间隔的值一般被称为“由最早开始时限引起的限停时间”，该限停时间可用式(3-39)所示的方法进行计算。

$$TLD(i)=LES(i)-ES(i) \tag{3-39}$$

式中 $TLD(i)$——某计划对象的限停时间；

$LES(i)$——某计划对象的最早开始时限；

$ES(i)$——按常规方法计算的某计划对象的最早开始时间初值。

由最早开始时限引起的某计划对象的限停时间，在条件许可时，可当作本计划对象的先行工作的时差加以利用。

2. 由最迟完成时限引起的限停时间

当计划对象的最迟完成时限小于该计划对象的最迟完成时间初值时，必须将该计划对象的最迟完成时间提前，于是在该计划对象完成后产生了一段时间间隔，该时间间隔的值一般被称为“由最迟完成时限引起的限停时间”，该限停时间可用式(3-40)所示的方法进行计算。

$$TLD(i)=LF(i)-LLF(i) \tag{3-40}$$

式中 $TLD(i)$——某计划对象的限停时间；

$LLF(i)$——某计划对象的最迟完成时限；

$LF(i)$——按常规方法计算的某计划对象的最迟完成时间初值。

由最迟完成时限引起的某计划对象的限停时间，决不能当作本计划对象及其先行工作的时差来加以利用，但在条件允许时，可当作其后续工作的时差来加以利用。

(三)有中断时限的网络图时间参数的计算

当网络图所包括的计划对象受中断时限的限制时，在不违反其他约束和不背离网络图的计划目标的前提下，可按如下方法之一进行处理：

1. 将计划对象推迟到中断时限结束后开始

如果计划对象的最早开始时间初值大于中断时限的开始时间，由于受中断时限的约束，则必须将其推迟到中断时限的结束后开始。

2. 将计划对象提前到中断时限开始前结束

如果计划对象的最迟完成时间初值小于中断时限的结束时间，由于受中断时限的约束，则必须将其提前到中断时限的开始前结束。

3. 将计划对象划分成两段分别在中断期的前后进行

当计划对象的最早开始时间初值和最早完成时间初值分别小于和大于中断时限的开始时间或计划对象的最迟完成时间初值和最迟开始时间初值分别大于和小于中断时限的结束时间时，则只能将该计划对象划分成两段，分别在中断期的前后间隔地进行。

二、关于“班时”和“班次”问题

资源定额所规定的生产率标准，通常是以施工单元的产出数量与相应工作时间的比值来计量的，出于习惯上的原因，一般用“工日”和“台班”作为“人员”和“机械”工作时间的计量单位。然而，在编制施工项目进度计划时，所采用的时间计量单位通常是“日历天”或“日历周”等日历时间。实际上，用以对资源工作时间进行计量的“工日”和“台班”与用以对计划工期进行计量的“日历天”和“日历周”是两种不同的时间概念。“工日”或“台班”是针对资源工作时间而言的，资源正常工作8小时被称为一个“工日”或“台班”；“日历天”或“日历周”是针对昼夜而言的，地球自转一周，则地球上某点经历24小时的昼夜循环为一天。

在编制施工项目进度计划时，如果将工作班定义成8小时且一天内只安排一个工作班，则资源定额所规定的生产率标准可以直接作为确定施工活动作业时间和相应资源需求强度关系的依据。然而，出于缩短工期或平衡资源的需要，在计划过程中有时会延长工作班的作业时间或在一天内安排二至三个工作班进行施工。在这种情况下，由于自行定义的工作班时间以及一天内所包括的工作班次数与资源定额所定义的“工日”和“台班”时间之间不一致，所以，在确定某施工活动作业时间和相应资源需求强度关系时就不能直接将资源定额所规定的生产率标准作为计算依据，而应该使用如下方法进行调整处理。

1. 关于“班时”问题

就具体的施工活动而言，如果将其所包括的施工单元的工作班时间延长，则意味着相应资源在该工作班内的工作时间延长，原资源定额所规定的“工日”或“台班”的产出数量会增加，在所需产出数量一定的条件下，对资源的额定需求就会减少，式(3-41)集中反映了基于“班时”变化的施工活动作业时间和相应资源需求强度的函数关系。

$$资源需求强度=\frac{基于原资源定额的资源额定需求量}{作业时间}\times\frac{8}{工作班延续时间} \quad (3-41)$$

【例3-6】假设某施工项目需要砌筑100m^{3}标准砖基础，如果“砌筑标准砖基础”的材料消耗定额如下：

标准砖：5(百块/m^{3}砌体)

砂浆：0.2(m^3/m^{3}砌体)

假设“砌筑标准砖基础”所包括的施工单元及其相应资源定额对综合人工的生产率标准如下：

砌筑砖基础：0.4(工日/m^{3}砌体)

搅拌砂浆：0.4(工日/m^{3}砂浆)

运输砂浆：0.1(工日/砂浆)

运输标准砖：0.02(工日/百块砖)

套用资源定额计算砌筑100 m^3 标准砖基础所需综合人工的额定需求量如下：

$$综合人工需求量 = 100 \times (0.4 + 0.2 \times 0.4 + 0.2 \times 0.1 + 5 \times 0.02) = 60(工日)$$

如果组成“砌筑标准砖基础”的所有施工单元的工作班时间均延长为10小时，则当其作业时间被确定为2天时，其相应的综合人工需求强度为：

$$综合人工需求强度 = \frac{60}{2} \times \frac{8}{10} = 24(人)$$

2. 关于“班次”问题

如果在“日历天”内安排二班或三班资源进行依次施工，则该“日历天”内的产出数量将扩大一倍或二倍，此时，施工活动的作业时间和相应资源需求强度的关系，可用式(3-42)、式(3-43)示意。

$$每班资源需求强度 = \frac{基于原资源定额的资源额定需求量}{作业时间 \times 每天班次数} \times \frac{8}{工作班延续时间} \quad (3\text{-}42)$$

$$日历天内资源需求强度 = 每班资源需求强度 \times 每天班次数 \quad (3\text{-}43)$$

【续例3-6】假设在施工过程中每天安排二班进行依次施工，则用一天时间完成“砌筑标准砖基础”的施工任务，其综合人工的需求强度为：

$$每班综合人工需求强度 = \frac{60}{1 \times 2} \times \frac{8}{10} = 24(人)$$

$$日历天内综合人工需求强度 = 24 \times 2 = 48(人)$$

三、关于“施工中断”的资源问题

如果施工过程存在“中断时限”，则在安排施工活动的作业时间时，必须受该“中断时限”的约束。当“中断时限”仅仅是针对某些施工活动，则这些施工活动的作业时间可能会被“提前”、“推迟”或者“中断施工”；进一步，当“中断时限”是针对施工项目所包括全部施工活动的，如在“农忙”或“春节”期间放假等，则必然会出现在该“中断时限”内的“全场性停工”，引起全场性“施工中断”。不论是某施工活动的“中断施工”，还是全场性“施工中断”，由于在“中断”时间内并不发生施工作业，所以，从理论上讲，在该“中断时间”内并不要占用资源和消耗材料，反映在资源和材料需求直方图上，则在该“中断”时间内，资源和实体材料的需求强度为零，周转材料的需求强度保持不变。但是，进度计划作为指导施工和估算成本的直接依据，考虑到施工资源、实体材料和周转材料在采购供应过程中的复杂性，在编制其采购供应计划并据此估算施工项目成本时，还必须根据如下原则经判断确定它们在“施工中断”期间内符合实际情况的需求强度。

(一)对于实体材料

实体材料是构成工程实体的材料。所谓对实体材料的需求，其实是指在形成工程实体的施工过程中必须发生的对实体材料的实质性消耗。由于施工过程中对材料的实质性消耗与所形成工程实体的实物工程量成正比，所以，实体材料需求强度等于在单位时间内完成施工任务的实物工程量与相应材料消耗定额的乘积。当出现“施工中断”时，则意味着在该中断时间内并无施工作业，相应地，对实体材料的需求强度等于零。

(二)对于施工资源

施工资源作为施工活动的实施主体，包括劳动力和机械设备等。从理论上讲，虽然在“施工中断”时期对资源的需求强度等于零，但是，考虑到诸如对劳动力的招聘和解雇、机械设备的进退场以及机械租赁合同有效期等因素的影响，在确定资源采购供应计划并据此估算施工项目成本时，应对资源在“施工中断”时期的去留问题作出判断，从成本费用最小化的原则出发，确定资源在“施工中断”时期的需求强度并据此进行施工成本的估算。

(三)对于周转材料

周转材料是在形成工程实体的施工过程中被周转使用的材料。为了形成工程实体，有时需搭设临时工程以创造相应的施工条件，如为了形成混凝土构件必须安装模板等。此时，周转材料被占用在临时工程上变成该临时工程的组成部分，当拆除临时工程时，被占用在工程上的周转材料得以解放并还原成可继续使用的材料。所谓对周转材料的需求，其实就是在施工过程中对周转材料的占用。当出现“施工中断”时，由于在中断期内并无施工作业，所以，在“施工中断”时期内对周转材料的需求强度保持中断开始时的需求强度不变。

四、关于“核算单位”的问题

施工过程所需的资源和材料，根据其不同的来源，一般可分成承包商自备、分包商提供和建设方供应三种类型。出于对施工项目进行计划和控制的需要，针对不同来源的资源和材料，不论是承包商自备、还是分包商提供或者是建设方供应，均必须按相应的权责关系纳入不同的核算单位。归属于不同核算单位的资源和材料，通常受该单位负责人的领导，在进度计划的统一约束下，相对独立地开展施工作业，不同核算单位之间的关系，可以由进度计划进行协调。

从计划过程看，为了便于控制，在编制进度计划时，根据所需的资源和材料，必须分别确定其不同的来源和核算单位。在此基础上，明确不同来源的核算单位对资源和材料的需求，并将这种需求在进度计划中反映出来。相应地，在对施工项目进行成本估算时，同样必须将不同来源的核算单位对资源和材料的不同需求区分开来，并依此为基础进行成本估算，形成不同的估算成本，不同核算单位的估算成本之和等于施工项目的总成本。

对施工过程进行进度成本综合控制，其实就是将控制期内的产出成果和相应消耗的计划值与实际值进行对比分析，如发现差异则分析其原因，进而采取相应措施纠正偏差的管理过程。为了明确成本责任，必须根据计划过程所形成的资源和材料的不同归属，分别以不同的核算单位为对象进行上述控制过程。一方面，通过对比分析发现差异，通过分析找出原因，进而采取措施以纠正偏差；另一方面，凭借控制过程可以评估不同核算单位的工作状况，并据此明确责任，进而为经济分配提供直接依据。

第四章　成 本 估 算

当施工项目的进度计划编制完毕后，依据进度计划对资源和材料的需求，拟定相应的采购方案，并据此确定资源和材料的价格，在此基础上，估算施工项目的成本。

第一节　准 备 工 作

施工项目成本作为直接发生在施工过程中的生产性费用，其大小通常取决于施工项目对资源和材料的需求以及对应于这种需求的单位费用。

估算施工项目成本的一般原理，可用式(4-1)示意。

$$\text{施工项目成本} = \sum_{i=1}^{n} \text{量}_i \times \text{价}_i \tag{4-1}$$

式中　量——用以反映施工项目对资源和材料需求的数量指标；

价——对应于“量”的单位费用。

在使用式(4-1)对拟建工程进行成本估算时，为了确保估算过程能顺利进行且估算出符合实际的成本费用，还必须先就如下事项进行必要的准备：

◎修正直方图；

◎拟定施工保障方案；

◎确定成本责任单位。

一、修正直方图

施工项目的进度计划通常是以完成合同任务所需开展的建造类和制备类施工活动为对象编制的，其资源和材料需求直方图反映实施进度计划对资源和材料的需求，由这种需求引发的费用支出一般被称为直接费用。

基于进度计划的资源和材料需求直方图，作为估算直接费用的主要依据，必须能反映实施进度计划对资源和材料的实际需求。然而，经由网络分析形成的直方图并没有考虑诸如采购、运输、供应以及进退场等环节对资源和材料需求的影响，它仅仅是一种理论上的需求。相对于实际需求而言，理论需求并不能作为组织施工和费用估算的直接依据。所以，在费用估算前，必须先对经由网络分析形成的反映对资源和材料理论需求的直方图进行修正。

(一)取整

经由网络分析所形成的资源和材料需求直方图，其需求强度可能会存在小数。实际上，施工资源的需求强度，诸如生产工人或机械设备等，不可能以小数的形式存在。所以，在费用估算前，必须将经由网络分析所形成的原始直方图所包括的不同时间阶段上的资源配置强度进行取整。

(二)平衡资源

对于施工资源和周转材料，由于其在施工过程中并不发生实质性的消耗。所谓需求其实是对其工作时间的占用，如计时人工数量、计时机械数量以及周转材料周转使用量等。这些具体需求指标的大小，通常等于其配置强度与相应配置时间的乘积。所以，当经由网络分析所形成的原始直方图客观上存在对施工资源和周转材料需求的不均衡现象时，为了提高费用估算的准确性，必须综合考虑诸如劳动力的招聘及解雇、机械设备进退场以及周转材料租赁合同对租赁变更的限制等影响施工资源和周转材料随意流动的因素，在满足正常施工对施工资源和周转材料需求的前提下，对原始直方图所规定的理论需求强度进行调整。以使调整后的直方图能够如实地反映配置施工资源和周转材料的实际情况，并据此作为估算成本费用的依据。

二、拟定施工保障方案

为了确保进度计划得以顺利实施，必须设置相应的保障体系为其提供必要的施工保障。而保障体系的运行过程同样会产生对资源和材料的需求，由这种需求引发的费用支出一般被称为间接费用。

施工保障体系作为独立于进度计划之外的由相关现场性工作组成的集合，其工作内容涉及施工过程的诸多方面，比较常见的有：

(1)施工现场的组建和维护；

(2)大型机械进退场；

(3)施工现场管理和服务工作；

(4)收尾工作和撤离现场。

所谓拟定施工保障方案，是指根据实施进度计划对提供施工保障的要求，提出相应的工作思路，并以该思路为指导，选择并确定相关技术组织措施的系统思维过程。

依据所拟定的施工保障方案，能进一步确定实施进度计划所需开展的现场性工作和完成这些工作所需的资源配置，以便为组织施工和费用估算提供直接依据。

三、确定成本责任单位

从责任主体的角度看，施工项目通常是由若干责任单位所组成的，施工项目的实施过程，就是按计划将相关责任单位组织起来，并使其协调一致地开展施工作业，进而共同完成施工项目所包括施工任务的生产过程。

为了有效地组织施工并对其过程实施控制，必须确定施工过程所需资源和材料的责任单位。不同的责任单位负责不同的资源和材料供应以及不同资源和材料的使用，在使用资源和材料完成不同施工任务的过程中必然会发生相应的费用支出。在成本核算时，资源和材料的责任单位就是相应的成本责任单位。从这个意义上讲，所谓确定成本责任单位，就是将施工项目所需的资源和材料，按不同的来源和不同的归属，纳入施工项目组织结构中不同责任主体的决策过程。

施工项目所需资源和材料的来源，通常可分成承包商自备、分包商提供和发包人供应等三种情况，在对施工项目成本进行估算前，必须根据所拟定的采购供应方案，明确这些资源和材料的具体来源。

根据对施工项目进行计划和控制的需要，在明确资源和材料具体来源的基础上，还必须按既定的分工，将施工项目所需的资源和材料纳入相应的组织单位，如不同的作业团队或施工班组等，并将该组织单位作为成本责任的主体。

第二节　直接成本的估算

直接成本一般由实施进度计划所需发生的各项直接费用归集而成。按不同的费用性质分类，直接费用又可分成直接人工费、直接材料费和直接机械费等。不同的费用来源于不同的资源和材料需求，基于不同资源和材料需求的不同费用具有不同的费用运动规律，相应地，其费用估算所采用的方法也不尽相同。

一、人工费估算

作为直接成本的重要组成部分，人工费是施工企业必须支付给实施进度计划的生产工人的劳动报酬。根据成本估算的一般原理，该劳动报酬的大小，主要取决于实施进度计划时所需使用生产工人的数量以及对应于这些需求数量的价格。

(一)人工需求指标

对应于不同的工资形式，必须采用不同的计量方法对发生在施工过程中的人工需求指标进行计量，在确定进度计划的基础上，依据资源需求直方图可计算如下人工需求指标：

1. 计时人工数量

计时人工数量是在确定计时人工工资时所提出的人工需求指标，它以完成施工任务所需生产工人的配置强度和相应配置时间的乘积为指标值。由于计时人工工资一般被定义成雇佣劳动力在正常工作时间内必须获得的单位费用，所以，计时人工数量通常是指生产工人在正常工作班内的工作时间。

2. 计件人工数量

计件人工数量是在确定计件人工工资时所提出的人工数量指标，它以所需完成施工任务的实物工程量与相应资源定额所规定的人工消耗量标准的乘积为指标值。

3. 加班人工数量

加班人工数量是在确定加班工资时所提出的人工数量指标，它以施工过程中因延长工作班内的工作时间、因在法定节假日内安排施工所引起的加班时间、以及因在一天内安排两个或三个工作班轮流施工所引起的翻班工作时间为指标值。根据所处工作时间的不同进行分类，加班人工数量通常可分成正常工作班内加班、节假日加班、节假日班内加班以及翻班工作班、翻班班内加班、翻班节假日加班、翻班节假日班内加班等具体的加班人工数量指标。

(二)确定人工单价的原则

所谓人工费用的估算，其实就是在确定施工过程对生产工人相关人工需求指标值的基础上，将这些人工需求指标值分别乘以相应人工单价并加以汇总的过程。

人工单价是施工企业根据雇佣协议的约定，必须支付给雇佣劳动者的，对应于不同人工需求指标的单位费用。

劳动力作为一种具有主观能动性的施工资源，其能够达到的生产率水平往往与施工企业支付给他们的工资报酬密切相关。相应地，完成施工任务对生产工人的需求数量与相应劳动力价格之间存在密切的因果关系，这种因果关系的经济学意义，其实就是生产过程中效率和分配的关系。因此，为估算施工项目成本而确定劳动力价格的过程，应该被看成是施工项目成本决策的重要环节，为了实现施工项目成本最小化目标，在确定劳动力价格时必须遵循如下原则：

1. 明确劳动力价格的费用构成

劳动力价格作为估算施工项目成本的重要依据，其费用构成必须是在施工项目上直接发生的并且可以由施工项目经理部进行控制的生产性费用。在施工企业实现经营层和项目层分层核算的体制下，不论是由项目层自行采购并使用的劳动力，还是由经营层采购后下放给项目层使用的劳动力，在确定劳动力价格时，均必须划清经营层与项目层的核算范围。为了明确项目经理部的经济责任，分清成本费用的可控区域，正确合理地反映项目管理的经济效益，在划分并确定经营层和项目层的费用核算范围时，凡是施工项目可以判断要发生的并且有办法进行计量的以及可以采取措施加以控制和调节的人工费用，均应该下沉到项目层进行核算。

根据上述原则，凡属于施工项目成本范畴的并且可以计入劳动力价格的费用包括：

(1)雇佣协议所规定的工资标准

雇佣协议所规定的工资标准是指按雇佣协议的约定，施工企业必须支付给雇佣劳动力的工资标准。按工资支付的形式不同，通常包括计时工资、计件工资和加班工资等工资标准。

计时工资标准是对应于计时人工数量指标的单位工资标准。从工资支付形式看，它是根据完成施工任务所需的技能要求按工日或工时付给的工资。这种工资形式实际上是施工企业为了拥有劳动力所必须支付的单位时间费用，一般在雇佣期内按雇佣时间发放。

计件工资标准是对应于计件人工数量指标的单位工资标准。从工资支付的形式看，它是按完成施工任务的数量进行支付的工资。这种工资形式实际上是施工企业使用劳动力的施工劳务所必须支付的单位费用。在额定生产率标准一定的前提下，计件工资标准的形式通常可转化成计件人工数量指标的单位费用，按完成施工任务所需计件人工数量进行支付。

加班工资标准是对应于加班人工数量指标的单位费用。从工资支付的形式看，它与计时工资标准相同，同样是根据完成施工任务所需的技能要求按加班时间支付的工资。加班工资通常按实际发生的加班人工数量进行支付。

(2)工资性补贴

工资性补贴是指根据政府或企业的规定，为补偿雇佣工人所付出的额外的或特殊的劳动以及为保证雇佣工人的收入水平不受特殊条件的影响，而以补贴的形式支付给工人的劳动报酬。一般包括根据规定必须发放的交通费补贴、住房补贴、流动施工津贴以及异地施工津贴等内容。

(3)非工作日工资

非工作日工资是指在年有效施工天数以外非工作天数内必须支付给雇佣工人的工资，包括雇佣工人接受学习和培训期间的工资、女工哺乳期间的工资、病假六个月以内以及产、婚、丧假期间的工资等。

(4)有关法定的费用支出

有关法定的费用支出是指根据政府规定的有关劳动及社会保障制度所要求支付的各项费用，例如职工福利费和生产工人劳动保护费等。

(5)其他费用

其他费用包括生产工人的雇佣费、辞退费、施工过程中工人自备生产工具的使用费以及包括特殊工种保险费等在内的按政府有关部门规定必须支付的相关保险费用等。

值得注意的是，以上所述仅仅是确定劳动力价格费用构成的一般原则。至于在确定具体施工项目的劳动力价格时，其费用构成的具体内容还必须依据该施工项目所采用的管理体制，在明确经营层和项目层对于人工费用的核算范围的基础上，确定其价格构成的具体内容。

2. 基于既定的激励措施

施工项目成本管理的实践证明，在施工任务一定的条件下，任何通过以较低的劳动力价格实现较高的生产率水平进而降低施工项目成本的做法均是不切实际的。正确的做法应该是，将激励机制引入劳动力的雇佣协议，建立包括工资支付形式和标准在内的合理的劳动力价格体制，据此调动劳动力的劳动热情，充分发挥其主观能动性。通过提高生产率水平来增加单位工作时间内的产出，在增加单位工作时间产出的基础上，实现劳动力增收和施工项目成本降低的双重目标。

(1)关于能动性的几种观点

著名心理学家亚伯拉罕·马斯洛(Abraham Maslow)所提出的需求层次理论是人们最广泛提及的激励理论之一。他认为人类的需求是以等级的形式出现的，由最低级的需求开始逐步向上发展到最高级的需求。当某层次的需求得到满足时，则该层次的需求将不再成为激励因素了。

马斯洛所揭示的有关人类需求的层次结构可用图4-1示意。

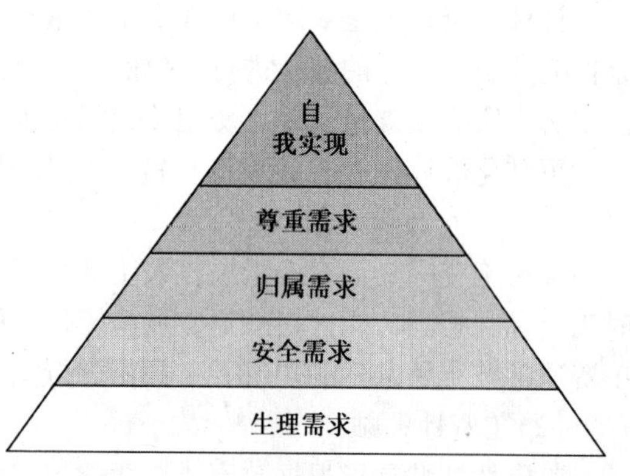

图4-1　需求层次结构图

生理需求是指人类维持自身生存的基本需求，包括对食物、衣服、住房、金钱和其他相关的生理需求等。马斯洛认为只有当这些基本需求满足到足以维持生命所必要的程度后，其他的需求才能显现出来。

安全需求是指人类为保障自身安全和摆脱为失去既得利益而感到担心的需求。人们通常希望保持既得利益，而对失去现状所产生的恐惧激发了人们的安全需求。

归属需求是指人们参加组织或得到认同的愿望。因为人是社会的人，他们需要归属于其他一些人，并为其他一些人所认同。

马斯洛认为，人们的归属需求一旦开始得到满足，他们就会要求自己尊重自己并被别人所尊重。这种需求产生了诸如对权力、声望、地位和自信等的追求。

自我实现是人类需求的最高境界，它是一种使人能最大限度地发挥自己的潜能并完成某些自认为具有重大价值的事业的欲望。

马斯洛认为虽然当人们的一种需求得到满足时，这组需求就不再成为激励因素，但之后新的、更高级的需求又会显现，这就意味着人类具有自我激励的倾向。对人的管理的主要任务之一就是创造一种环境，使之能充分反映并实现人们满足不同层次需求的愿望。

以荷兹伯格(Herzberg)为代表的研究小组进行了与马斯洛需求层次理论密切相关的心

理学研究。通过分析一系列影响因素与人类能动性之间的相互关系后发现，影响人类能动性的因素按作用可分成两类。

1）“保健”因素，包括工作条件、人际关系、劳动报酬、公司政策和管理、职业安定性等事项。荷兹伯格认为，“保健”因素对人们的工作态度几乎不会产生积极的影响，但“保健”因素的现状如果得到人们的认同，则基本上可以防止对工作产生不满情绪。因此，如果管理者不能提供足够的“保健”因素的话，员工就会因为感到不满而产生消极情绪，从而影响其工作热情。

2）“激励”因素，包括获得成就感、自身努力得到承认、对工作本身的兴趣、提拔的机会、责任感等事项。荷兹伯格认为，“激励”因素对工作态度能产生有利的影响。因此，管理者如果能提供足够的“激励”因素，则员工就会因受“激励”而提高工作热情，进而提高劳动生产率。

根据荷兹伯格的理论，为了使员工不产生对工作的消极情绪，必须维护工作中的“保健”因素，在此基础上，完善并提供“激励”因素，则能激发员工的工作热情，进而提高劳动生产率。

(2)激励措施

世界上不存在某一种简单的公式可以用来控制人类的思维和行动。然而值得注意的是，我们前面介绍过的有关人类能动性的研究成果或许能够帮助管理者采取一些措施来诱导人们做出更好的工作表现。管理的责任之一就在于寻找并使用这类最有效的解决方案。

根据建筑业从业人员对需求的不同的倾向性，目前常用的办法是对从事体力劳动的生产工人实行以经济奖励为主的激励措施；对管理人员和文秘人员实行以非经济奖励或半经济奖励为主的激励措施。当然，在实际工作中，不同激励措施的使用有时会根据具体情况而相互交叉使用。

非经济性激励措施是指运用社会的、心理的、文化的方法以满足人们需求的激励措施。该措施强调个人的重要性，并承认其参加群体活动为社会提供服务的愿望。值得注意的是，非经济性激励措施通常只能应用于那些较低层次的需求已得到满足和已向其提供足够的“保健”因素的群体。

半经济激励措施不依赖于直接的金钱刺激，而是注重提供一些附加的福利待遇，如带薪休假、免费用餐、运动场地、相关保险、公务用车等。半经济激励措施通常应用于拿固定工资的长期雇员，如企业的中层管理人员、后勤人员、文秘人员等。他们的工作业绩一般很难用直接的产出单位来加以衡量。

经济性激励措施是指采用直接的金钱奖励来刺激员工的生产热情并据此提高劳动生产率的激励措施。该措施适用于通过参加工作满足基本需求的且这类工作可以用产出单位来直接衡量的生产工人。

从广义的角度讲，用以奖励生产工人的金钱应该包括其从工作中能够获得的所有现金性收入。根据不同的计算和付给方法，经济性激励措施可以用诸如利润分成、计件工资、计时工资以及混合工资等工资形式表现出来。

(3)选择经济激励措施的准则

在施工项目成本管理的实践中，由于不同的工资形式均有不同的适用范围，相应地，不同的工资形式在不同的情况下各有其优缺点，所以，就某个具体的施工项目而言，单纯采用某种工资形式作为激励措施的做法是不可取的。为了有效地激励劳动者的工作热情并据此实现降低施工项目成本和增加雇佣工人收入的双重目标，通常需要选择不同的激励措施并加以组合，最终以混合工资的形式表现出来。

根据施工项目的具体情况，针对不同的雇员选择不同的激励措施并加以组合，最终形成有利于实现成本管理目标的工资支付体系，是一项十分重要的成本决策工作。由于不同工程有不同的情况，所以，在进行这种决策时，没有统一的模式可以套用。为了作出合理的决策结果，只能在充分了解不同工资形式的适用范围和优缺点的基础上，根据具体工程的具体情况经分析判断形成相应的工资方案。

可供选择的经济激励措施主要包括利润分成、计时工资、计件工资以及计时和计件相混合的工资等。在选择不同的激励措施加以组合并最终形成有利于实现成本管理目标的工资支付体系之前，首先必须了解不同工资形式的优缺点。

企业根据赚取利润的多少按一定比例付给雇员一笔奖金，这种激励措施能将员工的工作业绩与企业的经济效益直接挂钩，从观念上实现个人利益和企业利益的统一。由于其计算方法简单易懂，通常适用于比较小规模的施工企业。小企业的员工人数较少且组织结构简单，工人之间更具有合作精神和实现目标的能动性。随着企业规模的扩大，组织结构变得复杂，该措施往往变得不再适用。

值得注意的是，作为一种激励措施，利润分成是在施工企业实现利润后，将所实现的利润在企业和雇员之间所进行的再分配。由于所分配的是企业利润，所以，利润分成可以作为一种经济激励措施，但所分配的利润不能作为成本费用的组成部分，相应地，该利润不能作为劳动力价格的组成费用。

根据生产工人的技术等级按工日或工时支付工资，工人只要上班就可以得到工资，这种支付方式称为计时工资。计时工资特别适用于对技术要求高的施工任务，即难度很高或要求具有专门技能的工作。有时虽然工作本身不要求具备专门的技能，如在维修、检查、运输、安全、仓库保管等部门工作的工人，这些工作虽然不属于高技术的范畴，但由于其工作成果很难直接用产出单位来衡量，所以，通常采用计时工资的方式进行支付。

计时工资的优点是计算简单且便于理解，由于不受工作业绩的影响，配置在施工现场的生产工人可根据需要灵活地调配。计时工资的缺点是无法将工作业绩与金钱奖励直接挂钩，容易导致在业绩好的工人与业绩差的工人之间出现分配不公的现象。为了提高工人的工作业绩，必须对施工过程进行严格的监督管理。

事先确定完成单位产量的工资单价，在施工过程中按实计量，根据所完成的产出数量确定工资水平，这就是计件工资。

计件工资的优点是将施工过程的产出数量与工资水平直接挂钩，能通过直接的金钱奖励增加单位时间的产量，便于计算和理解。缺点是难于确定合适的工资单价，增加在施工过程中对产出数量的计量工作，对于工作效率低下的工人，按计件工资计算的工资水平有可能低于政府规定的最低工资标准。另外，为防止出现工人因片面追求高产量而降低工程质量的倾向，必须加强对产出物的质量控制。

通常的情况是，施工企业很少单纯使用上述激励措施中的某一种，为发挥各种工资形式的优点并避免其缺点，一般将不同的工资形式结合起来使用，形成混合工资。在施工项目成本管理的实践中，拟定合适的混合工资方案，是一项十分重要的成本决策工作。因为不同的工资方案将直接影响施工项目的生产率水平，进而影响施工项目的成本水平以及劳动力在单位工作时间内的收入。

为了形成有利于实现施工项目成本管理目标的工资支付体系，在选择并使用具体的工资组合方案时，可以参考下列准则：

(1)确保收入与努力成正比且不应设置上限；

(2)制定切合实际的考核和奖励标准，且一旦确定下来就不能随意改变；

(3)选择透明易懂的工资核算方法；

(4)必须符合政府有关工资政策和标准的要求；

(5)在分清管理层和操作层责任界限的基础上，管理层应做好相应的服务工作，为操作层创造良好的工作环境。

3. 必须考虑市场和政策因素的约束

在确定适用于某施工项目的人工单价时，除了必须分清人工单价的费用构成并根据既定的激励措施拟定适用的工资方案外，还必须考虑有关市场和政策因素对定价过程的影响。

市场和政策因素对人工单价的影响，主要是针对工资标准而言的，在确定工资方案的基础上，应根据市场和政策因素确定不同工资形式的工资标准。

(1)市场因素

从经济学的角度看，人工单价的高低归根到底是由市场供求关系决定的，在确定工资形式的基础上，就某种具体工资形式而言，其工资标准的确定必须受市场供求关系的影响。

(2)政策因素

政策因素是指由政府制定的包括工资制度、最低工资标准以及有关法定保险等在内的政策和法规，施工企业在制定工资标准时，不能与这些政策相抵触。

(三)人工单价的确定

人工单价是对应于人工需求指标的单位费用，由于施工项目对人工的需求指标包括计时人工数量、计件人工数量和加班人工数量，相应地，对应于这些需求指标的单位费用，即人工单价，也应包括计时人工单价、计件人工单价和加班人工单价等三种类型。所谓人工单价的确定，就是在拟定施工项目的工资方案基础上，分别确定该工资方案所包括的不同工资类型的工资标准的过程。

1. 计时人工单价的确定

计时人工单价是对应于计时人工数量的单位费用。某施工项目所需的计时人工数量，是指由该施工项目的进度计划所规定的人工配置强度与相应配置时间的乘积。对计时人工数量的计量，通常采用“工日”作为计量单位。

确定计时人工单价的原则是：将该计时人工单价乘以由进度计划规定的计时人工数量所形成的计时人工费用的估算值，必须等于施工项目按雇佣协议的规定支付给雇佣工人的计时性工资报酬。为此，在确定某工种工人的计时人工单价时，必须计算该工种工人在进度计划所规定的正常工作时间里所需发生的“一切在内”的费用。包括雇佣协议规定的并且必须计入施工项目成本的计时人工工资、工资性补贴、雇佣期内必须发生的职工福利费、劳动保护费、生产工人自备工具使用费以及由于恶劣气候条件等原因引起的非工作日工资等。

依据确定计时人工单价的原则，结合雇佣协议有关计时性费用支出的规定，可以计算出适用于具体施工项目成本估算的计时人工单价。

下面是用以说明这种计算方法的示例，示例中所采用的数据资料从理论上讲可以从既定的雇佣协议或有关统计资料中获得，但本例中的数据是假设的。

【例4-1】计算某施工项目所雇佣的瓦工和木工的计时人工单价，并根据瓦工和木工的需求比例计算该施工项目的综合计时人工单价。

(1)全年有效工作时间

全年有效工作时间是指雇员在一年中被配置在施工项目上的时间，考虑到工程施工的连续性，配置在施工项目上的人员通常在双休日和法定节假日中均需加班，所以，在计算全年有效工作时间时，只要将全年日历天数减去因员工的培训、探亲、婚、丧、病假和因恶劣气候条件引起全场性停工等非工作时间即可。

全年非工作时间的确定，必须基于本企业已完工程的统计资料，本例所采用的统计资料是作者假设的。

全年日历天数：365 天

全年非工作天数：30 天

其中：春节休息和探亲时间：15 天

外派培训学习时间：3 天

病假：3 天

产、婚、丧假：9 天

全年有效工作天数：335 天

(2)依据雇佣协议和有关规定所确定的工资标准

依据雇佣协议的约定或依据政府和企业有关规定，分别确定该施工项目必须支付给瓦工和木工的工资标准如表4-1所示。

工资标准确定表 **表4-1**

企业名称：××施工企业

序号	费用名称	瓦工标准	木工标准
(1)	基本工资	15元/有效工作日	20元/有效工作日
(2)	工资性补贴	280元/月	300元/月
(3)	辅助工资	①+②+③+④+⑤	①+②+③+④+⑤
①	探亲假工资	10元/天	10元/天
②	培训学习期间工资	10元/天	10元/天
③	病假工资	10元/天	10元/天
④	产、婚、丧假工资	10元/天	10元/天
⑤	恶劣气候条件停工期间工资	10元/天	10元/天
(4)	职工福利费	[(1)+(2)]×14%	[(1)+(2)]×14%
(5)	劳动保护费	4元/有效工作日	4元/有效工作日

续表

序　号	费用名称	瓦工标准	木工标准
(6)	生产工人自备工具使用费	1元/有效工作日	1元/有效工作日
(7)	计入施工项目成本的法定保险费	[(1)+(2)+(3)+(4)+(5)+(6)] ×15%	[(1)+(2)+(3)+(4)+(5)+(6)] ×15%
(8)	雇佣及辞退费分摊	[(1)+(2)+(3)+(4)+(5)+(6)] ×1%	[(1)+(2)+(3)+(4)+(5)+(6)] ×1%

(3)全年计时人工费的计算

根据所确定的全年有效工作时间和相应的工资标准，分别计算施工项目所需瓦工和木工在一个会计年度内所需发生的计时人工费用如表4-2所示。

全年计时人工费用计算表　　**表4-2**

企业名称：××施工企业

序　号	费用名称	瓦　工	木　工
(1)	基本工资	15×335=5025元	20×335=6700元
(2)	工资性补贴	280×12=3360元	300×12=3600元
(3)	辅助工资	10×30=300元	10×30=300元
(4)	职工福利费	(5025+3360)×14%=1173.9元	(5025+3360)×14%=1173.9元
(5)	劳动保护费	4×335=1340元	4×335=1340元
(6)	自备工具使用费	1×335=335元	1×335=335元
(7)	法定保险费	[(1)+(2)+(3)+(4)+(5)+(6)] ×15%=1730元	[(1)+(2)+(3)+(4)+(5)+(6)] ×15%=2208.3元
(8)	雇佣及辞退费分摊	[(1)+(2)+(3)+(4)+(5)+(6)] ×1%=115.34元	[(1)+(2)+(3)+(4)+(5)+(6)] ×1%=147.2元
(9)	合计	13379.24元	17077.5元

(4)计算各工种工人的计时人工单价

$$\text{瓦工计时人工单价}=\frac{13379.24}{335}=39.94(\text{元/有效工作日})$$

$$\text{木工计时人工单价}=\frac{17077.5}{335}=50.98(\text{元/有效工作日})$$

(5)计算技术工人的综合计时人工单价

假定施工项目对瓦工和木工的需求量之比为3比1，通过计算各工种工人计时人工单价的加权平均数，则该平均数即为该施工项目所需技术工人的综合计时人工单价：

$$\text{综合计时人工单价}=\frac{13379.24\times3+17077.5\times1}{4\times335}=42.7(\text{元/有效工作日})$$

或

$$综合计时人工单价=\frac{39.94\times3+50.98\times1}{4}=42.7(元/有效工作日)$$

2. 计件人工单价的确定

计件人工单价是对应于计件人工数量的单位费用，某施工项目所需的计件人工数量，是指该施工项目所包括分项工程中施工单元的实物工程量与相应资源定额所规定人工需求量标准的乘积。从形式上看，对计件人工数量的计量，同样采用工日作为计量单位。

适用于某施工项目的计件人工单价，通常可以在相应的雇佣协议中直接确定。但是，值得注意的是，在经由雇佣协议确定计件人工单价时，除了要考虑劳动力市场的供求关系外，还必须从提高激励措施的效率出发，正确处理计时人工单价与计件人工单价之间的关系。在施工项目成本管理的实践中，可以将这种关系看作是调节劳动力主观能动性的杠杆，如何使用这一杠杆，是在施工项目成本决策时必须考虑的主要问题之一。

3. 加班人工单价的确定

加班人工单价是对应于加班人工数量的单位费用，某施工项目所需的加班人工数量一般由该施工项目的进度计划确定。根据引起加班的原因分类，加班人工数量又可分成正常班内加班、节假日加班、节假日班内加班以及翻班正常班、翻班班内加班、翻班节假日加班、翻班节假日班内加班等具体数量指标。在施工项目成本管理的实践中，不论是由哪种原因引起的加班人工数量，其加班人工单价均是指由于安排加班所必须发生的额外费用，与计件人工单价的确定方法相同，加班人工单价也应在相应的雇佣协议中直接明确。

二、机械费估算

施工项目所需发生的机械费是施工企业在该项目施工过程中因使用机械设备所必须发生的费用。与人工费的估算方法相类似，机械费的大小主要取决于施工过程对机械需求的数量以及对应于这种需求的单位费用，也即机械设备的单价。

(一)施工过程对机械的需求

施工过程对机械的需求指标，主要包括计时机械数量和机械动力燃料消耗量。在确定进度计划的基础上，依据资源需求直方图，可以计算机械需求指标的具体数值。

1. 计时机械数量

计时机械数量是在确定机械使用费时所提出的机械数量指标，它以完成施工任务所需机械设备的配置强度和相应配置时间的乘积为指标值。

2. 机械动力燃料消耗量

机械动力燃料消耗量是在确定机械动力燃料费时所提出的机械数量指标，它以施工过程所需完成施工任务的实物工程量与相应资源定额中机械动力燃料消耗量标准的乘积为指标值。

(二)确定机械单价的原则

所谓机械费的估算，其实就是在确定施工过程对机械需求指标的基础上，将这些需求指标值分别乘以相应机械单价并加以汇总的过程。

机械单价是施工项目在使用机械设备的过程中，在明确机械设备使用费的核算范围和核算方式的基础上，所确定的对应于机械需求指标的单位费用。

由于机械动力燃料消耗量是该机械设备在施工过程中所发生的实质性消耗，所以，对应于这种消耗的价格，可以按实体材料的定价方法来加以确定。关于确定实体材料价格的方法，将在本章后续内容中讨论。机械单价的另一种形式，也就是对应于计时机械数量的机械单价，是施工项目使用机械的单位费用，在确定该单位费用时，必须遵守如下原则：

1. 从投资收益的角度出发

机械设备作为一种固定资产，从投资收益的角度出发，购置该机械设备的一次性投资必须从其能够实现的收益中得到回收。设备租赁公司通过出租其所拥有的机械设备从租金收入中回收投资并实现利润。考虑到施工企业所拥有的机械设备同样具有通过出租以实现收益的机会，所以，在施工企业项目层和管理层分层核算的条件下，不论是使用企业自有的机械设备，还是通过外部租赁获得的机械设备，在估算施工项目成本时，均应以该机械设备在施工项目上发生的计时机械数量指标乘以相应租赁单价的方式计算所需的机械费。

在机械设备的租赁关系中，虽然施工项目作为该机械设备的租用方，只有选择出租单位的权利而无确定租赁单价的权力。但是，在施工企业项目层和管理层分层核算的条件下，当施工项目从本企业内部市场租用机械设备时，则租赁单价作为连接管理层和项目层经济关系的纽带，直接决定了由机械设备所创造的利润在上述两个层次之间的分配，进而影响施工项目的成本水平。从这个意义上讲，施工企业确定机械租赁单价的过程，其实是对施工项目的成本进行决策的过程。

2. 明确机械租赁单价的费用构成

机械租赁单价的确定过程其实就是找出该机械设备在使用寿命期内收支平衡点的过程，通常的做法是，首先由机械设备的出租单位在充分考虑租赁单价的费用构成并通过计算确定可以保本的边际单价基础上，再根据本单位出租该机械设备的市场策略增加一定的期望利润以形成该机械设备的期望租赁单价，该期望租赁单价最终必须经市场竞争的检验才能被确定下来。

虽然不同的机械租赁公司在出租其机械设备时采用不同的租赁合同，不同的租赁合同规定了不同的租赁单价的费用构成，但是，从普遍意义上讲，组成机械租赁单价的费用，通常可包括如下内容：

(1)购置成本

用于购置机械设备的资金通常是通过贷款筹集的，贷款要支付利息，因此，在计算机械设备租赁单价时必须考虑计入该费用。在实际工作中，即使是利用本企业的保留资金购置机械设备，也应考虑相应的利息支出，因为这笔钱如果不用于购买机械设备本可以存入银行赚取利息。

(2)使用成本

使用成本是指为确保机械设备在使用寿命期内能正常工作且为了适当延长其使用寿命，在使用该机械设备过程中必须发生的费用支出，该费用支出一般包括大修理费、经常修理费、机上人员的人工费以及机械设备的进退场费等。由于机械设备的动力燃料费可以在机械动力燃料消耗量的基础上，将该消耗量乘以相应的价格直接进行计算，所以，在租赁单价中一般不将该费用包括其中。

(3)执照和保险费

机械设备保险的类型和保险费的多少主要取决于该机械设备是否使用公共道路，不在公共道路上使用的机械设备，其保险费一般非常少，通常只需根据最低限度的法规要求进行保险。同样，如果机械设备不在公共道路上使用，其执照费也很少甚至没有，反之，其数额就可观。

(4)管理费

施工企业一般组建相应的内部管理部门来管理施工机械。随着社会分工的不断细化，施工企业也可能将机械设备交于独立的盈利部门来经营。不论是企业内部管理部门还是独立经营的盈利部门，在对机械设备进行经营和管理的过程中均必须发生包括行政、技术、营销、后勤、库存等在内的管理费用，因此，在确定机械设备的租赁单价时，必须将这些管理费用纳入其中。

(5)折旧费

折旧费是指机械设备在规定的使用年限内，陆续收回其价值的费用。作为由使用期长短决定的价值补偿，施工企业一般按机械租赁单价的一定比率增加一笔相当于折旧费的金额并以租金收入的方式收回这种补偿。在通常的实践中，收回的折旧费往往会用于其他许多方面，而不允许呆滞地积累下来。当该项资产的价值最终被折旧费替代完毕后，这笔资金就会从企业现金余额中借出或提出。

(三)机械租赁单价的确定

机械设备的管理部门在确定机械租赁单价前，首先要明确影响机械租赁单价的诸多因素，在此基础上，采用相应的方法确定具体机械设备的租赁单价。

1. 影响机械租赁单价的因素

机械租赁单价是相关因素共同作用的结果，所以，在确定某机械设备的租赁单价前，必须明确有哪些影响因素以及这些因素对该机械租赁单价的影响程度。

(1)核算机械租赁单价的费用范围

核算机械租赁单价时所规定的费用核算范围将直接影响其租赁单价的价格水平，例如，机械租赁单价中是否应包括该机械司机的人工费用以及是否将机械进退场费用分摊到机械租赁单价中去。不同的费用组成将决定不同的租赁单价的价格水平。

(2)机械设备的采购方式

按付款方式的不同，购置机械设备的方式多种多样，这些可供选择的购置方式包括现金或当场采购、租购、融资租赁等。对施工企业而言，不同的购置方式能带来不同的现金流量，不同的现金流量会影响机械租赁单价的确定。

(3)机械设备的性能

机械设备的性能决定了该机械设备的生产能力、使用中的消耗、需要修理的情况以及使用中的故障率等状况。这些状况将直接影响机械设备在使用寿命期内所需的大修理费用、日常运营成本、使用寿命以及转让价格等，从而影响机械租赁单价的价格水平。

(4)市场条件

市场条件主要是指机械租赁市场的供求和竞争条件，市场条件直接影响机械设备的出租率，进而影响机械设备在一年中的租金收入。在年运营成本一定的条件下，为了做到收支平衡，则出租率越低，相应的租赁单价就必须提高。

(5)银行利率水平和通货膨胀率

银行利率的高低将直接影响机械设备的购置成本以及资金时间价值的大小，如果银行利率提高，则资金的折现系数增大，在此条件下，如果需要保本则必然要实现更高的内部收益率，而如果要达到更高的内部收益率，则必须提高机械设备的租赁单价。

通货膨胀即货币贬值，其贬值的速度即为通货膨胀率。如果通货膨胀率高，则为了不受损失就要以更高的收益率扩大货币的账面价值，而如果要达到更高的内部收益率，则必须提高机械设备的租赁单价。

(6)折旧方法

折旧方法包括直线折旧法、余额递减折旧法、定额存储折旧法等不同的种类。同一种机械当以不同的折旧方法提取折旧时，其每次计提的费用是不同的。

(7)管理水平和有关政策规定

不同的管理水平带来不同的管理效率，不同的管理效率需要不同的管理费用，在内部收益率一定的条件下，管理费用的增加意味着租赁单价的提高。

有关政策上的规定也能影响机械设备的租赁单价，例如，所规定的税金及其附加、按规定必须办理的保险费等均能影响机械设备的租赁单价。

2. 机械租赁单价的确定方法

根据是否考虑资金时间价值的标准进行分类，确定机械租赁单价的方法，通常包括静态方法和动态方法两种。在确定机械租赁单价的过程中不考虑资金时间价值的方法被称为静态方法，反之，则称为动态方法。

(1)静态方法

静态方法是指不考虑资金时间价值的方法。采用这种方法计算机械租赁单价的基本思路是：首先，根据所规定的构成机械租赁单价的费用项目，计算机械设备在单位时间里所需发生的费用，并以该费用作为机械设备的边际租赁单价，在这里，所谓边际租赁单价是指仅仅达到保本要求的租赁单价；然后，根据机械出租市场的行情和本企业拟定的市场策略确定相应的期望利润；最后，将边际租赁单价加上所确定的期望利润即得到该机械设备的租赁单价。

下面将举例说明采用静态方法确定某机械设备租赁单价的计算过程。为了简单起见，本例中所采用的数据和条件均是在假设的基础上取定的，在实际工作中，这些数据和条件必需经复杂的统计和分析过程才能确定。

1)确定租赁单价所包括的费用范围

在确定机械租赁单价时，应根据出租该机械设备时所采用的租赁合同，将合同条款规定必须包括在租赁单价中的费用项目确定下来，并依此为基础，分别计算这些费用项目在一个会计年度内的发生额，将这些发生额加以汇总并分摊到单位出租时间上即成该机械设备的边际租赁单价。

考虑到操纵机械的工人与其他劳动力一样均具有主观能动性，其能够达到的生产率与相应的激励措施密切相关，所以，在确定机械租赁单价时，通常将操纵机械所需的人工费排除在外。该人工费可按普通人工费的估算方法经计算进入施工项目成本。

再考虑到机械进退场的费用一般随不同的施工项目会有不同的费用值，该费用对应于租赁单价是一个不稳定的分摊数值，所以，在确定租赁单价时，通常也将该费用排除在租赁单价之外。某施工项目必须计取的机械进退场费可以根据该施工项目完成机械进退场的实际情况直接计算其费用并计入施工项目成本。

在不考虑操纵机械的工人的人工费和机械进退场费用的基础上，组成机械设备租赁单价的费用项目包括如下：

①购置机械设备所需发生的贷款利息；

②机械大修理费；

③机械经常修理费；

④折旧费；

⑤机械管理部门所需的管理费用；

⑥有关保险费和必需交纳的税金。

2)机械租赁单价中相关费用项目年发生额的计算方法

(A)折旧费

折旧费的大小取决于被折旧的机械设备的原值、所采用的折旧方法、报废时能够达到的残值率以及该机械设备的使用年限等指标。

机械设备原值是指获取该机械设备时必须发生的费用支出，包括从购置地点运到目的地并验收入库所需发生的购置价格、运杂费和采购保管费等。对于进口设备，还应该包括如关税、外贸手续费、银行财务费以及国际运输费和保险费等在内的附加费用。

用于机械设备的折旧方法多种多样，但在确定机械租赁单价时所采用的方法一般是直线折旧法。直线折旧法是将机械设备在使用期限内的价值损失平均分摊到单位时间上并依此为基础提取折旧费的方法。

机械设备在报废时所能实现的残值率是指该机械设备在报废时能够回收到的残余价值与该机械设备原值的比率。不同的机械设备具有不同的残值率，在确定机械租赁单价时，应根据机械设备的具体情况并结合当时当地的市场行情确定其所能达到残值率的具体数值。

机械设备的使用年限也称机械设备的使用寿命，从提高经济效益的角度出发，该使用寿命应该取其经济寿命。经济寿命是从经济效益的角度出发所取定的机械设备的最合理的使用年限，在该使用年限内机械设备的年平均使用成本最低。

在确定上述经济指标的基础上，机械设备的年折旧费一般可采用式(4-2)进行计算。

$$\text{年折旧费} = \frac{\text{机械设备原值} \times (1 - \text{残值率})}{\text{使用年限}} \tag{4-2}$$

(B)贷款利息

购置机械设备所需的贷款利息，通常受购置该机械设备时所采用的采购方式、机械本身的价值、贷款方式以及相应的利率水平等因素的影响。在实际工作中，采购机械设备的方式多种多样，在有些采购方式下计算相应的利息支出是一项十分复杂的过程，这里不进行深入的讨论。但如果在采用现金采购机械设备的条件下，则所需贷款的数额就等于该机械设备的购置价格，进一步，如果需要一次性支付贷款，则在单利计息的条件下按机械使用年限确定的利率计算贷款年利息的方法如式(4-3)所示。

$$\text{年贷款利息} = \text{机械设备购置价格} \times \text{贷款年利率} \tag{4-3}$$

(C)机械大修理费

机械大修理费是指在使用年限内为恢复机械设备的原机功能并延长其使用寿命按规定必须对机械进行大修理所发生的费用。该费用的大小取决于对机械设备进行一次大修理所需支出的费用以及在使用年限内必需进行的大修理次数。

对机械进行一次大修理所需支出的费用是指按规定的机械大修理范围和修理工作内容，进行一次全面修理所需发生的，包括人工、零配件、辅助材料、机械燃料以及送修运输等在内的所有费用。大修次数是指机械设备在其使用年限内按规定必须进行的大修理次数。在确定对机械进行一次大修理所需的费用和在其使用年限内所需大修理次数的基础上，机械设备的年大修理费可用式(4-4)所示的方法进行计算。

$$年大修理费=\frac{一次大修理所需的费用\times 大修理次数}{机械使用年限} \tag{4-4}$$

(D)机械经常修理费

机械经常修理费是指机械设备在其使用年限内除大修理以外必须进行的各级小修、维护和保养以及临时故障排除等工作过程所需发生的费用。包括开展这些工作所需发生的人工、机械、工具以及更换配件、辅助材料等的费用。对于不同类型的机械设备，以及相同类型机械设备的不同新旧程度和工作条件，其修理和保养过程所需费用相差悬殊。因此，从类似机械设备的使用过程中获取经验，并详细记录和保存这些经验数据是估算机械经常修理费的惟一办法，其估算额通常以该机械原值的一个百分比来表示。

(E)管理费

不同的管理机构具有不同的管理效率。在租赁业务相同的条件下，具备不同管理效率的管理机构会发生不同的管理费支出，所以，在确定机械租赁单价时，应根据管理机构的具体情况，通过对以往管理费开支的统计分析，并以该统计资料为基础，确定机械设备管理机构的管理费年发生额，进而分摊到具体机械设备的租赁单价上形成该机械单价的管理费分摊额。

(F)有关保险费及税金

应根据政府有关强制性保险的规定或管理机构为规避风险所拟定的投保方案确定具体机械设备必须投保的险种，并以此为基础，确定该机械的保险金额，将该保险金额分摊到租赁单价中去，即成该机械租赁单价中必须包含的保险费。

在确定机械租赁单价时，还必须根据政府有关税收的规定，计算相应的税金，并摊到机械设备的租赁单价中去。

3)租赁单价的计算示例

【例4-2】假定某机械设备的成本资料如下，采用静态方法计算该机械设备的边际租赁单价，如果期望利润率为15%，确定相应的租赁单价。

购置价格：10万元
残值率：10%
使用年限：10年
贷款年利率：6%
一次大修理费：2万元
使用年限内大修理次数：5次
年经常修理费：购置价格×5%
年管理费：购置价格×10%
年保险及税费：800元
预计年出租天数：300天

则计算该机械设备的边际租赁单价如表4-3所示。

机械边际租赁单价计算表 **表4-3**

机械名称：某机械设备

序号	费用名称	计算公式	结果
(1)	年折旧费	$\frac{10\times(1-10\%)}{10}=0.9$	0.9万元
(2)	年贷款利息	$10\times6\%=0.6$	0.6万元
(3)	年大修理费	$\frac{2\times5}{10}=1$	1万元
(4)	年经常修理费	$10\times5\%=0.5$	0.5万元
(5)	年管理费	$10\times10\%=1$	1万元
(6)	年保险及税费	800	0.08万元
(7)	年费用合计	(1)+(2)+(3)+(4)+(5)+(6)=4.08	4.08万元
(8)	边际租赁单价	$\frac{4.08\times10000}{300}=136$	136元/天

如果按15%的期望利润率计算，则该机械设备的租赁单价为：

$$机械租赁单价=136\times(1+15\%)=156.4(元/天)$$

(2)动态方法

动态方法是指在计算机械租赁单价时考虑资金时间价值的计算方法。采用这种方法确定机械租赁单价的基本思路是：首先，根据该机械设备的成本资料确定在使用年限内不同时间阶段上的资金流出数和资金流入数，在实际工作中，确定资金流出和流入的时间阶段一般以年来计量；其次，确定机械设备在使用年限内所期望的年收益率；最后，采用"折现现金流量法"计算为实现既定的期望收益率所必需的年租金收入，并将该租金收入除以相应的年出租天数得到该机械设备的租赁单价。

根据【例4-2】所提供的机械设备的成本数据，采用动态方法计算确定该机械设备租赁单价的过程如下：

假定出租该机械设备的年收入为"x"，则在其使用年限内由该机械设备的成本资料所形成的现金流量表如表4-4所示。

机械设备在使用年限内的现金流量表 **表4-4**

机械名称：某机械设备 单位：万元

序号	费用名称	0	1	2	3	4	5	6	7	8	9	10
1	现金流入	10	x	x	x	x	x	x	x	x	x	$x+1$
1.1	年租金收入		x	x	x	x	x	x	x	x	x	x
1.2	残值											1
1.3	贷款收入	10										

续表

序号	费用名称	0	1	2	3	4	5	6	7	8	9	10
2	现金流出	10	3.18	3.18	3.18	3.18	3.18	3.18	3.18	3.18	3.18	13.18
2.1	购置价格	10										
2.2	年贷款利息		0.6	0.6	0.6	0.6	0.6	0.6	0.6	0.6	0.6	0.6
2.3	年大修理费		1	1	1	1	1	1	1	1	1	1
2.4	年经常修理费		0.5	0.5	0.5	0.5	0.5	0.5	0.5	0.5	0.5	0.5
2.5	年管理费		1	1	1	1	1	1	1	1	1	1
2.6	年保险及税费		0.08	0.08	0.08	0.08	0.08	0.08	0.08	0.08	0.08	0.08
2.7	归还贷款											10

为了实现15%的期望利润率，则该机械设备在使用年限内每年的租金收入必须是：

现金流入的现值：$10+5.0188x+0.2472$

现金流出的现值：$10+3.18\times5.0188+10\times0.3472$

为了实现收支平衡则必须做到：现金流入＝现金流出，即：

$$10+5.0188x+0.2472=10+3.18\times5.0188+10\times0.3472$$

$$x=3.623(\text{万元})$$

在确定所需实现的年租金收入的基础上，则根据既定的年出租天数，计算该机械设备的租赁单价如下：

$$\text{机械租赁单价}=\frac{3.623\times10000}{300}=120.77(\text{元/天})$$

（四）机械动力燃料价格的确定

机械动力燃料包括用于驱动机械设备的电力、汽油和柴油等。作为在施工过程中发生的实质性消耗，机械动力燃料价格是指施工企业在获取这些动力燃料时必须支付的单位费用。从获取动力燃料的过程看，机械动力燃料价格通常由货价、运杂费和采购保管费等组成。

货价是指直接支付给动力燃料供应商的单位购置费用，在确定货价时，通常采用询价的方法确定动力燃料的供应商，并通过签订相应的供销合同来确定动力燃料的货价。

运杂费是指将所采购的动力燃料运到施工现场的过程中发生的单位费用，包括在运输途中必须发生的运输费、装卸费、运输保险费和运输损耗等。

采购保管费是指施工企业的采购部门在组织采购、供应和保管动力燃料的过程中所需发生的单位费用，包括采购供应部门必须发生的日常行政费支出、办公费、差旅交通费以及保管动力燃料时必须发生的固定资产使用费、验收试验费和储存损耗等。

三、材料费估算

施工项目所需发生的材料费，同样等于其实施过程需要使用或消耗材料的数量与相应价格的乘积，按获取和使用材料的方式不同，施工项目所需的材料费一般由实体材料费、周转材料损耗费、周转材料摊销费以及周转材料周转使用费等费用组成。

(一)实体材料费的估算

1. 实体材料消耗量的确定

实体材料是指构成工程实体的材料。为了形成工程实体，在施工过程中必须消耗实体材料。实体材料消耗量的大小，一般取决于施工过程所需完成分项工程的实物工程量以及对应于该分项工程实物工程量的材料消耗率。在材料消耗定额规定分项工程材料额定消耗率的基础上，实体材料消耗量等于分项工程实物工程量与相应材料消耗定额的乘积。

2. 实体材料价格

由于实体材料是在施工过程中被实际消耗的材料，所以，对应于这种消耗的价格，只能是施工企业为获取实体材料所需支付的单位费用，通常包括从购买地点运到施工现场所需发生的购货价格、运杂费和采购保管费等。

(1)购货价格

购货价格是指施工企业购买材料时必须支付给材料生产单位或供应商的单位费用，在确定实体材料购货价格时，通常采用询价的方法确定该材料的供应单位，在此基础上，通过签订材料供销合同来确定其最终价格。

(2)运杂费

运杂费是指材料由采购地点或发货地点至施工现场仓库或工地存放地点的运输过程中所必需发生的运输费用，通常由运输费、装卸费、运输保险费、运输损耗以及过关过境费、应上交的管理费等组成。

在确定运杂费的费用标准时，应根据不同材料的来源地、运输里程、运输方法并结合国家有关部门或地方政府交通运输管理部门规定的运输费取费标准经计算确定。

(3)采购及保管费

采购及保管费是指施工企业或施工项目的材料供应部门在组织材料采购、供应和保管材料过程中所需发生的各项费用，该费用通常由材料采购保管人员的人工费、办公费、差旅交通费、采购保管该材料所需的固定资产使用费、工具器具使用费、劳动保护费、验收试验费以及材料储存损耗费等费用组成。

在估算施工项目所需实体材料费用时，其价格的确定只能建立在预测的基础上，施工企业必须加强管理，通过统计工作积累预测资料，采用一定的预测方法预测出符合市场发展趋势的购货价格、运杂费和采购保管费，并据此确定估算实体材料费用所需的实体材料价格。

3. 实体材料费的估算方法

在确定实体材料消耗量和相应价格的基础上，采用式(4-5)可计算施工项目所需的实体材料费。

$$\text{实体材料费} = \sum \text{实体材料消耗量} \times \text{实体材料价格} \tag{4-5}$$

(二)周转材料损耗费的估算

周转材料损耗费是指在施工过程中该周转材料参加周转使用，在使用过程中所发生的施工损耗的费用。该费用的大小，一般等于其施工损耗量与相应购置价格的乘积。

周转材料施工损耗量是指周转材料在被周转使用过程中发生的施工损耗。例如，组合钢模板在安装和拆除过程中发生的施工损耗即属此类。在材料消耗定额规定施工损耗率的条件下，周转材料施工损耗量等于其定额施工损耗率与相应完成分项工程实物工程量的乘积。

对应于施工损耗量的周转材料价格的确定，一般采用重置成本价的计算方法。在施工项目成本估算的实践中，周转材料的重置成本价通常可以用该周转材料的购置价格代替，关于周转材料购置价格的费用构成及其相应的确定方法，可参考实体材料的定价方法。

（三）周转材料摊销费用的估算

当周转材料在其寿命期内的可周转次数较少时，则这些材料通常由施工项目直接采购和使用并在项目内核算其费用，此时，施工项目所需支出的周转材料费等于其施工过程中必需发生的周转材料损耗费和摊销费之和。周转材料摊销费是指在施工过程中该周转材料参加周转使用，经一次周转使用所必须发生的摊销费用。该费用的大小等于其周转摊销量与相应价格的乘积。

周转材料周转摊销量是指周转材料在被周转使用过程中经一次周转使用必需计提的摊销量。例如，组合钢模板在经一次安装或拆除时必需计提的摊销量即属此类。在材料消耗定额规定周转材料定额摊销量标准的条件下，周转材料摊销量等于其定额摊销量标准与相应完成分项工程实物工程量的乘积。

对应于摊销量的周转材料价格的确定，同样可采用重置成本价的计算方法。在施工项目成本估算的实践中，周转材料的重置成本价通常可以用该周转材料的购置价格代替。关于周转材料购置价格的费用构成及其相应的确定方法，可参考实体材料的定价方法。

（四）周转材料周转使用费的估算

周转材料在被周转使用的过程中，不仅会发生施工损耗，而且必须留置在施工现场被周转使用。周转材料周转使用费是指在施工过程中留置并使用周转材料所需发生的费用，该费用等于其在施工过程中所需发生的周转使用量与相应价格的乘积。

1. 周转使用量

周转使用量是在确定周转材料周转使用费时提出的施工过程对周转材料需求的数量指标，它以完成施工任务所需周转材料的配置强度与相应配置时间的乘积为指标值。

在确定施工项目进度计划的基础上，依据资源需求直方图，可以计算出周转材料的周转使用量的具体数值。

2. 确定周转材料使用单价的原则

所谓估算周转材料周转使用费，其实就是在确定施工过程对周转使用量需求的基础上，将该周转使用量乘以相应周转材料使用单价并加以汇总的过程。

周转材料使用单价作为一种对应于周转使用量的单价，是指在施工过程中留置并使用周转材料所需发生的单位费用，与机械费估算的方法相类似，在确定该单价时同样必须遵循如下原则：

（1）从投资收益的角度出发

从投资收益的角度出发，购置周转材料的一次性投资同样必须从其能够实现的收益中得到回报。专业的周转材料租赁公司通过出租其拥有的周转材料从租金收入中回收投资并实现利润，考虑到施工企业所拥有的周转材料同样具有通过出租以实现收益的机会，所以，在施工企业项目层和企业层分层核算的条件下，不论是使用本企业自有的周转材料，还是通过外部租赁获取的周转材料，在估算施工项目所需发生的周转材料周转使用费时，均应该以该周转材料在施工项目上发生的周转使用量乘以相应租赁单价的方式计算周转材料周转使用费。

(2)明确周转材料租赁单价的费用构成

当施工项目所使用的周转材料来源于本企业的内部租赁市场时，则相应的租赁单价作为连接施工企业管理层和项目层之间经济关系的纽带，直接决定了由周转材料所创造的利润在上述两个层次之间的分配，进而影响施工项目的成本水平。从这个意义上讲，确定周转材料租赁单价的过程，其实就是对施工项目进行成本决策的过程。

关于周转材料租赁单价水平的确定，一般是属于施工企业经营决策层面上的问题，本书暂不作进一步的讨论。但是，周转材料租赁单价也是以确定其可以保本的边际单价为基础，再加上一定的期望利润来加以确定的，所以，不论所增加的期望利润是大是小，在确定租赁单价时均必须明确单价的费用构成。

与机械租赁单价的费用构成相类似，构成周转材料租赁单价的费用同样应包括相关的购置成本、使用成本、管理费以及折旧费等。

3. 周转材料租赁单价的确定方法

由于周转材料和机械设备的租赁单价均是对应于使用时间的单位费用，相应地，周转材料租赁单价的确定方法与机械设备相类似，同样必须在明确诸如采购方式、材料性能、市场条件、银行利率、通货膨胀率以及折旧方法、管理水平、政策规定等的基础上，本着确保租金收入与相应费用支出实现收支平衡的原则，采用静态或动态的方法确定其边际租赁单价，再加上一定的期望利润，进而确定适用的周转材料租赁单价。

第三节　间接费用的估算

在组成施工项目的各项施工活动中，除了在进度计划中已经包括的建造类和制备类施工活动外，为了创造必要的施工条件并对施工过程进行组织和管理，还必须设置相应的现场性工作为其提供施工保障。实施这些现场性工作所需发生的费用一般被称为间接费用，包括所有在进度计划中没有列出但在施工现场必须发生的诸如施工准备工作的费用、现场组织和管理工作的费用以及接受外单位提供独立服务时必须支付的外购服务费用等。

虽然在实施现场性工作时同样需配置资源并消耗材料，将这些资源需求和材料消耗乘以相应的单位费用就可以得到间接费用，但是，考虑到施工项目所包括的现场性工作一般是在建造类和制备类施工活动之外单独设置的，其所需的资源配置和材料消耗无法从进度计划及其相应的网络分析中直接确定，所以，在估算施工项目间接费用时，必须根据组成间接费用的不同费用项目的不同特点，选择并使用不同的估算方法。

一、估算间接费用的一般原理

间接费用的估算过程就是对实施现场性工作所需支出的各项费用进行预测、计算、评估，并最终加以汇总的过程。估算过程的一般原理是：在确定实施某项现场性工作对资源和材料需求数量以及相应单位费用的基础上，将二者相乘并加以汇总。

$$\text{某现场性工作的间接费} = \sum \text{完成该工作对资源和材料的需求数量} \times \text{单价} \quad (4\text{-}6)$$

当采用上述原理估算间接费用时，首先，必须明确施工项目所需设置现场性工作的具体内容；其次，应确定实施某项现场性工作时所需资源和材料的数量；第三，要决定对应于资源和材料需求的单价的具体形式和价格标准。

(一)明确现场性工作的具体内容

为了明确现场性工作的具体内容，估算人员必须根据实施进度计划对提供施工保障的要求，在拟定施工保障方案的基础上，通过编制现场性工作明细清单，对施工项目所需开展的现场性工作的工作名称和起止时间进行明确定义，并选择完成工作任务所需配置的资源和使用的材料。

(二)确定完成工作任务的资源需求和材料消耗

在选择资源和材料的基础上，根据实施现场性工作的起止时间，并结合相关历史资料或施工经验，估算完成工作任务的资源配置和材料消耗。

(三)单价的确定

单价是对应于资源需求和材料消耗的单位费用，根据不同的资源需求和材料消耗对该单位费用的不同的形式要求，选择相应的单价形式，并结合获取资源和材料时不同的市场条件以及使用资源和材料时不同的核算体制，确定适用的单价标准。

二、编制现场性工作明细清单

确定现场性工作的具体内容并以清单的形式加以表达，是编制现场性工作明细清单的主要任务。

(一)确定现场性工作的原则

现场性工作通常是相对于建造类和制备类施工活动而言的。设置现场性工作的主要目的，是为了向进度计划的实施过程提供必要的施工保障。就某项具体的工程而言，哪些活动可以被纳入进度计划成为建造类或制备类施工活动；哪些活动必须被定义成现场性工作，在此并没有固定不变的统一标准。在编制现场性工作明细清单的实践中，只能以下列原则为参考，结合所拟定的施工保障方案，通过分析判断和反复权衡最终确定现场性工作的具体内容。

1. 在施工现场实施

现场性工作一般不需占用拟建工程的工作面，其实施地点通常在施工现场的地面或办公室内。对于在主体工程施工开始前所进行的场地准备或临时设施建设等工作，根据组织施工的需要，有时也可将它们定义为现场性工作。

2. 工作成果难于用产出物计量

由于现场性工作是为主体工程施工提供保障而设置的，所以其工作过程一般没有产出物或对产出物的计量难于用实物工程量的形式来衡量。

3. 相互之间不存在直接的工艺和组织关系

工艺和组织关系主要存在于为形成拟建工程实体而开展的施工活动之间，由于现场性工作仅仅是为主体工程施工提供必要施工保障而设置的，所以，这些工作之间一般不存在直接的工艺和组织关系。

(二)明细清单的编制

现场性工作明细清单必须能反映两个层次的内容，其一是所确定的现场性工作；其二是为实施这些工作而选择的资源和材料，为此，必须设计相应的表格形式以满足上述要求。

能满足上述要求的表格形式多种多样，施工企业可以自行设计或自主选择适用的表格，作为参考，表4-5是这种表格的示意。

现场性工作明细清单 **表 4-5**

工程名称：××工程

序号	现场性工作名称	起 止 时 间	所选择的资源和材料	单位	数量
1	现场管理	2008 年 3 月 2 日 ~ 2009 年 6 月 4 日	项目经理	人	1
			施工员	人	2
			其他管理人员	人	5
			电脑	台	2
2	后勤服务	2008 年 3 月 2 日 ~ 2009 年 6 月 4 日	医务人员	人	1
			勤杂工	人	4
…	…	…	…	…	…

三、间接费用的估算方法

间接费用的估算过程就是将实施现场性工作所需的资源需求和材料消耗分别乘以相应的单价并加以汇总的过程。由于不同的施工项目包括不同的现场性工作，完成不同工作任务所需支出的费用项目和相应的费用计算方法也不尽相同，所以，在估算间接费用时，应该在明确完成某项工作任务的费用构成以及不同费用构成的费用运动规律的基础上，采用相应的估算方法分别对不同的费用进行计算。

(一)作业估算法

作业估算法是一种以完成某项工作所需的作业时间为依据进行费用估算的方法。估算人员把在上述时间内完成工作任务所需各项资源的配置强度确定下来，并据此计算相应的费用。

作业估算法特别适用于其费用大小与工作时间相关的资源的计时费用的估算，在采用该方法估算某项工作的费用时，一般是根据既定现场性工作明细清单对完成该项工作任务的时间要求，在引用历史资料或施工经验的基础上，确定完成工作任务所需的资源配置，并按式(4-7)所提供的方法计算相应的费用。

$$\text{某项工作的费用} = \sum \text{工作时间} \times \text{资源配置强度} \times \text{单价} \tag{4-7}$$

式中 工作时间——完成工作任务所需占用资源的时间，该时间可以从既定的现场性工作明细清单中直接引用；

资源配置强度——在既定时间里完成工作任务所需的资源配置数量，该数量通常来源于历史资料或估算人员个人的施工经验；

单价——对应于资源需求的单位费用，其价格水平一般由获取资源时的市场条件和相应的核算体制定。

(二)单价估算法

单价估算法是一种在确定完成工作任务所需资源和材料消耗量的基础上，将该消耗量乘以相应单价并加以汇总的费用估算方法。

单价估算法适用于其费用大小不受工作时间影响的计件性资源和材料的费用估算。当采用单价估算法估算某项工作的费用时，完成工作任务所需的消耗量一般来源于类似工程的统计资料，将基于类似工程统计资料的消耗量乘以相应的单价并加以汇总，即可得到完成该项工作所需支出的费用。单价估算法所提供的费用估算原理，可用式(4-8)示意。

$$某项工作的费用 = \sum 资源或材料的消耗量 \times 单价 \quad (4-8)$$

式中　消耗量——完成工作任务所需资源或材料的消耗量，该消耗量来源于类似工程的统计资料；

单价——对应于消耗量的单位费用，其大小主要取决于获取资源或材料时的市场条件。

当完成工作任务需要使用外购服务时，相应的外购服务费同样可采用单价估算法进行估算，此时，需接受外购服务的数量来源于既定的现场性工作明细清单，相应的单价则来源于该外购服务提供者的报价。

(三)取费估算法

取费估算法是一种依据取费标准直接计取相关费用的估算方法，在确定取费标准以及相应取费基数的基础上，将两者相乘即得所需估算的费用。取费估算法所提供的费用估算原理，可用式(4-9)示意。

$$某项工作的费用 = 取费基数 \times 取费标准 \quad (4-9)$$

式中　取费基数——某一能反映工程规模的绝对数，可以是直接费，也可以是直接人工费、直接材料费、直接机械费，甚至是直接人工费与机械费之和；

取费标准——在取费基数的基础上计取费用的百分比，一般来源于对类似工程的统计分析。

四、费用估算示例

在估算某现场性工作的费用时，根据完成工作任务所需费用的不同特点，可以采用一种方法进行估算，也可将不同的方法结合起来使用，针对不同的费用项目采用不同的方法对其进行估算。

(一)现场性工作明细清单

根据实施进度计划对施工保障的要求，结合所拟定的施工保障方案，编制现场性工作明细清单如表4-6所示。

某工程的现场性工作明细清单　　　　**表4-6**

工程名称：××工程

序号	现场性工作名称	起止时间	所选择的资源和材料	单位	数量
1	现场管理	2007年8月5日～2008年8月5日	项目经理	人	1
			其他管理人员	人	8
			其他资源和材料	元	直接费×2%
2	桩基测试	2007年9月1日～2007年9月2日	桩基公司提供专业服务	根	5

(二)单价

实施现场性工作所需资源、材料和外购服务的单价如表4-7所示。

单价一览表 **表 4-7**

工程名称：××工程

序 号	名 称	单 位	单价(元)
1	项目经理	工日	100
2	其他管理人员	工日	60
3	桩基测试	根	1000

(三)直接费用

假定该工程所需发生的直接费用为400万元。

(四)费用估算过程

1. 作业估算法

针对现场性工作所需发生的人工费，采用作业估算法进行计算。

(1)项目经理人工费：

工作时间：365天

资源配置：1人

单价：100元/工日

费用额 = 365 × 1 × 100 = 3.65万元

(2)其他管理人员的人工费：

工作时间：365天

资源配置：8人

单价：60元/工日

费用额 = 365 × 8 × 60 = 17.52万元

2. 单价估算法

针对桩基测试工作所需发生的外购服务费，采用单价估算法进行计算：

外购服务批次：5根

单价：1000元/根

费用额 = 5 × 1000 = 0.5万元

3. 取费估算法

针对现场管理工作所需发生的其他资源和材料费，采用取费估算法进行计算。

该工程的直接费用：400万元

取费标准：2%

取费额 = 400 × 2% = 8万元

(五)费用汇总

1. 现场管理费

由现场管理费 = 项目经理人工费 + 其他管理人员人工费 + 其他资源和材料费

故现场管理费 = 3.65 + 17.52 + 8 = 29.17万元

2. 桩基测试费

桩基测试费 =0.5 万元

第四节　进度成本集成计划体系

成本计划是将经由成本估算得到的分属于不同成本责任单位的成本费用和相应的费用因素分配到计划进度上所形成的成本指标体系。

从施工项目的进度与资源以及资源与成本的关系看，作为基于进度计划的成本指标体系，成本计划与进度计划其实是同一项计划的两个不同的方面，通过以资源为纽带的集成过程，可以将两者联系起来形成进度成本集成计划体系。

作为同一项计划的两个不同的方面，在进度成本集成计划体系中，进度计划强调对施工过程的进度安排以及对应于这种安排的资源需求，实施进度计划和相应施工保障方案必然会产生对资源和材料的需求以及对应于这种需求的成本费用。从这个角度看，进度计划是成本计划的基础。成本计划作为基于进度计划的成本指标体系，其重点是反映对应于资源和材料需求的成本费用以及该费用在计划进度上的分配，不同的进度安排带来不同的资源需求，不同的资源需求导致不同的成本费用，从这个角度看，成本计划是进度计划实施效果的预先反映。

施工项目进度成本集成管理的主要目标，是建立并维持施工过程中进度、资源和成本的动态平衡。为此，必须以资源为纽带将进度和成本集成起来并从指导施工和实施控制的需要出发，选择并确定进度成本集成计划的计划内容和相应的报表形式。

一、用以指导施工的计划报表

用以指导施工的计划报表包括横道图进度计划、进度计划表、现场性工作明细清单以及资源配置计划表、材料供应计划表等。

(一)横道图进度计划

横道图进度计划是一种用关联横道图反映施工项目的计划进度、用直方图反映相应资源和材料需求的计划图表。该计划图表将施工项目的进度和资源有机地结合起来，用以全面地反映施工过程所包括的不同施工活动的进度安排以及对应于这种安排的资源和材料需求。

作为用以指导施工的纲领性计划文件，横道图进度计划的形式必须概括并且直观，图 4-2 是这种计划形式的示意。

(二)进度计划表

进度计划表是对横道图进度计划中关联横道图的具体化。在关联横道图反映施工过程计划进度的基础上，进度计划表进一步反映施工项目所包括不同施工活动的最早起止时间、总时差和自由时差以及作为计划对象的不同施工活动所包含的分项工程内容及其相应的数量等信息。

作为安排施工进度的主要依据，进度计划表必须能清楚地反映施工项目所包括不同施工活动的进度安排，表 4-8 是进度计划表的示意。

(三)现场性工作明细清单

现场性工作明细清单反映施工过程必须开展的现场性工作以及实施这些现场性工作的资源和材料选择，表 4-9 是这种清单的参考形式。

计划对象名称	性质	班次	班时	2008 年 5 月				2008 年 6 月								
				28	29	30	31	1	2	3	4	5	6	7	8	……
挖运土方	建造类	1	8													
钢筋混凝土基础	建造类	1	8													
钢筋加工	制备类	1	8													
资源和材料名称	单位	需求数量		28	29	30	31	1	2	3	4	5	6	7	8	
普工	工日	34			10		4									
钢筋工	工日	5				5										
混凝土工	工日	8					8									

注：该图表的时间跨度为施工全过程；
应根据需要选择合适的时间单位；
直方图通常只反映对主要资源和材料的需求强度。

图 4-2　横道图进度计划图表

进度计划表　　**表 4-8**

工程名称：××工程

计划对象	起止时间	总时差	自由时差	包括分项工程	关联	单位	数量
挖运土方	2008 年 5 月 28 日～2008 年 5 月 30 日	0	0	人工挖土	并行	m^3	20
				人力车运土	并行	m^3	20
钢筋混凝土基础	2008 年 5 月 31 日～2008 年 5 月 31 日	0	0	钢筋安装	并行	t	2
				模板安装	并行	m^2	30
				浇捣混凝土基础	并行	m^3	12
钢筋加工	2008 年 5 月 30 日～2008 年 5 月 30 日	0	0	钢筋加工	并行	t	2
…	…	…	…	…	…	…	…

注：1. 起止时间是指某计划对象的最早可能起止时间；
2. 进度计划表的时间跨度同样是施工全过程。

现场性工作明细清单　　**表 4-9**

工程名称：××工程

序　号	现场性工作名称	起止时间	所选择的资源和材料	单　位	数量
1	现场管理	2008 年 5 月 28 日～2008 年 5 月 31 日	项目经理	人	1
			其他管理人员	人	5
			电脑	台	2

续表

序　号	现场性工作名称	起止时间	所选择的资源和材料	单　位	数量
2	桩基测试	2008 年 5 月 28 日 ~ 2008 年 5 月 28 日	桩基公司提供专业服务	次	1
…	…	…	…	…	…

注：起止时间为该工作的最早开始时间。

(四)单项进度资源配置计划表

单项进度资源配置计划表是用以反映施工项目所包括不同计划对象中不同分项工程的实施主体，也就是为完成分项工程施工任务必须设置的专业生产班组、不同专业生产班组必须完成施工任务的实物工程量以及相应的资源配置和资源利用等信息的计划报表。

为了形成实施进度计划所需的施工生产能力，必须按一定的组织方式将资源配置到施工现场。作为组织资源进行施工作业的主要依据，单项进度资源配置计划表必须能反映施工过程所包括的不同成本责任单位在不同施工单元上的资源配置和利用情况，表 4-10 是单项进度资源配置计划表的示意。

单项进度资源配置计划表示意　　表 4-10

工程名称：××工程　　责任单位：××单位

计划对象名称	所包括的分项工程	施工单元	单位	工程数量	资源名称	单位	配置强度	利用率
挖运土方	挖土	人工挖土	m^3	200	普工	人	20	98%
	运土	人力车运土	m^3	200	普工	人	10	100%
回填土	挖堆积土	人工挖堆积土	m^3	120	普工	人	8	100%
	运土	人力车运土	m^3	120	普工	人	4	84%
	回填土	人工回填土	m^3	120	普工	人	6	96%
…	…	…	…	…	…	…	…	…

注：计划对象的起止时间及相应的时差可查询相应的计划进度表。

(五)单项进度材料供应计划表

单项进度材料供应计划表用以反映完成施工项目所包括不同计划对象中相关分项工程的施工任务，在施工过程中所需实体材料消耗和周转材料配置等情况。作为材料采购供应的重要依据，材料供应计划表除了要反映不同计划对象所包括分项工程对材料的需求外，还必须明确相应材料采购供应的责任单位，表 4-11 是单项进度材料供应计划表的示意。

二、作为进度成本综合控制依据的报表

作为施工项目进度成本综合控制的主要依据，相应的计划报表必须能反映从计划开始到施工期限内任何时间的进度和成本目标。为实施控制提供依据的计划报表包括：

①单项进度预算成本汇总表；

②成本费用明细表。

单项进度材料供应计划表示意 **表 4-11**

工程名称：××工程　　　　责任单位：××单位

计划对象名称	所包括的分项工程	单位	工程数量	材料名称	性质	单位	消耗或配置量
砌筑墙体	砌筑内墙	m^3	100	标准砖	实	块	52000
				水泥	实	t	6
				黄砂	实	t	32
	砌筑外墙	m^3	200	标准砖	实	块	103000
				水泥	实	t	13
				黄砂	实	t	64
…	…	…	…	…	…	…	…

注：“性质”是指材料的性质，包括“实体材料”和“周转材料”两种，在材料供应计划表中，实体材料对应“消耗量”，周转材料对应“配置量”。

(一)单项进度预算成本汇总表

单项进度预算成本汇总表反映从计划开始到某指定时间期限内施工项目所包括不同施工活动的计划进度和相应的预算成本。其中，对施工活动的定义，建造类和制备类施工活动一般是指不同计划对象所包括的分项工程；现场性施工活动一般是指编制现场性工作明细清单时所定义的现场性工作。对应于每项施工活动，单项进度预算成本汇总表均反映其在上述期限内的计划完成进度以及相应的预算成本。根据不同的成本责任单位，包括总包费、分包费以及甲供费等三种类型。单项进度预算成本汇总表可用表 4-12 示意。

单项进度预算成本汇总表示意 **表 4-12**

工程名称：××工程　　　　截止时间：×年×月×日

序号	施工活动名称	单位	计划完成进度	预算成本（元）	预算单价（元）	总包费用（元）	分包费用（元）	甲供费用（元）
1	砌筑墙体(M5 混合砂浆内墙)	m^3	100	40000	400	28000	12000	0
2	砌筑墙体(M5 混合砂浆外墙)	m^3	200	82000	410	58000	24000	0
3	回填土(人工挖堆积土)	m^3	200	4000	20	0	4000	0
4	回填土(人力车运土)	m^3	200	2000	10	0	2000	0
5	回填土(人工回填土)	m^3	200	6000	30	0	6000	0
…	…	…	…	…	…	…	…	…

注：对于“现场性工作”，其“单位”可用“次”表示，其“计划完成进度”可用“从计划开始到截止时间的时间长度与该项工作的时间总长度之比”计量。

表中反映的不同施工活动的预算成本和相应的总包费、分包费和甲供费，是根据进度计划过程所形成的完成相应施工任务所需发生的资源和材料需求指标及其相应的价格所计算的成本费用。单项进度预算成本汇总表所反映的预算成本以及相应的总包费、分包费和甲供费的计算方法，可用式(4-10)示意。

$$预算成本 = \sum 计划完成进度所需资源或材料的需求指标 \times 相应价格 \quad (4-10)$$

在确定不同施工活动预算成本的基础上，可采用式(4-11)计算相应的预算单价。

$$预算单价 = \frac{预算成本}{计划完成进度} \quad (4-11)$$

(二)成本费用明细表

成本费用明细表是单项进度预算成本汇总表在成本费用方面的具体化，它反映不同成本责任单位在完成进度计划所包括施工任务或施工保障方案所包括现场性工作的过程中，按进度计划和相应施工保障方案组织施工，达到单项进度预算成本汇总表所规定的计划完成进度，所需发生的资源和材料需求指标以及这些指标的具体数值和相应的单价。

成本费用明细表按不同的责任单位分别编制，其表格形式可用表4-13示意。

成本费用明细表示意 **表4-13**

工程名称：××工程

责任单位：××单位 截止时间：×年×月×日

资源或材料需求指标	单位	计划发生	计划价格(元)	成本费用(元)
普工(计时人工)	工日	100	40	4000
瓦工(计时人工)	工日	200	60	12000
瓦工(班内加班)	工日	10	80	800
塔吊(计时机械)	台班	40	100	4000
砂浆搅拌机(计时机械)	台班	50	40	2000
混凝土搅拌机(计时机械)	台班	100	50	5000
…	…	…	…	…

第五章 进度成本综合控制

为了确保施工项目在进度、资源和成本的平衡状态下得以实施，首先必须通过计划建立这种平衡，其次必须通过控制使这种平衡得以维持。

控制是依据监测结果对项目过程所采取的行动，相应地，施工项目进度成本综合控制的依据是对施工过程中进度、资源和成本的监测结果，其行动的对象是组成施工项目的不同施工活动，实施控制的程序一般包括：

◎实施监测

◎评审项目状态

◎变更控制

◎重新计划

第一节 监测报告系统

作为控制程序的第一个环节，首先必须通过监测工作揭示施工项目在一定时期内进度、资源和成本的现状，包括计划的和实际的进度以及进度的发展趋势、计划的和实际的资源配置和利用、计划的和实际的成本状态及其变动趋势等。为此，必须设计一套监测报告系统以帮助完成上述监测工作。

一、监测工作对报告系统的要求

监测工作的任务是及时反映施工项目在实施过程中进度、资源和成本的现状，并将这种现状与相应计划进行对比以发现实施过程存在的差异。为此，在设计监测报告系统时，必须从有利于实现监测目标的角度出发，满足监测工作对报告系统提出的如下要求：

（一）与计划指标相对应

在监测工作的实践中，一般采用统计指标的方式揭示施工过程中进度、资源和成本的现状、以及将这种现状与计划相比较所形成的差异。为此，必须设置相应的统计指标体系并通过开展包括调查、整理和分析在内的统计工作以形成相应的指标值。在设置统计指标时，为了便于和计划指标作对比分析，要求其指标的含义、统计范围和计算方法必须与相应的计划指标相对应。

（二）报告的层次性

根据不同管理层对报告内容的不同要求，在设计监测报告系统时，必须考虑监测报告的层次性。根据不同的综合程度，组成报告系统的报告一般可分成明细报告和综合报告两个层次。明细报告反映控制期进度成本的明细信息，包括单项进度成本指标、发生成本明细指标以及单项进度差异指标、成本差异明细指标等。明细报告可作为对施工过程进行分析、评估和重新计划等基层控制工作的直接依据。综合报告反映控制期进度成本的综合信息，包括某控制期进度成本差异总体指标、以及其中的成本差异综合指标和进度差异综合指标等。综合报告的主要作用是向施工企业的高层管理者或业主代表报告施工项目的实施状况及其发展趋势。

（三）正确处理控制程度和控制费用之间的关系

控制是降低项目风险的有效措施，施加越多的控制，施工项目的风险就会越低，项目陷入麻烦的可能性也就会越小。由此，人们往往很容易陶醉于控制和报告中。然而，过分的控制必然会带来控制费用的增加并引发工作上的僵化和扼杀创造力。所以，需要在决定控制程度的报告内容和报告频率等方面作出决策，以平衡控制费用和项目风险之间的关系。

二、指标体系

为了系统地反映施工项目实施阶段进度、资源和成本的现状及其现状的变动趋势，必须建立相应的报告指标体系。处于该体系中的具体指标，具有不同的含义、作用以及不同的统计范围和计算方法。

根据监测工作对报告系统的要求，为施工项目进度成本综合控制设计的报告指标体系，必须包括如下类型的指标：

◎反映某控制期进度成本实施现状的指标

◎反映某控制期进度成本差异的指标

◎进度成本动态差异分析指标

（一）反映某控制期进度成本实施现状的指标

反映某控制期进度成本实施现状的指标是用以如实记录施工项目在该控制期内实施进度和相应成本现状的统计指标，一般包括单项进度完成指标、发生成本明细指标两种具体的类型。

1. 单项进度完成指标

单项进度完成指标是用以反映施工项目所包括施工活动在某控制期内完成程度的统计指标。在对施工项目实施控制时，单项进度完成指标主要用于跟踪施工项目的完成进度。

由于组成施工项目的施工活动一般可分成两类：其一是被列入进度计划的建造类和制备类施工活动，其二是没有被列入进度计划的现场性工作。所以，在统计施工项目的单项进度完成指标时，应该针对上述两种施工活动的不同特点，通过对施工过程的现场调查，分别测量并记录其在某控制期内完成施工任务的情况，并据此形成相应的统计指标值。

与进度计划相对应，在形成反映建造类和制备类施工活动完成情况的单项进度完成指标时，必须以不同计划对象所包括的分项工程在该控制期内完成施工任务的实物工程量为指标值。

为了全面地反映施工项目在某控制期内单项进度的完成情况，通常采用统计报表的形式汇总单项进度完成指标并进行报告，表5-1是这种统计报表的示意。

分项工程单项进度完成统计表 **表5-1**

工程名称：××工程 控制期：×年×月×日～×年×月×日

序　号	计划对象名称	所包括分项工程	单　位	实际完成工程量
1	挖运土石方	挖　土	m^3	200
		运　土	m^3	200

续表

序　号	计划对象名称	所包括分项工程	单　位	实际完成工程量
2	砌筑墙体	砌筑内墙	m^3	50
		砌筑外墙	m^3	30
…	……	……	…	…

由于现场性工作的成果一般难于用具体的产出物来直接计量，所以，在形成反映现场性工作完成情况的单项进度完成指标时，只能以不同现场性工作在控制期内工作任务的完成率作为指标值。现场性工作的完成率，通常可用诸如“实际完成次数与计划要求次数之比”、“某项工作的完成率”、“从计划开始到截止时间的时间长度与该项工作的时间总长度之比”等形式进行计量。

表5-2是用以反映现场性工作在某控制期内工作任务完成情况的统计报表示意。

现场性工作单项进度完成统计表　　　　**表5-2**

工程名称：××工程　　　　控制期：×年×月×日～×年×月×日

序　号	现场性工作名称	完成率
1	现场管理工作	20%
…	…	…

由于施工项目的实施过程通常是由若干责任单位共同参与的，相应地，某控制期所完成的单项进度也是相关责任单位共同作用的结果。所以，在统计单项进度完成指标时，一般不需要以不同的责任单位为标志进行分组统计。至于导致进度现状的责任问题，则只能依据管理人员对施工过程中不同责任单位工作状况的观察来作出判断。

2. 发生成本明细指标

发生成本明细指标是用以反映某控制期内对应于实际完成进度的发生成本明细状况的统计指标。该指标的主要作用是跟踪施工过程不同阶段实际成本的明细情况。由于在施工过程中不同的责任单位均具有其所属的资源配置和材料供应，其相应的资源使用和材料消耗必将发生费用支出。所以，在统计发生成本明细指标时，应该以不同的责任单位为统计对象，通过现场调查分别记录不同责任单位对应于实际完成进度的资源使用和材料消耗数量，并结合相应的价格计算实际发生的成本费用。

经现场统计形成的发生成本明细指标，同样可以采用统计报表的形式进行报告。该统计报表必须能反映控制期内不同责任单位在资源使用和材料消耗方面的明细信息，并结合相应的价格最终形成成本费用的实际值。

表5-3是用以汇总某责任单位在某控制期内发生成本明细指标的统计报表示意。

（二）反映某控制期进度成本差异的指标

发生成本明细表 **表 5-3**

工程名称：××工程

责任单位：××单位 控制期：×年×月×日～×年×月×日

序号	资源或材料需求指标	单位	实际发生量	实际价格（元）	成本费用（元）
1	普工（计时人工）	工日	100	50	5000
2	普工（班内加班）	工日	20	80	1600
3	普工（计件人工）	工日	50	60	3000
4	瓦工（计件人工）	工日	80	130	10400
5	水　　泥	t	40	300	12000
…	…	…	…	…	…

注：本表货币计量单位为“元”。

所谓进度成本差异是指进度成本指标的实际值与计划值之间的差异。用以反映某控制期进度成本差异的指标，主要包括单项进度差异指标、成本差异明细指标以及进度成本综合差异指标等三种类型。

1. 单项进度差异指标

单项进度差异指标反映某控制期实际完成单项进度与计划要求单项进度之间的差异。该指标的主要作用是用于发现施工项目在某控制期出现的单项进度偏差并据此评估进度计划的执行状况。在统计某控制期单项进度差异指标时，应该在计算单项进度完成指标的基础上，将该单项进度完成指标值与相应单项进度计划指标值相减。其中，单项进度计划指标是指按进度计划的要求在该控制期内必须完成的进度。

用以反映某控制期单项进度差异的统计指标，其实是单项进度完成指标统计表与相应进度计划表之间的叠加。在编制该统计报表时，同样需要将分项工程和现场性工作区分开来，分别编制相应的统计报表。

表 5-4 和表 5-5 分别是用以汇总某控制期分项工程单项进度差异指标和现场性工作单项进度差异指标的统计报表示意。

分项工程单项进度差异统计表 **表 5-4**

工程名称：××工程 控制期：×年×月×日～×年×月×日

序号	计划对象名称	所包括分项工程	单位	实际完成进度	计划要求进度	单项进度差异
1	挖运土石方	人工挖土	m^3	300	240	60
		人力车运土	m^3	280	240	40
2	砌筑墙体	砌筑内墙	m^3	100	110	-10
		砌筑外墙	m^3	200	180	20
3	回填土	挖堆积土	m^3	200	210	-10
		人力车运土	m^3	200	210	-10
		基槽回填	m^3	200	210	-10

现场性工作单项进度差异统计表 **表 5-5**

工程名称：××工程　　　　控制期：×年×月×日～×年×月×日

序　号	现场性工作名称	实际进度完成率	计划进度完成率	单项进度差异
1	现场管理工作	20%	20%	0
2	桩基检测	80%	70%	10%
…	…	…	…	…

2. 成本差异明细指标

成本差异明细指标反映在某控制期内不同责任单位对应于实际完成进度的发生成本与相应计划成本之间差异的明细情况。该指标的主要作用是用于跟踪施工过程各阶段对应于实际完成进度的成本差异明细情况并据此评估施工过程的成本状况。在统计成本差异明细指标时，应在计算不同责任单位对应于实际完成进度的实际发生成本明细指标基础上，将该成本明细指标值与对应于实际完成进度的计划成本明细指标值相减。其中，对应于实际完成进度的计划成本明细指标值是指根据成本计划所规定的成本水平，当施工项目达到上述实际完成进度状态时，按计划必须发生的成本明细数值。

用以反映某控制期成本差异明细指标的统计报表，其实是发生成本明细表与相应计划成本明细表的叠加，表 5-6 是用以汇总某责任单位在某控制期内成本差异明细指标的统计报表示意。

成本差异明细表 **表 5-6**

工程名称：××工程

责任单位：××单位　　　　控制期：×年×月×日～×年×月×日

序　号	资源或材料需求指标	单　位	实际发生量	实际价格	实际成本	计划发生量	计划价格	计划成本	成本差异
1	水泥	t	100	300	30000	90	300	27000	3000
2	标准砖	块	1000	0.3	300	1200	0.3	360	-60
…	…	…	…	…	…	…	…	…	…

注：本表货币计量单位为“元”。

3. 进度成本综合差异指标

进度成本综合差异指标采用综合指标的形式反映某控制期内施工项目进度和成本方面的总体差异。其主要作用是据此向施工企业高层管理者或业主代表作出概括性的报告。

为了概括地反映某控制期内施工项目在进度和成本方面的总体差异情况，通常采用“挣值”原理，按如下计算程序经计算分别形成相应的综合差异指标。

(1) 计划进度预算成本指标（*BCWS*）

计划进度预算成本指标是将某控制期按计划应该实现的单项进度计划指标与相应的预算单价相乘所形成的指标。该指标反映施工项目在该控制期内按原计划进度和相应成本水平组织施工必须发生的总费用。计划进度预算成本指标可用式（5-1）计算。

$$计划进度预算成本指标 = \sum 单项进度计划指标 \times 预算单价 \tag{5-1}$$

式（5-1）中单项进度计划指标和相应的预算单价，均来源于施工项目进度成本集成计划体系中的单项进度预算成本汇总表。

(2) 实际进度预算成本指标（*BCWP*）

实际进度预算成本指标是将某控制期内发生的单项进度完成指标与相应预算单价相乘所形成的指标。该指标反映施工项目在该控制期内按原计划所确定的预算单价计算的实现单项进度完成指标所需的总费用。实际进度预算成本指标可用式（5-2）计算。

$$实际进度预算成本指标 = \sum 单项进度完成指标 \times 预算单价 \tag{5-2}$$

式（5-2）中单项进度完成指标来源于监测报告系统中分项工程单项进度完成统计表和现场性工作单项进度完成统计表。其中，分项工程单项进度完成指标用绝对数表示，现场性工作单项进度完成指标用完成率表示。预算单价则来源于进度成本集成计划体系中的单项进度预算成本汇总表。

(3) 实际进度实际成本指标（*ACWP*）

实际进度实际成本指标是将某控制期内发生的单项进度完成指标与相应实际单价相乘所形成的指标。该指标反映施工项目在该控制期内对应于单项进度完成指标的实际费用。从上述实际进度实际成本指标的概念出发，其计算方法如式（5-3）所示。

$$实际进度实际成本指标 = \sum 单项进度完成指标 \times 实际单价 \tag{5-3}$$

由于对应于单项进度完成指标的实际单价无法通过监测报告系统的运行直接获取，所以在计算实际进度实际成本指标时，可以根据监测报告系统所能够提供的进度成本信息，采用式（5-4）所示的变通方法进行计算。

$$实际进度实际成本 = \sum 资源和材料需求指标的实际值 \times 实际价格 \tag{5-4}$$

式（5-4）中资源和材料需求指标的实际值和相应的实际价格均来源于监测报告系统中的发生成本明细表。由于施工项目在某控制期的实际完成进度是相关责任单位共同作用的结果，所以，式（5-4）所使用的资源和材料需求指标的实际值以及相应的实际价格也应该来源于全部责任单位的发生成本明细表。

(4) 进度成本综合差异指标

进度成本综合差异指标反映某控制期内施工项目在进度和成本方面的总体差异。进度成本综合差异指标等于该控制期内所发生的实际进度实际成本指标值与计划进度预算成本指标值相减所形成的差值。进度成本综合差异指标可用式（5-5）进行计算。

$$进度成本综合差异指标 = ACWP - BCWS \tag{5-5}$$

(5) 进度综合差异指标

进度综合差异指标反映某控制期内施工项目所发生的进度综合差异。进度综合差异指标等于该控制期内所发生的实际进度预算成本指标值与计划进度预算成本指标值相减所形成的差值。进度综合差异指标可用式（5-6）进行计算。

$$进度综合差异指标 = BCWP - BCWS \quad (5\text{-}6)$$

（6）成本综合差异指标

成本综合差异指标反映某控制期内施工项目所发生的成本综合差异。成本综合差异指标等于该控制期内所发生的实际进度实际成本指标值与实际进度预算成本指标值相减所形成的差值。成本综合差异指标可用式（5-7）进行计算。

$$成本综合差异指标 = ACWP - BCWP \quad (5\text{-}7)$$

为了动态地跟踪施工过程各阶段的进度成本综合差异情况，可以采用累计的方式进行报告。用以反映施工项目进度成本综合差异指标的累计统计报表，必须能全面地反映施工过程中不同控制期的进度成本综合差异、进度综合差异以及成本综合差异等指标。表5-7是用以汇总施工项目在不同控制期内进度成本综合差异以及其中的进度和成本综合差异的累计统计报表示意。

进度成本综合差异累计统计表 **表5-7**

工程名称：××工程

序号	期初时间	期末时间	计划进度预算成本（万元）	实际进度预算成本（万元）	实际进度实际成本（万元）	进度成本综合差异（万元）	进度差异（万元）	成本差异（万元）
1	2008年3月5日	2008年4月5日	100	120	130	30	20	10
2	2008年4月5日	2008年5月5日	200	210	230	30	10	20
…	…	…	…	…	…	…	…	…

注：本表货币计量单位为“万元”。

（三）进度成本动态差异分析指标

进度成本动态差异分析指标主要反映某控制期施工项目进度和成本的实施现状以及该现状给后续工程的施工所带来的影响。在承包工程施工过程中，某控制期的实施现状势必会对期末未完工程的施工产生影响，进而影响其实施进度和成本。当对期末未完工程进行重新计划后，则进度成本动态差异分析指标可以采用反映本期进度成本实施状况的统计指标加上基于对后续工程重新计划所形成的反映其进度成本预期状况的预期指标再减去期初原进度成本计划指标所形成的差值来表达。根据指标内容和综合程度的不同，动态差异分析指标一般包括实物工程量差异指标、全部成本差异明细指标以及全部成本差异综合指标、全部工期差异指标等内容。

1. 实物工程量差异指标

实物工程量差异指标反映某控制期开始前后施工项目所需完成实物工程量之间的差异情况。根据某控制期的实施状况，当对期末未完工程进行重新计划时，可能会因设计变更等原因导致施工项目所需完成的实物工程量发生增减变化。将该控制期内的单项进度完成指标加上经重新计划后所形成的单项进度预期指标再减去原单项进度计划指标，其差值即为本控制期的实物工程量差异指标。实物工程量差异指标的计算方法可用式(5-8) 示意。

$$\text{实物工程量差异指标值}=\text{本期单项进度完成指标}+\text{期末单项进度预期指标}-\text{期初单项进度计划指标} \tag{5-8}$$

为了动态地跟踪施工过程各阶段的实物工程量差异情况，可以采用累计方式进行报告。用以反映施工项目实物工程量差异的累计统计报表，必须能全面地反映不同控制期内施工项目所包括的所有计划对象中不同分项工程的完成进度、预期进度以及原计划进度，进而反映与之相应的实物工程量差异。表 5-8 是用以汇总施工项目在不同控制期内实物工程量差异情况的累计统计报表示意。

实物工程量差异累计表 **表 5-8**

工程名称：××工程 开工日期：2008 年 3 月 4 日

序号	本期结束时间	计划对象名称	所含分项工程	单位	本期完成	期末预期	期初计划	差异	备注
1	2008 年 4 月 4 日	挖运土方	人工挖土	m^3	30	70	95	5	设计变更
			人力车运土	m^3	30	70	95	5	设计变更
2		浇捣混凝土垫层	浇捣混凝土垫层	m^3	5	20	21	4	设计变更
3		钢筋、模板安装	模板安装	m^2	30	40	70	0	
			钢筋安装	t	0.8	1.2	2	0	
1	2008 年 5 月 4 日	回填土	挖土	m^3	10	30	40	0	
			运土	m^3	10	30	40	0	
			基坑回填	m^3	10	30	40	0	
…	…	…	…	…	…	…	…	…	…

2. 全部成本差异明细指标

全部成本差异明细指标反映施工项目在某控制期开始前后所需成本之间差异的明细情况。基于某控制期末对后续工程的重新计划，能够形成对应于后续工程的预期成本，将该预期成本加上控制期内所发生的成本，再减去控制期初的原计划成本，其差值即为本控制期的全部成本差异明细指标。全部成本差异明细指标可用式（5-9）进行计算。

$$\text{全部成本差异明细指标}=\text{本期发生量}\times\text{本期发生价}+\text{期末预期量}\times\text{期末预期价}-\text{期初原计划量}\times\text{期初原计划价} \tag{5-9}$$

当使用式（5-9）计算施工项目某控制期全部成本差异明细指标时，式中所包括的本期发生量、期末预期量、期初原计划量以及相应的本期发生价、期末预期价、期初原计划价等的具体含义如下：

（1）本期发生量

本期发生量是指在本控制期内发生的、对应于本期完成进度的资源或材料需求指标。

该指标来源于本期发生成本明细表。

（2）期末预期量

期末预期量是指基于期末重新计划所形成的、对应于期末未完工程的资源或材料需求指标。该指标来源于经期末重新计划所形成的、对应于未完工程的计划成本明细表。

（3）期初原计划量

期初原计划量是指基于期初计划所形成的、对应于全部工程内容的资源或材料需求指标。由于本期期初计划就是上期期末重新计划，所以期初原计划量来源于经上期期末重新计划所形成的计划成本明细表。

（4）本期发生价、期末预期价和期初原计划价

价格是对应于数量的单位费用，相应地，本期发生价、期末预期价和期初原计划价分别是对应于本期发生量、期末预期量和期初原计划量的单位费用。与本期发生量、期末预期量和期初原计划量相对应，本期发生价、期末预期价和期初原计划价分别来源于本期发生成本明细表、经期末重新计划所形成的计划成本明细表以及经上期期末重新计划所形成的计划成本明细表。

用以汇总某控制期全部成本差异明细指标的统计报表，必须能全面地反映施工项目所包括不同责任单位在该控制期内的发生成本、预期成本、原计划成本以及相应的全部成本差异明细。表5-9是这种统计报表的示意。

全部成本差异明细表 **表5-9**

工程名称：××工程

责任单位：××单位　　　　开工日期：2008年3月4日

序号	本期结束时间	资源或材料需求指标	单位	本期发生量	本期发生价	期末预期量	期末预期价	期初原计划量	期初原计划价	全部成本差异
1	2008年4月4日	普工	工日	20	30	50	30	65	30	150
2		人力车	台班	10	10	25	10	32	10	30
3		瓦工	工日	50	30	0	30	50	30	0
4		木工	工日	20	50	40	50	62	50	-100
1	2008年5月4日	普工	工日	20	30	50	30	65	30	150
…	…	…	…	…	…	…	…	…	…	…

注：本表货币计量单位为“万元”。

3. 全部成本差异综合指标

全部成本差异综合指标采用综合指标的形式反映施工项目在某控制期开始前后成本差异的综合情况。全部成本差异综合指标可用式（5-10）提供的方法计算。

$$\text{全部成本差异综合指标}=\text{本期发生成本}+\text{期末预期成本}-\text{期初原计划成本} \tag{5-10}$$

在使用式（5-10）计算某控制期全部成本差异综合指标时，其所需的本期发生成本、期末预期成本以及期初原计划成本等三项指标的值，分别来源于如下不同的途径：

(1) 本期发生成本

本期发生成本是指对应于本期完成进度的实际成本，它来源于同期发生成本明细表。将对应于不同责任单位的发生成本明细表中相关资源和材料需求指标与相应实际价格相乘并加以汇总，即可得本期发生成本。本期发生成本的计算方法可用式（5-11）示意。

$$本期发生成本 = \sum(资源材料需求指标 \times 实际价格) \tag{5-11}$$

(2) 期初原计划成本

期初原计划成本是指对应于期初未完工程的计划成本。在确定期初原计划成本时，只要将基于上期末对未完工程重新计划所形成的进度成本集成计划所包括的单项进度预算成本汇总表中的单项进度计划指标与相应预算单价相乘并加以汇总，即可得对应于期初未完工程的原计划成本。期初原计划成本的计算方法可用式（5-12）示意。

$$期初原计划成本 = \sum(期初单项进度计划指标 \times 期初预算单价) \tag{5-12}$$

(3) 期末预期成本

期末预期成本是指对应于期末未完工程的计划成本。在确定期末预期成本时，通常是以基于期末对未完工程进行重新计划所形成的新的进度成本集成计划体系，将该指标体系所包括的单项进度预算成本汇总表所规定的反映全部未完工程在内的单项进度计划指标与相应预算单价相乘并加以汇总，即可得对应于期末未完工程的期末预期成本。期末预期成本的计算方法可用式（5-13）示意。

$$期末预期成本 = \sum(期末单项进度计划指标 \times 期末预算单价) \tag{5-13}$$

全部成本差异综合指标可以随施工项目的进展按控制期累计汇总在统计报表上，该累计报表通常被上报给施工企业的高层管理者或业主代表。表 5－10 是用以汇总施工项目不同控制期“全部成本差异综合指标累计汇总表”示意。

全部成本差异综合指标累计汇总表 **表 5-10**

工程名称：××工程　　　　开工日期：2008 年 3 月 5 日

本期开始时间	本期发生成本	期末预期成本	期初原计划成本	全部成本差异
2008 年 3 月 5 日	0	1150	0	1150
2008 年 4 月 5 日	300	900	1150	50
2008 年 5 月 5 日	200	730	900	30
2008 年 6 月 5 日	300	500	730	70
…	…	…	…	…

注：本表货币计量单位为“万元”。

4. 全部工期差异指标

全部工期差异指标反映施工项目在某控制期开始前后计划工期之间的差异情况。基于控制期末对后续工程的重新计划，能形成对应于期末未完工程的进度计划。将该进度计划规定的竣工时间减去控制期初原进度计划所规定的竣工时间所形成的差值，即为本控制期的全部工期差异指标。全部工期差异指标的计算方法可用式（5-14）示意。

$$\text{全部工期差异指标} = \text{基于期末重新计划竣工时间} - \text{期初原始计划竣工时间} \tag{5-14}$$

全部工期差异指标同样可以随施工项目的进展按控制期累计汇总在统计报表上，该报表的形式可用表5-11进行示意。

全部工期差异指标累计汇总表 **表5-11**

工程名称：××工程 开工日期：2008年3月5日

控制期起止时间	原始计划竣工时间	变更计划竣工时间	全部工期差异
2008年3月5日~2008年4月5日	2008年11月8日	2008年11月18日	10
2008年4月6日~2008年5月5日	2008年11月18日	2008年11月20日	2
2008年5月6日~2008年6月5日	2008年11月20日	2008年11月20日	0
…	…	…	…

注：全部工期差异的时间计量单位为“天”。

三、监测的实施

监测报告系统所包括的报告指标体系反映施工项目实施过程不同阶段进度和成本的现状及其变动趋势，报告指标体系所包括具体指标的指标值，则必须通过对施工过程开展现场统计才能形成。所谓监测的实施，其实就是为形成报告指标体系中具体指标的指标值，而对施工过程所开展的现场统计工作。

对施工过程开展现场统计的主要步骤包括：

◎设置统计调查表；

◎进行统计汇总。

（一）设置统计调查表

报告指标体系中具体指标的数值，均来源于对施工过程所产生数据开展的调查记录和整理汇总。为此，必须根据具体指标的经济意义、统计范围和计算方法，设置相应的统计调查表。

统计调查表一般由统计调查时所必须调查的项目所组成。所谓调查项目，就是用以说明被调查对象某数据特征的名称。调查工作的任务，主要包括按形成具体指标的要求设置统计调查表并据此记录被调查对象所包括不同调查项目的具体数值，以便通过对这些具体数值的整理，最终汇总成相应的统计指标。

为形成报告指标体系所包括具体指标的指标值，必须对施工过程开展统计调查。由于报告指标体系是用于反映施工项目进度和成本状态的，所以，相应的统计调查表也必须包括施工过程进度和成本方面的调查信息。

1. 单项进度完成情况调查表

单项进度完成情况调查表用以记录施工过程在某控制期内被列入进度计划的不同计划对象所包括分项工程以及相应现场性工作的单项进度完成情况。在对施工项目进行统计调查时，一般针对分项工程和现场性工作分别设置调查表，并据此开展相应的调查工作。

（1）分项工程单项进度完成情况调查表

分项工程单项进度完成情况调查表所包括的调查项目，是分项工程在一定调查期限内单项进度的完成情况。对该单项进度完成情况的计量，一般采用实物工程量的计量方式。

对分项工程单项进度完成情况的调查表所记录的原始数据进行汇总，即形成相应的分项工程单项进度完成指标。表5-12是“分项工程单项进度完成情况调查表”示意。

分项工程单项进度完成情况调查表 **表5-12**

工程名称：××工程　　调查期限：×年×月×日～×年×月×日

序　号	计划对象名称	所包括分项工程	单　位	实际完成工程量
1	挖运土方	人工挖土	m^3	100
		人力车运土	m^3	100
2	砌筑墙体	砌筑内墙	m^3	30
		砌筑外墙	m^3	50

（2）现场性工作单项进度完成情况调查表

现场性工作单项进度完成情况调查表所包括的调查项目，是现场性工作在某调查期限内单项进度的完成情况。对该单项进度完成情况的计量，一般采用完成率的计量方式。

对现场性工作单项进度完成情况调查表所记录的原始数据进行汇总，即形成相应的现场性工作单项进度完成指标。表5-13是“现场性工作单项进度完成情况调查表”示意。

现场性工作单项进度完成情况调查表 **表5-13**

工程名称：××工程　　调查期限：×年×月×日～×年×月×日

序　号	现场性工作名称	实际完成率
1	现场管理工作	30%
…	…	…

2. 考勤表

考勤表用以记录施工项目所包括不同责任单位的生产工人和管理人员的出勤情况，以便据此统计某控制期内所发生的计时人工数量和加班人工数量，并据此推算和分配对应于本期单项进度完成指标的计件人工数量等人工需求指标。从形成上述人工需求指标的需要出发，考勤表所设置的调查项目必须包括生产工人或管理人员在正常工作班或翻班工作班内的工作时间、因延长工作班工作时间导致的班内加班工作时间、因病因事引起的病事假时间以及无故缺勤时间等。考勤表分不同的责任单位分别记录，在进行考勤时，不仅要围绕上述调查项目分别记录生产工人或管理人员的出勤情况，而且，考虑到施工过程中归属于某责任单位的具体人员有可能会被调配去完成其他责任单位所属的施工任务，为了方便被调配使用的人员在不同责任单位之间的费用结算，还必须记录生产工人或管理人员在出勤时间里所服务的施工任务以及该施工任务所归属的具体责任单位。表5-14是××施工企业设计的适用于不同责任单位的考勤表示意。

考 勤 表 **表 5-14**

工程名称：××工程

责任单位：甲单位 考勤日期（节假日）：×年×月×日（周日）

姓 名	班次	工种	施工任务归属单位				
			甲单位	乙单位	丙单位	丁单位	…
张三	正常	瓦工	8				
李四	正常	木工	8				
王五	翻班	木工		8			
…	…	…	…	…	…	…	…
施工任务归属单位签名确认			王建国	李国庆	…	…	…

注：1. 本考勤表只列出本责任单位所属人员的姓名和工种；

2. 出勤在相应施工任务归属单位栏内填入“小时数”，旷工填“△”，事假填“○”，病假填“☆”；

3. 每天的考勤情况应由施工任务归属单位负责人签名确认。

按照表5-14所示的表格形式，不同责任单位分别组织每一天的考勤工作。将每天的考勤信息汇总到表5-15所示的施工项目考勤汇总表上，则可得不同责任单位所属的具体人员在某一天的出勤信息。

施工项目考勤汇总表 **表 5-15**

工程名称：××工程 考勤日期（节假日）：×年×月×日（周日）

姓 名	工种	班次	人员归属	施工任务归属单位			
				甲单位	乙单位	丙单位	丁单位
张三	瓦工	正常	甲单位	8			
李四	木工	正常	甲单位	8			
王五	木工	正常	甲单位		8		
周六	瓦工	翻班	乙单位	8			
…	…	…	…	…	…	…	…

注：在制表时，表中的人员姓名最好按不同的归属和工种进行排序。

根据施工项目考勤汇总表所记录的出勤信息，可计算出形成相应人工需求指标所需的不同责任单位所属的具体人员在不同服务对象上的如下数据：

（1）正常工日（正常班或翻班）

$$\text{正常工日}=\frac{\text{非节假日工作小时数}}{8}(\text{工作时数}\leqslant 8\text{ 小时})\text{或}$$

正常工日 =1（工作时数 >8 小时

（2）班内加班工日（正常班或翻班）

$$\text{班内加班工日}=\frac{\text{工作时数}-8}{8}(\text{只有当工作时数}>8\text{ 小时})$$

（3）节假日加班工日（正常班或翻班）

$$\text{节假日加班工日}=\frac{\text{节假日加班时数}}{8}(\text{加班时数}\leqslant 8\text{ 小时})\text{或}$$

节假日加班工日 = 1(加班时数 >8 小时)

(4) 节假日班内加班工日(正常班或翻班)

$$节假日班内加班工日 = \frac{节假日加班时数 - 8}{8}(只有当节假日加班时数 > 8 小时)$$

(5) 病假工日(只统计正常班)

$$病假工日 = \frac{考勤时记录的病假小时数}{8}$$

(6) 事假工日(只统计正常班)

$$事假工日 = \frac{考勤时记录的事假小时数}{8}$$

将经由上述公式计算所得的不同责任单位所属的具体人员在不同服务对象上的人工出勤数据汇总成表格，则可得如表5-16所示的、用以汇总施工项目在每一天中人工出勤数据的施工项目出勤数据汇总表。

施工项目出勤数据汇总表 **表5-16**

工程名称：××工程　　考勤日期（节假日）：×年×月×日（周日）

姓　名	工　种	人员归属	班内正常			班内加班			节假日加班			节假班内加班			病假时间			事假时间		
			甲	乙	丙	甲	乙	丙	甲	乙	丙	甲	乙	丙	甲	乙	丙	甲	乙	丙
张三	技工	甲单位	1																	
李四	技工	甲单位	1																	
王五	普工	甲单位		1																
周六	普工	乙单位	1																	

【例5-1】根据某施工项目的考勤汇总表，计算为形成相应人工需求指标所需的不同责任单位中具体人员在不同服务对象上的人工考勤数据。

该施工项目的考勤汇总表如表5-17～表5-19所示。

施工项目考勤汇总表 **表5-17**

工程名称：××工程　　考勤日期（节假日）：×年×月15日（非节假日）

姓　名	工　种	班　次	人员归属	施工任务归属单位		
				甲单位	乙单位	丙单位
张三	技工	正常	甲单位	10		
李四	技工	正常	甲单位	10		
王五	普工	正常	甲单位		8	
周六	普工	正常	乙单位	8		
徐七	技工	正常	乙单位		8	
黄八	技工	正常	丙单位		8	
刘九	技工	正常	丙单位			8

施工项目考勤汇总表 **表 5-18**

工程名称：××工程　　考勤日期（节假日）：×年×月16日（法定节假日）

姓　名	工　种	班　次	人员归属	施工任务归属单位		
				甲单位	乙单位	丙单位
张三	技工	正常	甲单位	8		
李四	技工	正常	甲单位	8		
王五	普工	正常	甲单位	8		
周六	普工	正常	乙单位		8	
徐七	技工	正常	乙单位		8	
黄八	技工	正常	丙单位		8	
刘九	技工	正常	丙单位			8

施工项目考勤汇总表 **表 5-19**

工程名称：××工程　　考勤日期（节假日）：×年×月17日（非节假日）

姓　名	工　种	班　次	人员归属	施工任务归属单位		
				甲单位	乙单位	丙单位
张三	技工	正常	甲单位	6		
李四	技工	正常	甲单位	8		
王五	普工	正常	甲单位	☆		
周六	普工	正常	乙单位		8	
徐七	技工	正常	乙单位		8	
黄八	技工	正常	丙单位			8
刘九	技工	正常	丙单位			8

依据考勤汇总表所提供的考勤数据，采用相关计算公式进行计算，可以获得形成相关人工需求指标所需不同责任单位所属具体人员在不同服务对象上的统计数据如表5-20～表5-22所示。

施工项目出勤数据汇总表（正常班） **表 5-20**

工程名称：××工程　　考勤日期（节假日）：×年×月15日（非节假日）

姓　名	工　种	人员归属	班内正常			班内加班			节假加班			病假时间			事假时间		
			甲	乙	丙	甲	乙	丙	甲	乙	丙	甲	乙	丙	甲	乙	丙
张三	技工	甲单位	1			0.25											
李四	技工	甲单位	1			0.25											
王五	普工	甲单位		1													
周六	普工	乙单位	1														
徐七	技工	乙单位		1													
黄八	技工	丙单位		1													
刘九	技工	丙单位			1												

施工项目出勤数据汇总表（正常班）　　**表 5-21**

工程名称：××工程　　考勤日期（节假日）：×年×月 16 日（法定节假日）

姓　名	工　种	人员归属	班内正常			班内加班			节假加班			病假时间			事假时间		
			甲	乙	丙	甲	乙	丙	甲	乙	丙	甲	乙	丙	甲	乙	丙
张三	技工	甲单位							1								
李四	技工	甲单位							1								
王五	普工	甲单位							1								
周六	普工	乙单位								1							
徐七	技工	乙单位								1							
黄八	技工	丙单位								1							
刘九	技工	丙单位									1						

施工项目出勤数据汇总表（正常班）　　**表 5-22**

工程名称：××工程　　考勤日期（节假日）：×年×月 17 日（非节假日）

姓　名	工　种	人员归属	班内正常			班内加班			节假加班			病假时间			事假时间		
			甲	乙	丙	甲	乙	丙	甲	乙	丙	甲	乙	丙	甲	乙	丙
张三	技工	甲单位	0.75														
李四	技工	甲单位	1														
王五	普工	甲单位										1					
周六	普工	乙单位		1													
徐七	技工	乙单位		1													
黄八	技工	丙单位			1												
刘九	技工	丙单位			1												

2. 施工机械和周转材料进退场记录表

施工机械和周转材料进退场记录表用以记录归属于不同责任单位的施工机械和周转材料的进退场信息，以便据此计算某控制期内该责任单位在施工过程中实际发生的机械和周转材料的使用量指标以及相应的单价。与人工费用指标不同的是，施工机械和周转材料使用量指标作为该机械和周转材料在施工现场的配置强度与相应配置时间的乘积，其大小通常与机械和周转材料在施工过程中的使用情况无关。从形成施工机械和周转材料使用量指标的要求出发，施工机械和周转材料进退场记录表应该设置的调查项目，除了必须包括进退场时间和相应一次进退场数量外，考虑到不同批次进退场的机械和周转材料的租赁单价有可能不同。为了准确计算实际发生的使用费，还必须在记录表中设置与每次进退场相关的租赁单价作为又一个调查项目。表5-23是“施工机械和周转材料进退场记录表”示意。

施工机械和周转材料进退场记录表 **表5-23**

工程名称：××工程 责任单位：××单位

机械或周转材料进退场时间	出租单位	80TM塔吊（台）	租赁单价（元/天）	混凝土搅拌机（台）	租赁单价（元/天）	…
2007年8月4日	甲单位	1	200			
2007年9月18日	甲单位			1	50	
2007年11月5日	甲单位	-1	200			
…	…	…	…	…	…	…

注：在填写进退场数量时，正数为进场，负数为退场。

3. 材料消耗记录表

材料消耗记录表用于记录不同责任单位的材料在施工现场的供应和库存情况，以便据此计算某控制期内该责任单位在施工过程中实际发生的材料消耗指标及其对应于该实际消耗的材料价格。

虽然从理论上讲，材料的消耗总是发生在具体施工活动的作业过程中，相应地，其消耗量可以通过对施工活动中材料消耗情况的直接调查进行记录。但是，在实际施工过程中，直接调查并记录材料在不同施工活动上消耗的过程是相当复杂的，特别是当采用散装材料且这种材料被若干施工活动所共同使用时，则直接调查并记录材料消耗的可行性也成问题。

在实际工作中，我们可以采用“总量控制”的原则，通过记录材料在控制期内的供应和库存情况，按式（5-14）所示的方法计算不同责任单位在某控制期内实际发生的材料消耗总量。

$$\text{某材料消耗总量} = \text{期初库存量} + \sum \text{本期供应量} - \text{期末库存量} \quad (5\text{-}14)$$

式（5-14）既适用于实体材料消耗量的计算，也适用于周转材料施工损耗量或摊销量的计算。当施工过程需要使用外购服务时，其实际发生的外购服务批次，也可用该公式进行计算。

为满足采用式（5-14）计算材料消耗总量时对调查数据的要求，材料消耗记录表必须包括材料的期初库存、本期供应和期末库存等调查项目。依据材料消耗记录表，不同责任单位分别组织其责任范围内的调查记录工作。在记录时，不仅要记录控制期内材料的期初库存、本期供应和期末库存等信息，而且，考虑到不同批次材料的价格有可能不同，为了准确核算控制期内实际发生的材料费用，还必须同时记录对应于材料期初库存、本期供应以及期末库存的价格。表5-24是适用于记录某责任单位在某控制期内材料消耗信息的“材料消耗记录表”示意。

材料消耗记录表 **表5-24**

工程名称：××工程

责任单位：××单位 控制期：2008年5月9日~2008年7月9日

供应时间存量时间	出售单位	水泥（t）	价格（元/t）	标准砖（百块）	价格（元/百块）	钢模板（m^2）	价格（元/m^2）	…
期初存量：2008年5月9日	—	100	300	0	—	1000	10	
本期供应：2008年6月1日	乙单位	20	320	100	30	—	—	
本期供应：2008年6月7日	甲单位	30	310	50	31	100	10	
期末存量：2008年7月9日	—	40	?	10	?	1089	?	

注：期末存量的价格应在统计汇总时才能算出。

（二）统计汇总

统计汇总是将调查记录表所记录的原始数据，按报告指标体系中具体指标的统计范围和计算方法进行汇总计算，最终获得该指标在某控制期内实际发生值的统计过程。

由于某控制期分项工程单项进度完成指标的形成只要将该控制期内相应的调查记录数据简单相加，而现场性工作单项进度完成情况调查表本身是将控制期作为调查期进行记录的，所以，在汇总单项进度完成指标时并不需要另外设置统计汇总表。

在调查记录的基础上，需要设置专门的统计汇总表进行汇总处理的指标，主要包括人工需求指标、施工机械和周转材料使用量指标以及材料消耗指标等三种类型。

1. 人工需求指标及其单价的确定

施工项目在某控制期内发生的人工需求指标，一般包括计时人工数量、计件人工数量、班内加班数量、节假日加班数量以及节假日班内加班数量等五种类型。其中，计时人工数量、班内加班数量、节假日加班数量和节假日班内加班数量等四种类型的指标又可能会有“正常班”和“翻班”两种情况。为了与计划指标相对应，在统计某控制期实际发生的人工需求指标时，首先必须明确在形成这些指标时的核算口径。

(1) 核算口径

如果在形成某项具体指标时采用不同的核算口径，则其指标值之间就缺乏可比性。在统计人工需求指标时，为了便于和计划指标相对比，必须根据形成计划指标时所采用的核算口径来汇总相应的人工需求指标的实际值。

1）必须以施工任务为标志进行汇总。在编制施工项目的成本计划时，一般以完成施工任务所需责任单位的人工需求指标为基础，计算该责任单位所需发生的人工费用，此时，生产工人的责任单位归属和施工任务归属是一致的。与计划过程的核算口径相对应，在统计某责任单位的人工需求指标时，也必须汇总完成该责任单位所属施工任务的考勤数据，而不论完成施工任务的工人是归属于本责任单位的，还是从其他责任单位临时调配过来使用的。

2）综合程度与计划要求相一致。在汇总人工需求指标时，其指标的综合程度必须与计划要求相一致。例如，假定原成本计划是按专业工种设置人工需求指标的，则在统计相应的实际指标时，也必须以专业工种为核算口径，将通过人工考勤得到的人工出勤信息汇总成不同工种的人工需求指标。

（2）计时人工数量及其单价的确定

确定某责任单位在某控制期内实际发生的计时人工数量及其相应单价的程序如下：

1）计时人工数量的确定。在确定某责任单位在某控制期内实际发生的计时人工数量时，只要将该控制期内所汇总的“施工项目出勤数据汇总表”中配置在本责任单位所属施工任务上的具体人员的“班内正常时间”加以汇总。值得注意的是，在汇总具体人员的“班内正常时间”时，不仅要包括归属于本责任单位的且在本责任单位所属施工任务上工作的人员，还应该包括归属于其他责任单位被临时调配到本责任单位所属施工任务上的人员。

$$\begin{array}{c}\text{某责任单位的}\\\text{计时人工数量}\end{array}=\sum\begin{array}{l}\text{配置在本责任单位所属施工任}\\\text{务上具体人员的班内正常时间}\end{array}\qquad(5-15)$$

【续例5-1】根据【例5-1】所提供的施工项目考勤汇总数据，假定计算时不分专业工种，计算该工程在为期3天的控制期内不同责任单位的计时人工数量。

甲单位计时人工数量＝4.75 工日

乙单位计时人工数量＝5 工日

丙单位计时人工数量＝3 工日

2）计算相应的计时人工费用。根据编制成本计划时规定的计时人工单价的费用构成和计算方法，将施工过程中实际支付的相关费用项目以及不同费用项目对应于每位具体人员的费用标准填入如表5-21所示的“计时人工费用汇总表”中，并据此按式（5-16）计算相应的计时人工费用。

$$\text{计时人工费用}=\sum(\text{不同人员的费用项目数量}\times\text{费用标准})\qquad(5-16)$$

【续例5-1】根据表5-18所提供的出勤汇总数据，编制如表5-25～表5-27所示的“计时人工费用汇总表”，确定不同费用项目的费用标准，并据此计算相应的计时人工费用。

计时人工费用汇总表 **表5-25**

工程名称：××工程

责任单位：甲单位 控制期：×年×月15日～×年×月17日

序号	费用项目名称	现金或者代办	张三	费用标准	李四	费用标准	王五	费用标准	周六	费用标准	合计
1	班内正常工资	现金	1.75	40	2	40			1	40	190
2	病假工资	现金					1	10			10
3	保险费	代办	1	7	1	8	1	1	1	4	20
4	合　计		77		88		11		44		220

注：1. 本表中“现金或者代办”栏的作用是选择“发放现金或由公司代办”；

2. “保险费”按“保险费＝（班内正常工资＋病假工资）×10%”计算。

计时人工费用汇总表 **表5-26**

工程名称：××工程

责任单位：乙单位　　　　控制期：×年×月15日～×年×月17日

序号	费用项目名称	现金或者代办	王五	费用标准	徐七	费用标准	黄八	费用标准	周六	费用标准	合计
1	班内正常工资	现金	1	40	2	40	1	40	1	40	200
3	保　险　费	代办	1	4	1	8	1	4	1	4	20
4	合　　计		44		88		44		44		220

注：1. 本表中“现金或者代办”栏的作用是选择“发放现金或由公司代办”；

2. “保险费”按“保险费＝班内正常工资×10%”计算。

计时人工费用汇总表 **表5-27**

工程名称：××工程

责任单位：丙单位　　　　控制期：×年×月15日～×年×月17日

序号	费用项目名称	现金或者代办	刘九	费用标准	黄八	费用标准					合计
1	班内正常工资	现金	2	40	1	40					120
3	保　险　费	代办	1	8	1	4					12
4	合　　计		88		44						132

注：1. 本表中“现金或者代办”栏的作用是选择“发放现金或由公司代办”；

2. “保险费”按“保险费＝班内正常工资×10%”计算。

3）确定相应的计时人工单价。计时人工单价作为对应于计时人工数量的单位费用，可采用式（5-17）进行计算。

$$计时人工单价=\frac{计时人工费用}{计时人工数量} \tag{5-17}$$

【续例5-1】根据所确定的计时人工数量和计时人工费用，假定计算时不分专业工种，计算对应于不同责任单位的计时人工单价。

$$甲单位计时人工单价=\frac{220}{4.75}=46.32（元/工日）$$

$$乙单位计时人工单价=\frac{220}{5}=44（元/工日）$$

$$丙单位计时人工单位=\frac{132}{3}=44（元/工日）$$

（3）班内加班数量及其单价的确定

由于确定某责任单位在某控制期内实际发生的班内加班数量、节假日加班数量、节假日班内加班数量及其相应单价的方法完全相同，现仅以确定班内加班数量及其单价为例，其计算程序如下：

1）班内加班数量的确定。在确定某责任单位在某控制期内实际发生的班内加班数量时，只要将该控制期内所汇总的“施工项目出勤数据汇总表”中配置在本责任单位所属施工任务上的具体人员的“班内加班时间”加以汇总。值得注意的是，在汇总具体人员的

"班内加班时间"时，不仅要包括归属于本责任单位的人员，还应该包括其他责任单位被临时调配到本责任单位所属施工任务上的人员。

$$\text{某责任单位的班内加班人工数量} = \sum \text{配置在本责任单位所属施工任务上具体人员的班内加班时间} \tag{5-18}$$

【续例5-1】根据【例5-1】所提供的施工项目考勤汇总数据，假定计算时不分专业工种，计算该工程在为期3天的控制期内不同责任单位的班内加班人工数量。

甲单位计时人工数量＝0.5（工日）

乙单位计时人工数量＝0（工日）

丙单位计时人工数量＝0（工日）

2）计算相应的班内加班人工费用。由于在编制成本计划时所采用的班内加班人工单价一般由相应的雇佣协议直接确定，所以，在汇总某责任单位在某控制期内实际发生的班内加班人工费用时，只要根据雇佣协议规定的班内加班工资标准，将施工过程中实际发生的班内加班工日以及相应的工资标准填入如表5-28所示的"班内加班人工费用汇总表"中，并据此按式（5-19）计算相应的班内加班人工费用。

$$\text{班内加班人工费用} = \sum \left(\text{配置在本单位所属施工任务上具体人员的班内加班数量} \times \text{班内加班工资标准} \right) \tag{5-19}$$

【续例5-1】根据表5-20～表5-22所提供的出勤汇总数据，编制如表5-28所示的"班内加班人工费用汇总表"，确定相应的工资标准，并据此计算相应的班内加班人工费用。

由于乙单位和丙单位在本控制期内均没有发生班内加班，所以，本例只计算对应于甲单位所属施工任务的班内加班人工费用。

班内加班人工费用汇总表 **表5-28**

工程名称：××工程

责任单位：甲单位 控制期：×年×月15日～×年×月17日

序号	费用项目名称	现金或者代办	张三	费用标准	李四	费用标准	王五	费用标准	周六	费用标准	合计
1	班内加班工资	现金	0.25	80	0.25	80					40
4	合计		20		20						40

注：本表中"现金或者代办"栏的作用是选择"发放现金或由公司代办"。

3）确定班内加班人工单价。班内加班人工单价作为对应于班内加班人工数量的单位费用，可采用式（5-20）进行计算。

$$\text{班内加班人工单价} = \frac{\text{班内加班人工费用}}{\text{班内加班人工数量}} \tag{5-20}$$

【续例5-1】根据所确定的班内加班人工数量和班内加班人工费用，假定计算时不分专业工种，计算对应于不同责任单位的计时人工单价。

$$\text{甲单位班内加班人工单价} = \frac{40}{0.5} = 80 \text{（元/工日）}$$

(4) 计件人工数量及其单价的确定

确定某责任单位在某控制期内实际发生的计件人工数量及其单价的程序如下：

1) 计件人工数量的确定。计件人工数量是根据完成施工任务时必须达到的额定生产率标准计算的人工需求指标。在统计某责任单位在某控制期实际发生的计件人工数量时，首先，必须根据进度计划所规定的分项工程和施工单元之间的从属关系，测量并计算该控制期实际完成的归属于该责任单位的施工单元的工程量，其次，套用既定的资源定额按式(5-21)所提供的方法计算对应于该责任单位的计件人工数量。

$$\begin{matrix}\text{某责任单位的}\\ \text{计件人工数量}\end{matrix} = \sum \begin{matrix}\text{归属于该责任单位施工}\\ \text{任务的施工单元工程量}\end{matrix} \times \begin{matrix}\text{资源}\\ \text{定额}\end{matrix} \tag{5-21}$$

2) 确定相应的计件人工费用。计件人工费用等于计件人工数量与相应计件人工单价的乘积。由于在完成本责任单位所属施工任务时可能会使用归属于其他责任单位的具体人员，而且，在实际支付计件人工报酬时，不论是属于本单位的人员还是属于其他单位的具体人员，其计件人工单价标准有可能不一样。所以，在计算某责任单位在某控制期的计件人工费用时，首先，必须根据该控制期内所汇总的“施工项目出勤数据汇总表”中配置在本责任单位所属施工任务上的具体人员的出勤数据，按式(5-22)所示的计算方法，将本责任单位在相应控制期内必须发生的计件人工数量分配到具体的人员上，其次，据此计算相应的计件人工费用。

$$\begin{matrix}\text{某人员}\\ \text{计件人}\\ \text{工数量}\end{matrix} = \frac{\begin{matrix}\text{该人员在控制期内的计时人工、班内加}\\ \text{班、节假日加班、节假日班内加班之和}\end{matrix}}{\begin{matrix}\text{所有人员在控制期的计时人工、班内加}\\ \text{班、节假日加班、节假日班内加班之和}\end{matrix}} \times \begin{matrix}\text{本责任单}\\ \text{位的计件}\\ \text{人工数量}\end{matrix} \tag{5-22}$$

【续例5-1】假定不区分专业工种，甲、乙、丙三个责任单位在某控制期完成本单位所属施工任务所需的计件人工数量分别为100工日、80工日、60工日，则根据所汇总的“施工项目出勤数据汇总表”，分配到具体人员的计件人工数量如表5-29～表5-31所示。

计件人工分配表 **表5-29**

工程名称：××工程

责任单位：甲单位　　　　控制期：×年×月15日－×年×月17日

	张三	李四	王五	周六	合计
计件人工数量（工日）	36.37	39.4	12.115	12.115	100

计件人工分配表 **表5-30**

工程名称：××工程

责任单位：乙单位　　　　控制期：×年×月15日～×年×月17日

	王五	徐七	黄八	周六	合计
计件人工数量（工日）	10	30	20	20	80

计件人工分配表　　表 5-31

工程名称：××工程

责任单位：丙单位　　控制期：×年×月 15 日～×年×月 17 日

	刘九	黄八			合计
计件人工数量（工日）	45	15			60

将不同责任单位的计件人工数量分配到具体人员之后，分别确定不同人员的计件人工单价，在此基础上，计算相应的计件人工费用如表 5-32～表 5-34 所示。

计件人工费用计算表　　表 5-32

工程名称：××工程

责任单位：甲单位　　控制期：×年×月 15 日～×年×月 17 日

费用名称	张三	工资标准	李四	工资标准	王五	工资标准	周六	工资标准	合计
计件人工费用（元）	36.37	100	39.4	100	12.115	100	12.115	100	10000
合　计	3637		3940		1211.5		1211.5		10000

计件人工费用计算表　　表 5-33

工程名称：××工程

责任单位：乙单位　　控制期：×年×月 15 日～×年×月 17 日

费用名称	王五	工资标准	徐七	工资标准	黄八	工资标准	周六	工资标准	合计
计件人工费用（元）	10	100	30	100	20	100	20	100	8000
合　计	1000		3000		2000		2000		8000

计件人工费用计算表　　表 5-34

工程名称：××工程

责任单位：丙单位　　控制期：×年×月 15 日～×年×月 17 日

费用名称	刘九	工资标准	黄八	工资标准					合计
计件人工费用（元）	45	100	15	100					6000
合　计	4500		1500						6000

3）确定计件人工单价。计件人工单价作为对应于计件人工数量的单位费用，在确定不同责任单位计件人工数量和相应计件人工费用的基础上，可采用式（5-21）分别计算不同责任单位的计件人工单价。

$$某责任单位的计件人工单价=\frac{计件人工费用}{计件人工数量} \tag{5-21}$$

【续例5-1】根据不同责任单位在控制期内发生的计件人工数量和相应的计件人工费用，假定不分专业工种，计算相应的计件人工单价。

$$甲单位计件人工单价=\frac{10000}{100}=100(元/工日)$$

$$乙单位计件人工单价=\frac{8000}{80}=100(元/工日)$$

$$丙单位计件人工单价=\frac{6000}{60}=100(元/工日)$$

(5) 人工需求指标及其单价汇总表的编制

“人工需求指标及其单价汇总表”是用以汇总某责任单位在某控制期内实际发生的人工需求指标及其相应单价的表格。在编制“人工需求指标及其单价汇总表”时，只要将通过统计调查和汇总分析所得到的不同的人工需求指标及其单价，以对应于“施工项目进度成本计划体系”中“成本费用明细表”的形式加以汇总，并以如表5-35所示的形式表现出来即可。

人工需求指标及其单价汇总表 **表5-35**

工程名称：××工程

责任单位：甲单位 控制期：×年×月15日～×年×月17日

资源和材料需求指标	单位	实际发生量	实际单价
计时人工数量（正常班）	工日	4.75	46.32
班内加班数量（正常班）	工日	0.5	80
…	…	…	…

(6) 人工费用结算单的编制

人工费用结算单是用以汇总某控制期不同责任单位所需支付人工费用的明细清单，根据人工费用结算单，施工项目所属的不同责任单位可以分别结算本控制期所需发生的实际人工费用。人工费用结算单按不同责任单位分别编制，反映完成本单位所属施工任务所需发生人工费用的明细情况。表5-36是某责任单位编制的“人工费用结算单”示意。

人工费用结算单 **表5-36**

工程名称：××工程

责任单位：××单位 控制期：×年×月×日～×年×月×日

姓名	归属	工种	计时人工费		计件人工费		班内加班费		节假日加班费		节日班内加班费		合计	
			数量	费用	数量	费用	数量	费用	数量	费用	数量	费用	现金	代办

注：1. 本表反映完成某责任单位所属施工任务所需的人工费用，在汇总具体人员的人工费用时，应按不同的责任单位归属进行排序，为了便于不同责任单位之间的费用结算，归属于不同责任单位的人工费用应有“小计”；

2. 归属于相同责任单位的具体人员应按不同的“工种”进行排序。

2. 施工机械和周转材料使用量及其单价的确定

确定某责任单位在某控制期实际发生的施工机械和周转材料使用费以及相应单价的程序如下：

（1）施工机械和周转材料使用量的确定

某责任单位在某控制期实际发生的施工机械和周转材料使用量是指在相应施工过程中实际配置施工机械和周转材料的强度与相应配置时间的乘积。根据“施工机械和周转材料进退场记录表”所记录的信息，则某控制期内实际发生的施工机械或周转材料使用量可采用式（5-22）进行计算。

$$\text{机械或周转材料使用量} = \sum(\text{一次进退场数量} \times \text{在本期内时间}) \tag{5-22}$$

式中 一次进退场数量——在整个施工期限内每批次的进退场数量；

在本期内时间——不同批次进退场的机械或周材在本控制期内的适用时间。对于进场的机械或周转材料，该时间为本期内的使用时间；对于退场的机械或周转材料，该时间则为从退场至本控制期末的时间。

【例 5-2】根据表 5-23 所记录的施工机械和周转材料的进退场信息，计算该责任单位从 2007 年 8 月 4 日～2007 年 9 月 4 日期间 80TM 塔吊的使用量。

80TM 塔吊使用量 $=1\times32=32$（台班）

（2）确定施工机械和周转材料的使用费

某责任单位在某控制期内实际发生的施工机械或周转材料的使用费等于该控制期内实际发生的使用量与相应租赁单价的乘积。在明确不同批次的机械和周转材数进退场数量及相应时间的基础上，施工机械和周转材料使用费可套用式（5-23）进行计算。

$$\text{机械或周材使用费} = \sum\left(\begin{matrix}\text{一次进退}\\\text{场的数量}\end{matrix} \times \begin{matrix}\text{在本期}\\\text{内时间}\end{matrix} \times \begin{matrix}\text{对应于本}\\\text{批次单价}\end{matrix}\right) \tag{5-23}$$

【续例 5-2】从表 5-23 可知，该进退场批次的 80TM 塔吊的租赁单价为 200 元/台班，则计算 80TM 塔吊在 2007 年 8 月 4 日～2007 年 9 月 4 日期间的使用费如下：

80TM 塔吊使用费 $=1\times32\times200=6400$（元）

（3）确定相应的租赁单价

租赁单价是对应于施工机械或周转材料使用量的单位费用。某责任单位所属的某机械或周转材料在某控制期的租赁单价可用式（5-24）进行计算。

$$\text{机械或周转材料租赁单价} = \frac{\text{机械或周转材料使用费}}{\text{机械或周转材料使用量}} \tag{5-24}$$

【续例 5-2】根据所确定的 80TM 塔吊的使用费和使用量，计算其租赁单价如下：

80TM 塔吊的租赁单价 $=\dfrac{6400}{32}=200$（元/台班）

（4）“施工机械和周转材料使用量及其租赁单价汇总表”的编制

“施工机械和周转材料使用量及其租赁单价汇总表”是用以汇总某责任单位在某控制期内实际发生的施工机械和周转材料使用量及其相应租赁单价的表格。在编制“施工机械和周转材料使用量及其租赁单价汇总表”时，只要将通过统计调查和汇总分析所得到的不同施工机械和周转材料的使用量及其相应的租赁单价，以对应于“施工项目进度成本计划体系”中“成本费用明细表”的形式加以汇总，并以如表 5-37 所示的形式表现出来即可。

机械和周转材料使用量及其单价汇总表 **表 5-37**

工程名称：×××工程

责任单位：甲单位 控制期：2007 年 8 月 4 日 ~2007 年 9 月 4 日

资源和材料需求指标	单位	实际发生量	实际单价
80TM 塔吊使用量	台班	32	200
…	…	…	…

（5）编制“施工机械和周转材料租赁费用结算表”

“施工机械和周转材料租赁费用结算表”是用以汇总某控制期内不同责任单位所需支付施工机械和周转材料租赁费用的明细清单，根据“施工机械和周转材料租赁费用结算表”，该责任单位向相应的施工机械和周转材料出租单位结算本控制期所需发生的实际租赁费用。“施工机械和周转材料租赁费用结算表”按不同责任单位分别编制，反映完成本单位所属施工任务所需发生施工机械和周转材料租赁费用的明细情况。表 5-38 是某责任单位编制的“施工机械和周转材料租赁费用结算表”示意。

施工机械和周转材料租赁费用结算表 **表 5-38**

工程名称：××工程

责任单位：××单位 控制期：×年×月×日 ~ ×年×月×日

出租单位	80TM 塔吊（台）				组合钢模板（m^2）				…
	时间	数量	单价	费用	时间	数量	单价	费用	
甲单位	32	1	200	6400	30	200	0.1	600	
乙单位					20	1000	0.09	1800	
…	…	…	…	…	…	…	…	…	…

3. 材料消耗量及其单价的确定

根据如表 5-24 所示的“材料消耗记录表”所记录的材料期初库存、本期供应和期末库存等信息，确定某责任单位在某控制期实际发生的材料消耗量及其相应单价的程序如下：

（1）根据“先供应先使用”的原则，确定材料期末库存量的供应批次

所谓“先供应先使用”的原则，是指在施工过程中优先使用并消耗先期供应到施工现场的材料。根据该原则进行推算，则期末库存量中包括的材料应该是较后期供应到现场且未被耗用的剩余材料。在确定材料期末库存量的供应批次时，可采用如下方法进行逆推计算。

当[材料期末库存量 $-\sum$ 第$(M-N)$次供应量] $=W\leqslant 0$ 时

则材料期末库存量所包括的供应批次为：第 M、$M-1$、……、$M-N$ 批次

材料期末库存量中所含材料的数量为：

第 M 批次供应量、第 $M-1$ 批次供应量、……、第 $M-N$ 批次应量 $-W$ 的绝对值

其中 M 为本控制期内材料供应的最后批次。

【例 5-3】根据表 5-24 所记录的材料供应信息，确定水泥期末库存量所包括的供应批次以及相应的数量。

因　$40-30=10>0$

故　水泥期末库存量中包括 2008 年 6 月 7 日供应的水泥，且数量为 30t。

又因　$40-30-20=-10<0$

故　水泥期末库存量中还包括 2008 年 6 月 1 日供应的水泥，且数量为 10t。

（2）计算材料的本期消耗量

可采用式（5-14）计算材料在本控制期的消耗量。

【续例 5-3】根据表 5-24 所记录的材料供应信息，计算在该控制期内水泥的实际消耗量。

水泥消耗量 $=100+20+30-40=110$（t）

（3）确定对应于实际消耗材料的单价

实际消耗材料的单价作为对应于本期材料实际消耗量的单位费用，可采用式（5-25）进行计算。

$$单价=\frac{期初库存量\times库存价+\sum(本期供应量\times供应价)-期末库存量\times库存价}{本期消耗量} \tag{5-25}$$

在式（5-25）中，期初库存量和相应的库存价，其实就是上个控制期的期末库存量和相应的库存价。其中，期末库存量由“材料消耗记录表”确定，相应的库存价可用式（5-26）计算。

$$期末库存价=\frac{\sum(不同批次材料期末库存量\times供应价格)}{期末库存量} \tag{5-26}$$

【续例 5-3】根据表 5-24 所记录的材料供应信息，计算在该控制期内对应于水泥消耗量的单价以及期末库存价格。

$$期末库存价格=\frac{30\times310+10\times320}{40}=312.5\ （元/t）$$

$$本期单价=\frac{100\times300+20\times320+30\times310-40\times312.5}{110}=301.82\ （元/t）$$

（4）“材料消耗及其单价汇总表”的编制

“材料消耗及其单价汇总表”是用以汇总某责任单位在某控制期内实际发生的材料消耗量及其相应单价的表格。在编制“材料消耗及其单价汇总表”时，只要将通过统计调查和汇总分析所得到的不同材料在本控制期内的消耗量及其单价，以对应于“施工项目进度成本计划体系”中“成本费用明细表”的形式加以汇总，并以如表 5-39 所示的形式表现出来即可。

材料消耗及其单价汇总表 **表 5-39**

工程名称：××工程

责任单位：甲单位 控制期：2008 年 5 月 9 日 ~2008 年 7 月 9 日

资源和材料需求指标	单位	实际发生量	实际单价
水　　泥	t	110	301.82
…	…	…	…

（5）编制“材料费结算表”

“材料费结算表”是用以汇总某控制期内不同责任单位所需支付材料费的明细清单。根据“材料费结算表”，该责任单位向相应的材料出售单位结算本控制期内所需发生的实际费用。“材料费结算表”按不同责任单位分别编制，反映完成本单位所属施工任务所需发生材料费的明细情况。表 5-40 是某责任单位编制的“材料费结算表”示意。

材料费结算表 **表 5-40**

工程名称：××工程

责任单位：××单位 控制期：×年×月×日 ~ ×年×月×日

出售单位	水泥（t）			标准砖（百块）			…
	数量	单价	费用	数量	单价	费用	
甲单位							
乙单位							
…	…	…	…	…	…	…	…

第二节　评审项目状态

作为施工项目进度成本综合控制的一个重要环节，一般可在控制期末定期召开项目状态评审会议以评审施工项目在本控制期所处的状态。顾名思义，项目状态评审会议是用来评审项目状态的会议，它不是解决问题的会议，也不是讨论责任的会议。该会议仅仅依据监测报告系统所提供的反映施工项目在控制期内的进度成本现状的指标，对施工项目在本控制期内的现状及其变动趋势作出合理的评估，以便为组织和管理后续工程的施工提供决策支持。

监测报告系统所能提供的反映施工项目在某控制期内进度和成本现状的指标主要包括：

◎单项进度完成指标及其相应的单项进度差异指标；

◎发生成本明细指标及其相应的成本差异明细指标；

◎控制期进度成本综合差异指标。

根据监测报告系统所提供的上述反映控制期内施工项目进度和成本现状的指标，经项目状态评审会议的分析和评估，可以获得包括如下内容的控制信息：

◎施工项目是否处于受控状态；

◎失控的原因；

◎项目状态对后续施工所产生的影响。

一、评价标准

评价施工项目是否处于受控状态的客观依据是控制指标的计划值与实际值之间存在差异的程度。在编制施工项目进度成本集成计划体系时，已经从不同的角度设置了相应的计划指标，不同计划指标反映施工项目进度和成本的不同方面。这些反映施工项目进度和成本不同方面的指标共同构成了据以指导施工和实施控制所需的计划指标体系。相应地，借助于监测报告系统的运行，可以提供与计划指标体系相对应的实际指标体系以及计划指标值与实际指标值之间的差异。在根据这种差异评价施工项目是否处于受控状态时，还必须建立相应的评价标准。

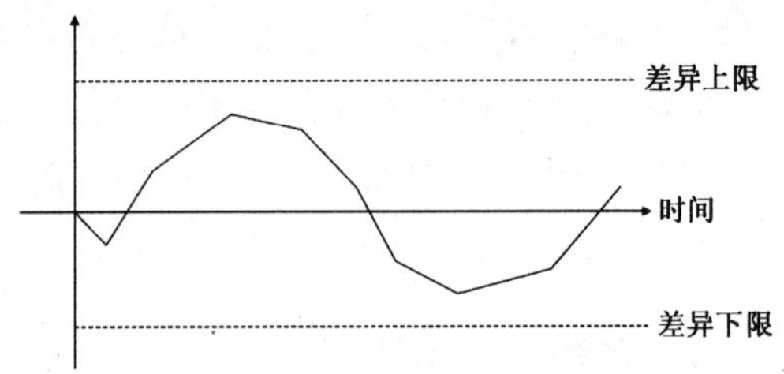

图 5-1　某控制指标的控制图

所谓建立评价标准，是指确定控制指标的计划值与实际值之间发生差异的允许范围。借助于图 5-1 所示的控制图示方法，在确定评价标准的基础上，通过跟踪控制指标在施工过程中计划值与实际值之间发生差异的程度，可以评判施工项目所处的状态及其变动趋势。

控制图示方法用横坐标表示时间，纵坐标表示某指标的差异，位于横坐标上下位置且平行于横坐标的两根虚线表示评价标准所规定的差异允许范围。在跟踪某控制指标在施工过程中的状态时，横坐标用以记录不同控制期末的时间，纵坐标用以记录在该控制期内所发生的差异。根据控制图所记录的差异信息，可对该控制指标所处的状态作出评价。

（一）受控状态

当控制期内某控制指标的计划值与实际值之间的差异在评价标准所规定的允许范围之内，并且这种差异在连续若干次控制期内不出现呈规律性的分布。

（二）失控状态

当控制期内某控制指标的计划值与实际值之间的差异超出了评价标准所规定的允许范围，或者这种差异虽然没有超出允许范围但在连续若干次控制期内出现呈规律性的分布。

值得注意的是，由于施工项目的状态通常是由其指标体系中不同指标的状态综合决定的，另外，据以评价不同指标状态的评价标准的确定也带有很强的主观性，所以，评估施工项目是否处于受控状态是一个综合评判的过程，远非上述理论所描述的那样简单和富有逻辑性。在实际工作中，只有通过召开项目状态评审会议，在集中相关人员个人经验的基础上，经综合判断才能得出正确的结论。

二、失控的原因

当施工项目的全部或部分评价指标出现失控现象时，应当及时分析引起失控的原因，以便采取相应的措施促使施工过程重新回到受控状态中来。

对施工项目失去控制的原因进行分析，同样是项目状态评审会议的重要议题。为了作出准确的判断，项目状态评审会议的参与者除了应包括该施工项目经理部的成员外，还必须安排施工企业职能部门的人员、业主方代表、供应商、分包商代表以及其他相关项目支持者共同参加。

引起施工项目失去控制的原因多种多样，但这些原因通常包括在若干类型的因素之中。从这些类型出发，项目状态评审会议的参与者通过分析判断，可以找出施工项目失去控制的具体原因。

（一）项目内容的变化

施工项目是由相关施工活动组成的集合，在编制进度和成本计划时，已经根据施工承包合同所规定的承包范围和质量标准，在拟定施工技术和组织方案的基础上，对施工项目需要开展施工活动的具体内容进行了明确的定义。但是，施工项目自身的特点决定了施工活动在内容上的可变性。始料不及的地基条件、业主方的变更要求以及其他不可预见的影响因素，均可能导致施工项目所包括的工程内容发生变化。这种变化可能反映在施工活动数量的变化上、也可能反映在增加或减少施工活动的种类方面。施工项目所包括工程内容的变化将直接导致进度或成本的失控。

（二）技术手段和组织方法的变化

作为编制施工项目进度和成本计划的基础，在计划过程前所拟定的施工技术手段和组织方法也可能因种种不可预见的原因发生改变。这种改变将直接影响施工过程对施工资源的需求和利用，进而影响施工资源的生产率，最终导致施工项目进度和成本发生变化。

（三）没有按计划要求配置资源

施工资源所具有的额定生产能力将直接影响施工项目的进度和成本，或者说，施工项目进度成本集成计划所提出的进度和成本目标，是以一定的资源配置为前提的。如果不能按计划的要求配置资源，出现数量上的增减、品种上的改变等现象，均会导致施工现场所能形成的实际生产能力与计划要求之间的不一致，进而出现进度和成本指标的计划值与实际值之间的差异超出所允许的范围。

（四）实施主体的行为

实施主体包括施工项目部的生产人员、管理人员、企业职能部门的相关人员以及分包商等。从本质上讲，施工项目的实施过程就是组织上述人员开展相应施工活动的过程。在施工过程中，生产组织的合理性、员工主观上的努力程度以及施工作业过程的失误等，均会影响正常生产率的发挥，进而影响施工项目的进度和成本。

（五）计划本身的合理性

施工项目进度成本集成计划作为指导施工和实施控制的直接依据，如果其合理性存在问题，不论是计划安排方面的问题，还是计划目标方面的问题，均会造成无法按计划要求组织施工，引起控制指标的实际值与计划值相背离。

（六）环境变化的影响

施工项目的计划过程，通常是建立在对其环境进行预测所形成的假设条件基础上的。所谓环境，是指一系列不可控的但可能会对施工项目产生影响的客观存在，例如与施工项目相关的政策、市场、气候以及技术、经济条件等。环境的变化意味着计划过程的前提条件发生变化，当这种变化达到一定的程度时，势必会对施工过程产生影响。

三、对后续工程所产生的影响

不论是什么原因改变了施工项目的进程，这种进程的改变必将会对后续工程的施工过程产生影响。为了建立并维持施工项目实施过程中进度、资源和成本的动态平衡，必须采取相应的整改措施使施工项目回归受控状态。在拟定有效措施并付诸行动之前，首先要做的工作是评估失控现象对后续工程会产生哪些影响。

关于失控现象对后续工程产生影响的定量分析，必须在对后续工程进行重新计划后才能确定。在评审项目状态阶段，一般只要求对这种影响作出定性的评估。大部分的情况是，施工过程所产生的失控现象对后续工程施工所产生的影响只能包括在如下几个层次中。

（一）不需要改变计划

可利用原计划中时差或通过加强管理以规范员工的行为来纠正施工过程中的偏差，建立施工过程中进度、资源和成本的新的平衡。在这种情况下，原计划所包括的施工活动、施工活动之间的逻辑关系、所采用的施工技术和组织方法以及所需要的资源配置等均保持不变。

（二）调整施工活动之间的逻辑关系

在资源配置不变的条件下，通过调整施工活动之间的逻辑关系，实现后续施工过程进度、资源和成本的新的平衡。虽然在计划过程中已经采用这种方法对施工计划作了优化，但是，随着施工的进展，通常会出现新的情况和新的机会，采用调整逻辑关系的策略可在不增加资源配置的前提下使施工项目处于平衡状态。

（三）增加资源

当计划变更对资源的需求已突破原先的配置数量时，则仅仅依靠施工项目内部的努力已经难以实现进度、资源和成本的平衡，此时，必须在增加资源配置和延长施工期限之间作出决定。一般情况是，为了确保在合同规定的工期内完成施工任务，只能增加施工项目的资源配置。

（四）延长工期

这是最后的选择，延长工期意味着有可能违反承包合同的约定，导致业主的索赔和信誉的受损。

第三节　变 更 控 制

由于受多种不确定因素的干扰，业主在施工过程中可能会提出对施工项目进行局部修改的请求。这种请求可能是工程内容方面的，也可能是工期或质量标准方面的，甚至可能是延期履约，如推迟交付其负责采购供应的材料或设备等。这种由业主的要求所引起的施工项目及其实施过程的局部改变被称为工程变更。工程变更可能会对施工过程产生负面影响，甚至影响原进度和成本计划的适用性，导致不得不通过重新计划建立变更后的施工项目进度、资源和成本的新的平衡。所以，为了避免施工项目出现失控现象，必须对业主提出的变更要求进行控制。

变更控制包括审查变更申请和提出变更影响说明两部分内容，作为事前控制的重要环节。从施工企业的角度看，其控制流程如图 5-2 所示。

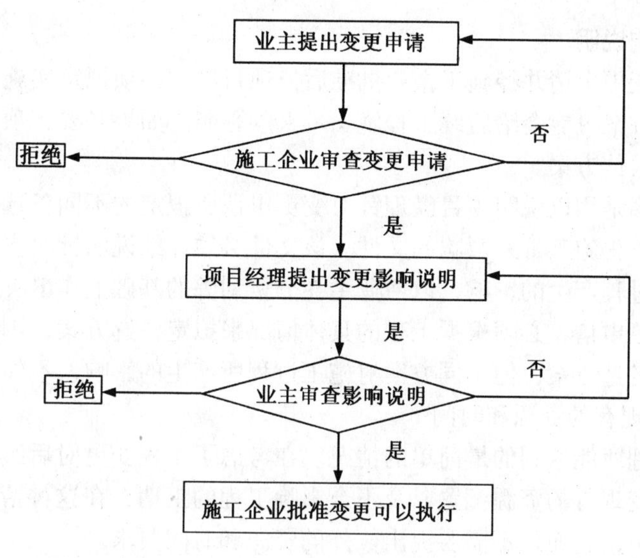

图5-2　变更控制流程图

一、变更申请

工程变更申请通常是由业主向施工企业提出的，由于对工程实施变更可能会给施工项目带来巨大的风险，所以必须予以高度重视。为了确保施工企业能清楚地了解所需变更的内容，必须要求业主采用由施工企业提供的标准的变更申请表。只有当施工企业清楚地理解了变更申请的内容后，才能据此进一步评估工程变更给施工项目带来的影响，并最终决定是否接受变更申请。

经审查批准的变更申请表作为施工企业据以实施工程变更并重新确定因工程变更所引起的承发包双方权利义务关系的重要依据，必须能清楚地表达所需变更的具体内容、提出变更的理由以及承发包双方确认同意等方面的内容，表5-41是某施工企业拟定的施工项目变更申请表示意。

施工项目变更申请表　　**表5-41**

制表单位：××施工企业

施工项目名称：	
变更申请者签字：	变更申请日期：
对变更内容的描述：	
提出变更申请的理由：	
变更批准者签字：	变更批准日期：

二、变更影响说明

当业主提出变更申请并经施工企业批准后，项目经理必须拟定实施工程变更的备选方案，并分析不同方案可能会给后续工程施工带来的影响。如果必要，项目经理还会向业主推荐他所认为的最佳方案。

变更影响说明是用以说明项目经理针对变更申请所拟定的不同备选方案以及不同备选方案可能给后续工程施工带来影响的文件。该文件必须详细说明针对变更申请的不同备选方案及其对施工过程产生的影响，以便业主在分析利弊的基础上作出决定。

对于某项变更申请，必须根据工程的具体情况来拟定备选方案，围绕同一项申请可能会有很多不同的备选方案，但不同方案对施工过程所产生的影响，不外乎下面几种情况：

1. 无需改变现有的资源和时间

这是项目经理所能遇到的最简单的情况。在考虑了工程变更对后续施工所产生的影响后，发现无需改变现有的资源配置以及不会影响工程的工期，在这种情况下，项目经理可以决定采纳变更申请，而且不需要提出额外的资源和时间要求。

2. 无需改变现有的资源，但需要延长工程的工期

工程变更的惟一影响是延长工期，而不需要增加额外的资源来满足变更申请所提出的要求。

3. 无需改变工期，但需要额外的资源配置

为满足变更申请的要求，项目经理需要额外增加资源配置，但施工项目能按现有进度向前推进，确保按原计划工期竣工。

4. 需要额外的资源配置和延长工期

实施变更申请对项目的影响是既需要增加额外的资源配置又需要延长施工工期。

5. 对施工项目产生重大影响

变更申请对施工项目的影响如此之大，甚至会导致彻底放弃现有的计划，在这种情况下，项目经理要么拒绝变更申请，按原计划实施施工项目，要么停止现有计划，根据变更申请重新编制计划，启动一个全新的施工项目。

三、对变更影响说明的审查

在工程变更管理的实践中，一般由项目经理编制变更影响说明文件，并报告给施工企业作出最终决策。施工企业在对变更影响说明文件进行全面评估并最终作出可以实施变更的决定后，向业主通报其接受变更申请的决定并同时提供变更影响说明文件。当变更影响说明文件被业主签字确认后，项目经理就可将变更的内容融入施工项目的后续计划中。同时，被承发包双方所确认的变更申请和变更影响说明文件必须被保存下来，作为向业主提出相应经济和工期补偿的依据。

第四节　重新计划

当引起施工项目失控的事件已经发生，不论这种事件的起因是施工方还是业主方或者是其他第三方，均会引起施工过程偏离原定计划的目标，并导致施工项目进度、资源和成本之间关系的失衡。因此，项目经理必须通过对其后续工程的重新计划来建立新的平衡。

虽然对施工项目进行重新计划的方法与新编计划并无二致，但是，由于被重新计划的

施工项目已经实施并仍然处于实施过程中，前期实施的结果已经使施工项目的计划条件发生了变化，因此，项目经理必须根据新的计划条件对后续施工过程进行重新计划。

一、重新计划的策略

在对施工项目进行重新计划之前，首先必须根据对项目状态的评审结果，判断问题的严重程度，进而选择相应的策略作为对后续施工过程进行重新计划的出发点。

1. 基于项目经理的策略

基于项目经理的策略是指将问题的解决过程局限在施工项目内部，采用这种策略所产生的影响范围最小。在对施工项目进行重新计划时，首先，可以考虑利用施工活动的自由时差，即在自由时差范围内调整施工活动的时间参数，包括最早开始、最迟完成和施工活动的延续时间等，这种做法不会影响到施工项目所包括的其他施工活动的计划进度，进而对已经配置在施工现场的资源使用的影响也最小；其次，利用施工活动的总时差，当利用总时差调整相关施工活动的计划时间时，由于可能会影响其后续施工活动的计划时间，所以这种做法对现有资源使用的影响较大；第三，采用新编计划时所采用的优化技术，在现有资源配置不变的条件下，分别采用诸如调整施工技术和组织方法、重新定义施工活动、调整活动之间的逻辑关系等计划方法，通过逐步平衡资源需求最终形成所需的新计划。

2. 基于职能部门的策略

当项目经理所掌握的资源无法满足重新计划的要求时，则意味着项目经理在其所掌控的权限内已无法解决问题。此时，需要施工企业的职能经理提供协助，也许会要求职能经理提供额外的资源或者重新安排现有资源的进度。

3. 基于业主的策略

基于业主的策略是指当采用上述两种策略均无法满足承包合同对施工项目的目标要求时，则不得不考虑求助于业主，通过与业主协商以修改原合同目标。基于业主的策略是一种万不得已的策略，采用这种策略有可能会导致施工企业的经济损失并损害施工企业的信誉。当然，作为亡羊补牢的做法，项目经理应该与业主共同研究如何修改目标，比如修改工程内容、分批交付施工成果、尽量减少延期交付时间等，只有这样，才能尽量将损失减少到最低程度。

二、重新计划方法

重新计划所采用的计划方法通常与新编计划相同，在选择某层次计划策略的基础上，对后续工程进行重新计划所需开展的工作主要包括：

1. 确定新计划的开始时间

一般以本控制期末的日历时间作为新计划的开始时间。

2. 重新定义计划对象

根据重新确认的施工技术和组织方法，重新定义计划对象，包括确定后续工程所包括计划对象的具体内容以及相应的施工流程和顺序。

3. 逻辑设计

根据所确定的施工部署进行逻辑设计。

4. 工程量编辑

分别确定不同计划对象所包括的工程内容以及相应的实物工程量。

5. 工艺设计

确定完成不同施工任务的工艺方法以及实施该工艺方法所需的资源选择，套用相应的资源定额计算对资源的额定需求量，在此基础上，确定不同计划对象的作业时间和资源需求强度。

6. 网络分析

经网络分析确定不同计划对象的计划进度并形成相应的资源需求直方图。

7. 编制新的进度成本集成计划

基于资源需求直方图的成本估算，形成后续工程的进度成本集成计划。

三、计算动态差异分析指标

动态差异分析指标用以反映控制期内施工项目进度成本差异以及这种差异的变动趋势，根据前面所述的监测报告系统所包括的动态差异分析指标以及不同指标的计算方法，在重新计划的基础上，分别计算如下指标的指标值。

（1）实物工程量差异指标；

（2）全部成本差异明细指标；

（3）全部成本差异综合指标；

（4）全部工期差异指标。

第六章 计算机辅助管理系统

复杂的管理过程和对管理时效的客观要求，决定了施工项目进度成本集成管理必须在计算机辅助管理系统的支持下进行。计算机辅助管理系统是基于计算机平台的辅助管理系统，它将管理过程所涉及的数据信息结构化和系统化，凭借计算机强大的运算和存储功能，实现人机交互式的信息转换，从而为管理工作提供必要的决策支持。施工项目进度成本集成管理计算机辅助管理系统能够帮助管理人员从大量重复性的计算和抄写工作中解脱出来，以便将更多的时间和精力用于诸如构思、选择、判断和组织、协调、调度等决策工作上来。应用计算机辅助管理系统，不仅能提高日常管理工作的效率，确保所需要的管理时效，而且能向管理者提供其作出决策所必需的信息支持，提高管理决策的有效性。

施工项目进度成本集成管理是建立在施工企业“项目层”和“企业层”之间实行“二层分离”管理体制基础上的施工项目管理。从矩阵式项目组织所定义的项目经理与部门经理之间的权责关系出发，作为项目层面的辅助管理系统，施工项目进度成本集成管理计算机辅助管理系统与施工企业管理计算机辅助系统之间必然存在相互依赖和相互制约的系统关系。一方面，施工项目进度成本集成管理计算机辅助管理系统所需的系统数据，如资源定额、材料消耗定额、资源和材料价格等，必须来源于施工企业管理计算机辅助系统；另一方面，施工企业管理计算机辅助系统所包括的诸如投标报价管理、企业资源管理等系统，则必须集成项目管理系统的数据才能运行。

考虑到由本书作者自行开发的《施工项目进度成本集成管理计算机辅助管理系统（元惠 PCM 软件 V1.0）》已于今年投入使用，与该系统相配套的《施工企业管理计算机辅助管理系统（元惠 ERP 软件 V1.0）》正在开发之中，所以，本章就以作者自行开发的辅助管理系统为参考，重点介绍基于施工项目进度成本集成管理模式的计算机辅助管理系统必须具备的系统功能、管理流程及其应用案例。

第一节 基于集成管理模式的辅助管理系统功能

施工项目进度成本集成管理是以资源需求为纽带开展的针对施工项目进度和成本的管理。为了实现施工过程中进度、资源和成本的动态平衡，其管理过程通常包括计划、执行和控制等三个环节，且三个环节是以循环的方式贯穿于管理全过程的。作为日常管理和决策支持的有效工具，施工项目进度成本集成管理计算机辅助管理系统的系统功能，主要是帮助管理者实现快速和准确的信息转换。根据管理过程对信息转换的客观需求，相应的系统功能主要包括计划和控制两大模块。当然，针对项目计划和控制所需系统数据的管理功能也是系统不可缺少的组成部分。

一、系统总流程图

如图 6-1 所示，系统总流程图是以施工项目进度成本集成管理计算机辅助管理系统功能及其数据总流程为基础绘制的，是对该系统的一个总体反映。

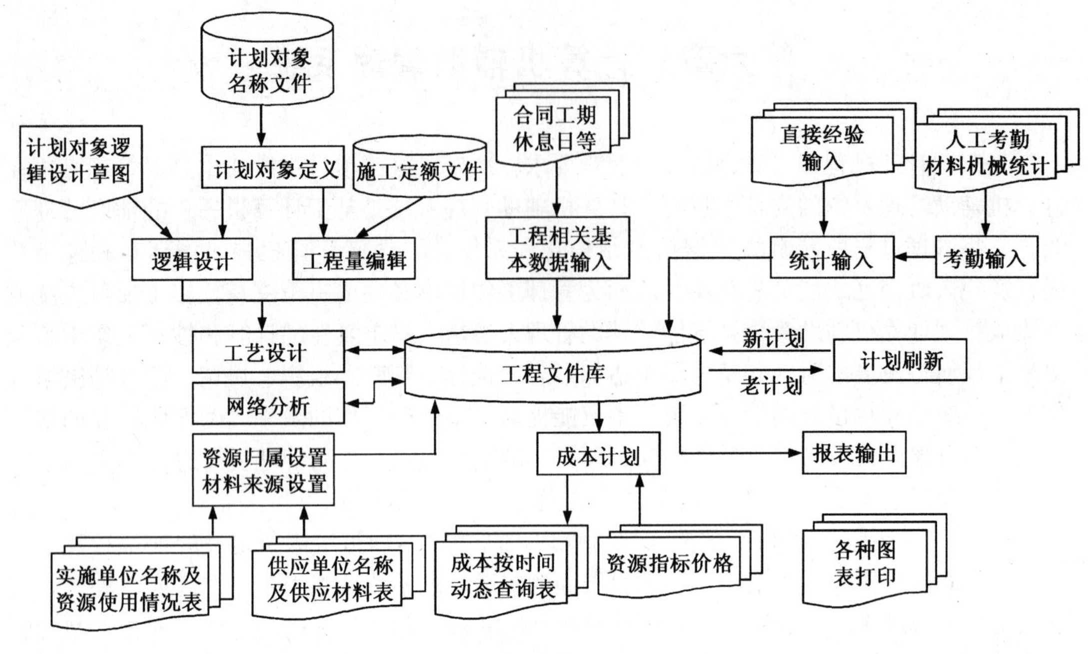

图6-1　系统总流程图

二、辅助计划功能

作为施工项目进度成本集成管理的重要组成部分，计划过程主要包括进度计划和成本估算两部分内容。计划过程的结果，通常是形成基于进度计划和成本估算的施工项目进度成本集成计划体系。

(一) 计划工作流程

如图6-2所示，基于施工项目进度成本集成管理的计划过程，考虑到决策环节对计划顺序的影响，其计划工作流程必然是基于不同决策点的循环过程。

(二) 进度计划

基于施工项目进度成本集成管理计算机辅助管理系统的进度计划过程，必须在满足施工承包合同对承包人所提出的全部要求基础上，根据施工现场所具备的技术和经济条件，并结合施工企业的具体情况，按图6-2所示的程序开展工作。相应地，不同的计划环节所需的基础数据以及对辅助系统的功能要求也各不相同。

1. 设置开工、竣工时间

设置开工、竣工时间所需的基础数据以及辅助系统的功能如下：

(1) 基础数据

施工承包合同或施工企业管理层所规定的开工和竣工日期。

(2) 系统功能

输入所要求的开工和竣工日期，系统自动形成计划工期。当经由网络分析所形成的计算工期大于计划工期时，系统进行提示，并允许重新输入。

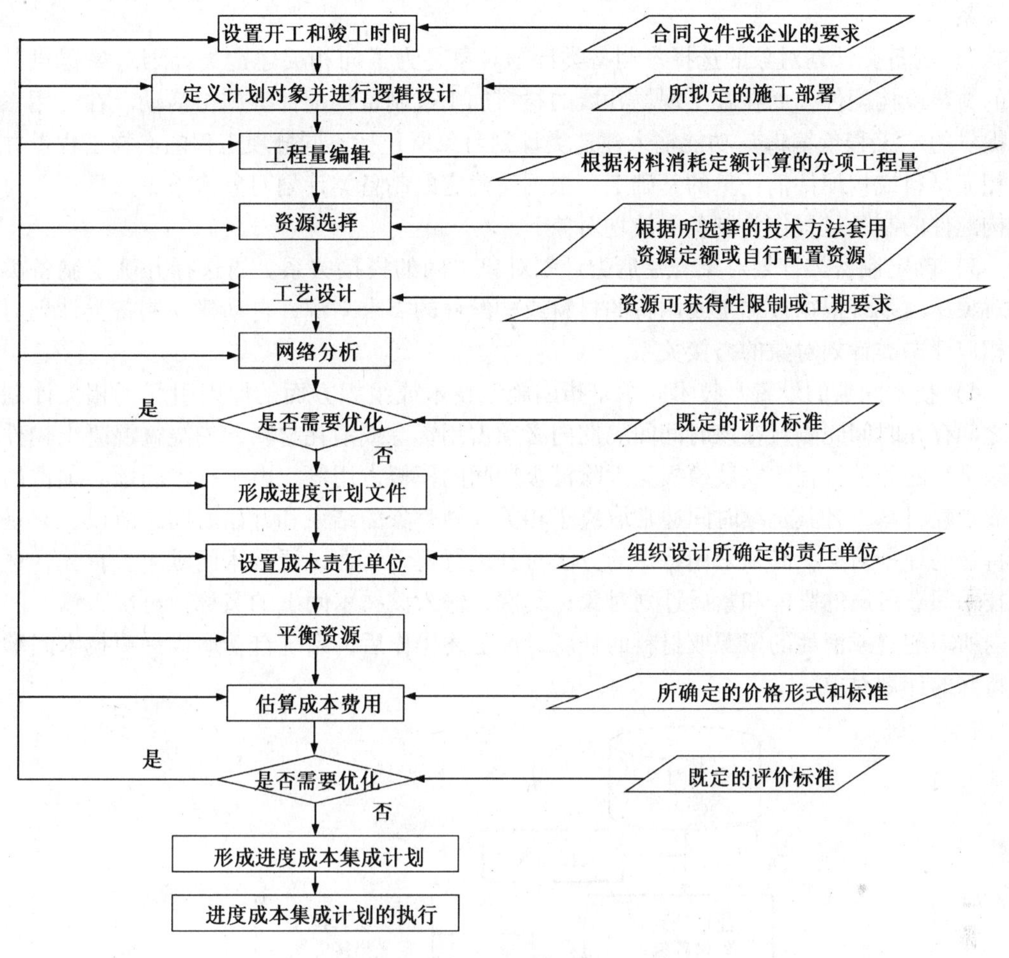

图6-2 计划过程流程图

2. 定义计划对象并进行逻辑设计

定义计划对象并进行逻辑设计所需的基础数据以及辅助系统的功能如下：

(1) 基础数据

经由施工部署所形成的计划对象清单、相应的施工流向和施工顺序以及基于既定施工流向和顺序的建造类计划对象逻辑设计表。

计划对象清单：见第三章表3-20、表3-21；

施工流向和顺序流程图：见第三章图3-18；

基于既定施工流向和顺序的建造类计划对象逻辑设计表：见第三章表3-35。

(2) 系统功能

建造类计划对象的输入：输入不同建造类计划对象的“名称”、“班时”和“班次”等。输入方式包括两种：其一是直接输入，其二是从相应的计划对象名称文件中调用。

1) 建造类计划对象的逻辑设计。当输入建造类计划对象的名称后，选择某计划对象，如果需要还可以输入所要求的“时限”，再进行逻辑设计。此时，系统自动生成由其他相关计划对象组成的列表备选，从列表中选择作为其紧前活动的计划对象，并定义相应的搭接关系。

2）制备类计划对象的选择。制备类计划对象是为了向相关建造类计划对象提供其所需的材料或构配件，而在施工现场开展的材料加工或制备构配件等施工活动。在运用系统所提供的“工程量编辑”功能输入建造类计划对象所包括不同分项工程的实物工程量并明确相应材料或构配件消耗量的基础上，根据所确定的制备类计划对象清单，选择相关材料或构配件的制备过程作为制备类计划对象。

3）确定制备类计划对象与建造类计划对象之间的搭接关系。当选择并确定制备类计划对象后，系统根据被加工或制备的材料或构配件的需求来源，自动建立制备类计划对象与相应建造类计划对象的搭接关系。

4）技术间歇的设置。技术间歇是指因施工技术或组织方面的原因引起了相关计划对象之间存在时间间隔且在该时间间隔期内必须占用资源或消耗材料，如浇捣混凝土构件后必须进行的养护过程、安装模板至拆除模板期间的模板占用等。由于技术间歇必须占用资源或消耗材料，且其延续时间通常取决于相关计划对象的结束和开始时间，所以，它是一种特殊的计划对象，必须采用特殊的方法对其进行定义。在设置技术间歇时，首先，选择该技术间歇所属的紧前和紧后计划对象；其次，输入该技术间歇的名称；再次，输入间歇期内所需配置或消耗的资源或材料的强度，经上述操作后，系统自动形成一项技术间歇作为特殊的计划对象。

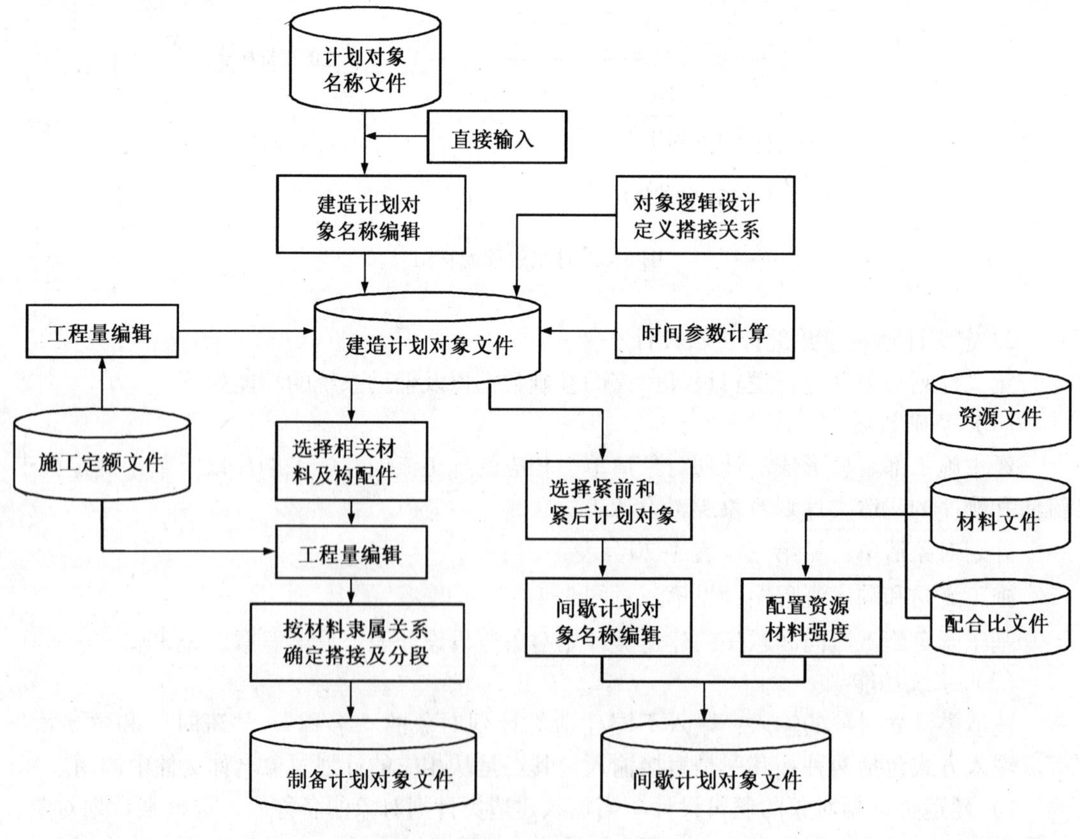

图6-3　计划对象

（3）计划对象系统功能流图

如图6-3所示，施工项目所包括的计划对象通常有建造类、制备类、技术间歇等三种类型。其中，建造类计划对象的逻辑设计是系统的核心，其他计划对象的逻辑设计必须在建造类计划对象逻辑设计的基础上进行。

3. 工程量编辑

工程量编辑所需的基础数据以及对辅助系统的功能要求如下：

（1）基础数据

1）根据施工图纸、现场条件以及既定的施工技术方案，并结合材料消耗定额所规定的工程量计算规则，经工程量计算所形成的不同分项工程的实物工程量。

2）根据不同计划对象所包括的工程内容，将分项工程实物工程量在不同计划对象之间进行分配，所形成的对应于不同计划对象的分项工程量分配数额。

3）材料消耗定额。

表6-1是不同分项工程的实物工程量以及这些实物工程量在不同计划对象之间进行分配的示意表。

分项工程实物工程量在计划对象之间的分配表（建造类）　　　　**表6-1**

工程名称：××建筑物基础工程

分项工程	工程量（计划对象）	人工挖运土方	浇捣混凝土垫层		钢筋模板安装		浇捣混凝土条形基础		拆除模板		砌筑砖条形基础		基槽回填
			Ⅰ	Ⅱ	Ⅰ	Ⅱ	Ⅰ	Ⅱ	Ⅰ	Ⅱ	Ⅰ	Ⅱ	
人工挖基槽	400m^3	400											
人力车运土	580m^3	400										180	
浇捣C10混凝土垫层	40m^3		20	20									
安装钢筋	2t				1	1							
安装模板	160m^2				80	80							
浇捣钢筋混凝土条形基础	120m^3						60	60					
拆除模板	160m^2								80	80			
砌筑标准砖条形基础	60m^3										30	30	
挖堆积土	180m^3												180
回填土	180m^3												180

（2）系统功能

1）输入分项工程量：按纵向顺序自上而下地输入分项工程实物工程量，并套用相应的材料消耗定额，如需对定额进行换算处理，则系统提供进行换算处理所需的功能。

2）分项工程量在不同建造类计划对象之间的分配：系统将已输入的建造类计划对象按横向顺序排列，与纵向输入的分项工程形成矩阵关系。选定按纵向排列的某分项工程，从横向选择需要分配的计划对象，在相应位置输入所需分配的工程量。

3）计算不同建造类计划对象对材料的需求：在输入分项工程量并将其在不同建造类计划对象之间进行分配后，系统根据所套用的材料消耗定额，自动计算不同计划对象对材料的需求。

4）制备类计划对象所属分项工程量的输入：当计算出不同建造类计划对象对材料的需求之后，系统将不同计划对象所需的材料进行汇总，并按横向顺序显示材料名称和相应的数量备选，在此基础上，按纵向顺序套用相关的材料消耗定额，并从横向选择需要加工或制备的材料作为制备类计划对象，最后在其纵横交叉位置输入相应的分项工程量。

表6-2是选择建造类计划对象所需材料或构配件作为制备类计划对象，并套用相关材料消耗定额输入其必须包括的分项工程及其相应实物工程量的示意表。

制备类计划对象所包括分项工程及其实物工程量表 **表6-2**

工程名称：××建筑物基础工程

计划对象 / 工程量 / 分项工程	筛选黄砂						钢筋制作	
	混凝土垫层Ⅰ	混凝土垫层Ⅱ	混凝土条形基础Ⅰ	混凝土条形基础Ⅱ	砖条形基础Ⅰ	砖条形基础Ⅱ	Ⅰ	Ⅱ
筛选黄砂	16t	16t	36t	36t	9.6t	9.6t		
钢筋制作							1t	1t

注：表中所示的分项工程实物工程量既可采用建造类计划对象对材料的需求量也可按需要自行输入。

5）计算不同制备类计划对象对材料的需求：在输入不同制备类计划对象所包括的分项工程量后，系统根据所套用的材料消耗定额，自动计算不同制备类计划对象对材料的需求。

值得注意的是，当建造类计划对象所需的材料或构配件需要加工或制备时，则这种材料或构配件作为“中间产品”，属于相应制备类计划对象的生产成果。根据相应的材料消耗定额，这种“中间产品”还可以被进一步分解成制备类计划对象所需的材料。在估算施工项目的成本费用时，为了不重复计算，作为“中间产品”的材料或构配件必须被筛选掉，不能作为成本因素参与估算过程。

（3）工程量编辑系统功能流程图

图6-4是工程量编辑的系统功能流程图。工程量编辑的总体流程是：首先，套用材料消耗定额输入建造类计划对象所包括分项工程的实物工程量并将其在不同建造类计划对象之间进行分配；其次，当系统自动计算出建造类计划对象所需材料或构配件的消耗量后，选择需要制备的材料或构配件作为制备类计划对象；第三，套用材料消耗定额输入制备类计划对象所包括分项工程的实物工程量并将其在不同制备类计划对象之间进行分配；最后，系统自动计算出制备类计划对象所需材料的消耗量。

4. 资源选择

资源选择所需的基础数据以及辅助系统的功能如下：

（1）基础数据

1）基于现有技术条件所选择的技术方法，包括选择不同分项工程的施工工艺、基于既定施工工艺所需开展的施工单元以及选择施工单元的资源配置等。

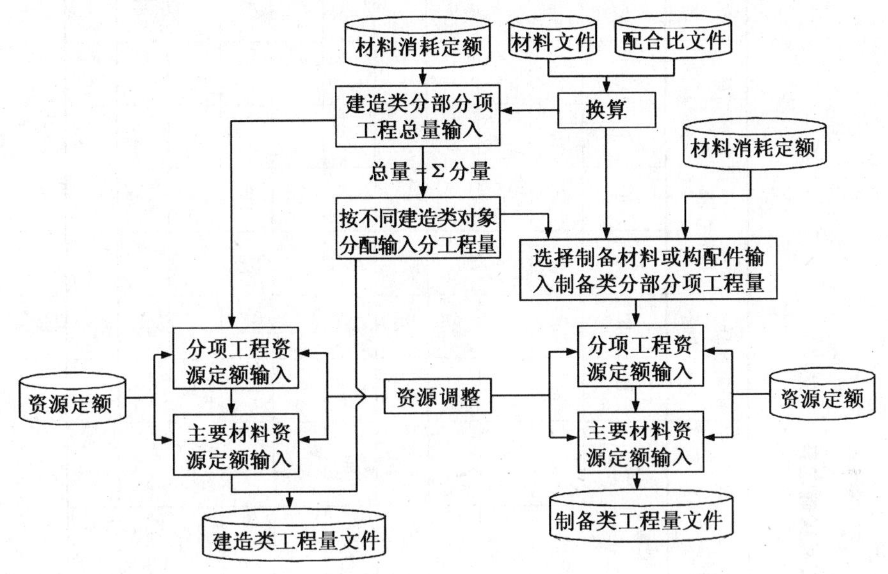

图6-4　工程量编辑

2）施工单元所能达到的生产率标准，即相应的资源定额。

（2）对系统的功能要求

施工项目所需的资源通常是以专业生产班组的形式存在于施工现场的，所以，资源选择的过程，就是选择资源定额并输入相应工程量的过程。选择资源的最终目的，是确定不同计划对象对资源的额定需求。为此，系统必须具备如下功能：

1）显示分项工程和主要材料以及相应的工程量：分项工程通常是由工艺上紧密相关的施工单元组成的。组成分项工程的施工单元，其所需完成的实物工程量要么与相应的分项工程实物工程量相一致，要么与分项工程施工所需消耗的材料数量相一致。为了明确施工项目所包括的计划对象、不同计划对象所包括的分项工程以及不同分项工程所包括的施工单元，在工程量编辑的基础上，系统应根据计划对象与分项工程以及分项工程与材料消耗之间的相互关系，按横向顺序显示不同计划对象所包括的分项工程以及不同计划对象所包括分项工程中的主要材料，并分别显示分项工程和主要材料的数量，以便在选择施工单元并输入其工程量时作为参考。

2）套用资源定额：在显示分项工程和主要材料以及相应数量的基础上，根据所选择的施工技术方法，按纵向顺序套用相应的资源定额，并从横向选择分项工程或主要材料作为施工单元的作业对象，最后在其纵横交叉的位置上输入施工单元的工程量。在输入施工单元工程量时，既可以参考所显示的分项工程或主要材料的数量，也可以根据需要自行输入。

表6-3～表6-5集中反映了选择并套用资源定额并输入工程量，进而完成对施工项目所做的资源选择的过程。

对应于分项工程的资源定额及其工程量确定表（建造类） **表 6-3**

工程名称：××建筑物基础工程

计划对象		人工挖运土方		浇捣混凝土垫层		钢筋安装和模板安装				浇捣混凝土条形基础		拆除模板		砌筑砖条形基础		回填土		
分项工程		挖土	运土	Ⅰ	Ⅱ	钢筋安装Ⅰ	钢筋安装Ⅱ	模板安装Ⅰ	模板安装Ⅱ	Ⅰ	Ⅱ	Ⅰ	Ⅱ	Ⅰ	Ⅱ	挖土	运土	回填土
施工单元及计量单位		m^3	m^3	m^3	m^3	t	t	m^2	m^2	m^3	m^3	m^2	m^2	m^3	m^3	m^3	m^3	m^3
人工挖基槽	m^3	400																
人力车运土	m^3		400														180	
浇捣混凝土构件	m^3			20	20					60	60							
安装模板	m^2							80	80									
安装钢筋	t					1	1											
拆除模板	m^2											80	80					
砌筑标准砖条形基础	m^3													30	30			
挖堆积土	m^3															180		
基槽回填	m^3																	180

对应于材料的资源定额及其工程量确定表（建造类）　　表6-4

工程名称：××建筑物基础工程

计划对象		浇筑混凝土垫层		钢筋安装及模板安装				浇筑混凝土条形基础		拆除模板		砌筑标准砖条形基础			
分项工程		Ⅰ	Ⅱ	Ⅰ	Ⅱ	Ⅰ	Ⅱ	Ⅰ	Ⅱ	Ⅰ	Ⅱ	Ⅰ		Ⅱ	
材料		混凝土	混凝土	钢筋	钢筋	模板	模板	混凝土	混凝土	模板	模板	砖	砂	砖	砂
单元及计量单位		m^3	m^3	t	t	m^2	m^2	m^3	m^3	m^2	m^2	百块	m^3	百块	m^3
混凝土搅拌	m^3	20	20					60	60						
混凝土运输	m^3	20	20					60	60						
模板运输	m^2					80	80			80	80				
钢筋运输	t			1	1										
搅拌砂浆	m^3												6		6
砂浆运输	m^3												6		6
运标准砖	百块											150		150	

对应于分项工程的资源定额及其工程量确定表（制备类）　　表6-5

工程名称：××建筑物基础工程

计划对象		钢筋制作		筛垫层黄砂		筛混凝土条形基础黄砂		筛砖条形基础黄砂	
分项工程		Ⅰ	Ⅱ	Ⅰ	Ⅱ	Ⅰ	Ⅱ	Ⅰ	Ⅱ
施工单元及计量单位		t	t	t	t	t	t	t	t
制作钢筋	t	1	1						
筛选黄砂	t			16	16	36	36	9.6	9.6

3）确定计划对象对资源的额定需求：在套用资源定额并输入相应工程量的基础上，系统根据计划对象与分项工程以及分项工程与施工单元之间的关系，按资源定额所规定的生产率标准，自动计算不同施工单元对资源的额定需求，并按既定的工艺关系逐级汇总，分别形成分项工程和计划对象对资源的额定需求。

（3）资源选择系统功能流程图

资源选择的系统功能及流程设计详见图6-4。

5. 工艺设计

工艺设计所需的基础数据以及辅助系统的功能如下：

（1）基础数据

1）计划对象所包括不同分项工程之间的搭接关系，包括顺序施工或并行施工。

2）资源可获得性限制或对计划对象作业时间的要求。

（2）系统功能

计划对象的作业时间与资源需求强度之间，依据施工过程对资源的额定需求，客观上存在紧密的联系。根据组成计划对象的分项工程之间的不同搭接，可以建立如本书第三章第三节中式（3-6）~式（3-12）所示的资源需求强度与相应作业时间的函数关系。依据这种函数关系，可以对不同计划对象的资源配置强度和相应的作业时间进行决策，进而确定不同计划对象的资源需求强度。

工艺设计主要解决计划对象的资源配置和作业时间问题。在设计过程中，要么输入资源配置以确定作业时间，要么输入作业时间以确定资源需求，为此，系统必须具备如下功能：

1）设置计划对象所包括不同分项工程之间的搭接关系：选择某计划对象，分别在该计划对象所包括的不同分项工程之间选择“顺序施工”或“并行施工”的搭接关系。

2）输入资源配置强度：选择某计划对象，系统显示其所包括的分项工程、分项工程所包括的施工单元以及施工单元所包括的主动性资源。输入主动性资源的配置强度，则系统根据既定的资源配置强度与相应作业时间的函数关系，计算不同分项工程所需的作业时间，并按所设定的搭接关系，进一步计算计划对象所需的作业时间以及对资源的实际需求。

3）或输入作业时间：选择某计划对象，系统显示其所包括的分项工程、分项工程所包括的施工单元以及施工单元所包括的主动性资源。输入不同分项工程的作业时间，则系统根据既定的资源配置强度与相应作业时间的函数关系，自动计算不同分项工程对资源的需求，并按所设定的搭接关系，进一步计算计划对象所需的作业时间以及对资源的实际需求。

6. 网络分析

网络分析所需的基础数据以及辅助系统的功能如下：

（1）基础数据

网络分析所需的基础数据包括其前阶段计划工作所形成的所有数据。

（2）对系统的功能要求

网络分析属于系统的“后台”功能，经过前阶段的计划工作，已经将网络分析所需的数据做了结构化和系统化处理。所谓网络分析，其实是在结构化和系统化的基础上，计算不同计划对象的时间参数，并据此确定不同计划对象的计划进度，进而编制基于计划进度的资源和材料需求直方图的过程。

1）创建网络图：创建施工项目网络图的过程，就是根据既定逻辑设计，绘制单代号搭接网络的过程。

2）时间参数的计算：根据所设定的搭接关系，计算不同计划对象的开始时间、完成时间和相应的总时差、自由时差。

3）确定计划进度：当网络图的时间参数计算完毕后，根据既定的逻辑顺序，将施工项目所包括的不同建造类计划对象按照其最早开始时间排入日历时间坐标。在此基础上，确定制备类计划对象与建造类计划对象之间的搭接关系，并据此安排制备类计划对象的日历进度，最后采用关联横道图的形式将所确定的计划进度表现出来，形成施工项目计划进度的初稿。

4）时间阶段的划分：根据施工项目在不同时间阶段上对资源或材料需求强度的差异性，将施工过程划分成不同的时间阶段。由于某时间阶段所需资源或材料的数量主要取决于该时间阶段上的计划对象对资源或材料的需求，所以，划分时间阶段的方法，就是根据施工过程中不同计划对象在时间上的分布情况，按时间顺序找出计划对象在时间分布上的差异点，再根据这种差异点将施工过程划分成不同的时间阶段。

5）计算不同时段上资源和材料的需求强度：根据本书第三章第四节式（3-18）所提供的计算方法，施工过程某时间阶段对资源的需求强度，等于该时间阶段所包括的不同计划对象对资源需求的强度之和。施工过程对材料的需求强度，根据不同的消耗性质，包括“对应于实质性消耗的需求强度”和“对应于周转使用的需求强度”两种不同的类型。针对“对应于实质性消耗的需求强度”，可按本书第三章第四节式（3-19）和式（3-20）所提供的方法进行计算；针对“对应于周转使用的需求强度”，则可按本书第三章第四节式（3-21）和式（3-22）所提供的方法进行计算。

6）编制资源和材料需求直方图：在确定施工项目所包括不同计划对象计划进度的基础上，划分时间阶段，计算不同时段上资源和材料的需求强度，进而将不同时间阶段上的资源或材料需求强度连成曲线，则这种曲线就是施工项目资源和材料需求直方图。

7）编制进度计划图表：将所确定的计划进度和相应的资源与材料需求直方图用本书第三章第五节中图3-20所示的方式加以表达，即为施工项目的进度计划图表。

（3）网络分析系统功能流图

图6-5是网络分析的系统功能和流程设计示意图。

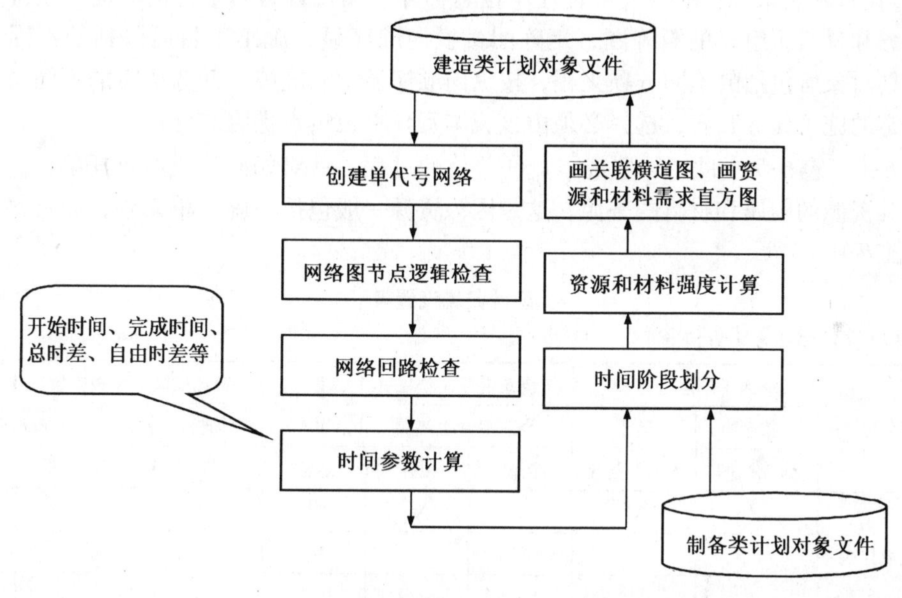

图6-5　网络分析

7. 关于进度计划的优化问题

为了提高计划工作的效果，还必须对所形成的进度计划初稿进行反复的优化处理，以便在满足合同工期的条件下尽量平衡所需的资源，进而降低施工项目的计划成本。对进度计划进行优化的过程，其实是不断重复不同的计划环节并进行相应决策的循环过程，具体方法请详见本书第三章第四节的相关内容。

（三）成本估算

估算施工项目的成本，必须在编制进度计划的基础上，依据进度计划所确定的资源和材料需求直方图，并结合所确定的不同责任单位的任务归属，按图6-2所示的程序开展工作。相应地，不同估算环节所需的基础数据以及对辅助系统的功能要求也各不相同。

1. 设置成本责任单位

设置成本责任单位所需的基础数据以及辅助系统的功能如下：

(1) 基础数据

施工项目所包括的不同成本核算单位。不同成本核算单位的施工任务归属以及为完成所属施工任务必须配置和供应的资源及材料。

(2) 系统功能

所谓设置成本责任单位，其实就是按不同的施工任务归属，将施工过程所需的资源和材料归入不同的成本责任单位，并定义单位名称的过程。

1）设置资源归属：输入成本责任单位名称并启动设置资源归属的功能，系统显示由施工任务和资源所组成的矩阵图，矩阵图按横向顺序显示施工项目所包括的不同计划对象、计划对象所包括的不同分项工程以及分项工程所包括的不同施工单元，按纵向顺序显示完成施工任务所需的不同资源，根据所确定的施工任务归属，选择必须由该成本责任单位负责配置的资源。

2）设置材料来源：输入成本责任单位名称并启动设置材料来源的功能，系统显示由施工任务和材料所组成的矩阵图，矩阵图按横向顺序显示施工项目所包括的不同计划对象、计划对象所包括的不同分项工程，按纵向顺序显示完成施工任务所需的不同材料，根据所确定的施工任务归属，选择必须由该成本责任单位负责供应的材料。

表6-6～表6-7反映了设置成本责任单位的过程。针对相同的成本责任单位，必须分别设置其资源的归属和材料的来源，这是因为资源一般包括在施工单元中，而材料则包括在分项工程中。

资源归属设置表 **表6-6**

责任单位名称：××分包商

资源名称	人工挖运土方		浇筑混凝土垫层（Ⅰ、Ⅱ）			钢筋安装及模板安装（Ⅰ、Ⅱ）			
	挖土	运土	浇筑混凝土垫层（Ⅰ、Ⅱ）			钢筋安装		模板安装	
	人工挖槽	人力车运土	浇捣	搅拌	运输	安装	运输	安装	运输
普　工	√	√	√	√	√	√	√	√	√
混凝土搅拌机			√	√					
塔　吊									

注：打“√”者表示被设置。

材料来源设置表 **表6-7**

责任单位名称：××分包商

材料名称	人工挖运土方		浇筑混凝土垫层（Ⅰ、Ⅱ）	钢筋安装及模板安装（Ⅰ、Ⅱ）	
	挖土	运土	浇筑混凝土垫层（Ⅰ、Ⅱ）	钢筋安装	模板安装
水　泥			√		
黄　砂					
模　板					√

注：打“√”者表示被设置。

2. 平衡资源

平衡资源所需的基础数据以及辅助系统的功能如下：

（1）基础数据

平衡资源所需的基础数据是资源进出施工现场的方便程度及其相应的成本。当施工过程对资源或周转材料的需求出现不均衡现象时，则配置在施工现场的资源或周转材料有时会因不需要使用而出现闲置等待的现象。此时，如果将这些资源或周转材料撤出施工现场则需发生一定的进退场费用，如果将其保留在施工现场，则会因现场占用这些资源或周转材料而发生相应的租金支出。围绕是否将闲置的资源或周转材料撤出施工现场所作的决策，直接影响到对施工项目成本的估算。当决定撤出这些资源和周转材料时，则在成本估算前不需要平衡资源，但必须计算相应进退场的费用，当决定不撤这些资源或周转材料时，则在成本估算前需要平衡资源，但不需要计算进退场的费用。

（2）系统功能

所谓平衡资源，是指根据资源或周转材料的需求直方图，拟定施工过程所包括不同时间阶段内资源或周转材料实际配置强度的过程。经过平衡资源所形成的资源或周转材料的实际配置强度，才是估算施工项目成本的直接依据。为了将所拟定的资源或周转材料的实际配置强度输入系统，系统具备如下功能：

1）显示时间阶段：选择某项资源或周转材料，系统根据施工过程对其需求的差异性，划分相应的时间阶段，并显示基于网络分析所形成需求强度。

2）输入不同时间阶段内资源或周转材料的实际配置强度：在显示时间阶段的基础上，输入相应时段的实际配置强度。

选择某资源作为平衡的对象，则系统所提供的输入功能如表6-8所示。

平衡资源示意表 **表6-8**

资源名称：某机械设备

序　号	开始时间	终止时间	时间段长度	需求强度（台）	配置强度（台）
1	第1天	第10天	10天	0.9	2
2	第11天	第11天	1天	1.2	2
3	第12天	第12天	1天	1.9	2
4	第13天	第13天	1天	0	2
5	第14天	第16天	3天	0.5	2
6	第17天	第17天	1天	1.3	2
7	第18天	第19天	2天	0	0
8	第20天	第21天	2天	0	0
9	第22天	第23天	2天	0	0
10	第24天	第25天	2天	0	0
11	第26天	第27天	2天	0	0
12	第28天	第28天	1天	0	0
13	第29天	第29天	1天	0	0
14	第30天	第35天	6天	0	0

注：本表中时间为相对时间。

3. 估算成本费用

估算成本费用所需的基础数据以及辅助系统的功能如下：

（1）基础数据

1）所拟定的现场性工作明细清单；

2）所确定的对应于不同资源或材料需求指标的价格。

（2）系统功能

施工项目成本包括直接成本和间接成本两种，相应地，对成本费用的估算，也必须区分直接成本和间接成本分别进行。

1）直接成本的估算：选择不同的成本责任单位，系统显示基于进度计划的资源和材料需求指标，分别输入相应的价格，则系统自动计算并汇总成本费用。

根据所选择的成本责任单位，系统显示其基于进度计划的资源和材料需求指标如表6-9所示，输入相应的价格，则系统自动计算并汇总成本费用。

直接成本估算示意表 **表6-9**

工程名称：某建筑物基础工程

责任单位	资源和材料需求指标	单位	计划发生量	单价（元）	复价（元）
甲责任单位	瓦工（计件工）	工日	100	60	6000
乙责任单位	瓦工（正常班）	工日	80	20	1600
…	塔吊	台班	40	100	4000
…	…	…	…	…	…

2）间接成本的估算：选择不同的成本责任单位，并输入其需要开展的现场性工作，针对某现场性工作，分别采用系统所提供的“作业估算法”、“单价估算法”和“取费估算法”估算其费用，系统显示这些费用并按现场性工作进行汇总。

根据所选择的责任单位，采用不同的计算方法，计算该责任单位所属某现场性工作的成本费用的方式如表6-10～表6-12所示。

采用作业估算法估算某现场性工作成本费用示意表 **表6-10**

工程名称：某建筑物基础工程

责任单位和现场性工作名称：某责任单位某现场性工作

费用名称	单　位	性　质	配置强度	单价元/工日	复价（元）
项目经理	工日	人工	1	200	7000
普通管理人员	工日	人工	4	100	14000
…	…	…	…	…	…
合　计	—	—	—	—	50000

注：工日数为现场性工作的延续时间（本例为35天）与配置强度的乘积。

采用单价估算法估算某现场性工作成本费用示意表 **表 6-11**

工程名称：某建筑物基础工程

责任单位和现场性工作名称：某责任单位某现场性工作

费用名称	单　位	性　质	消耗量	单价（元）	复价（元）
桩基测试费	次	外购服务	1	8000	8000
…	…	…	…	…	…
合　计	—	—	—	—	50000

采用取费估算法估算某现场性工作成本费用示意表 **表 6-12**

工程名称：某建筑物基础工程

责任单位和现场性工作名称：某责任单位某现场性工作

费用名称	取费公式	费用（元）
其他管理费	直接成本×1%	10000
…	…	…
合　计	—	10000

注：假定直接成本为 100 万元。

3）显示计划成本：当不同责任单位的成本费用被估算出来后，为了能及时查看不同时期的计划成本，系统必须提供对不同时期成本费用及其明细情况的浏览功能。

选择某成本责任单位，并输入截止时间，则系统提供对成本费用及其明细情况的浏览功能如表 6-13 所示。

成本费用及其明细情况浏览示意表 **表 6-13**

工程名称：某建筑物基础工程

责任单位：某责任单位　　截止时间：2008 年 3 月 26 日

资源和材料需求指标	单　位	计划发生量	单(元)价	复(元)价
瓦工（计件工）	工日	100	60	6000
瓦工（正常班）	工日	80	20	1600
塔　吊	台班	40	100	4000
…	…	…	…	…

(3) 估算成本费用系统功能流程图

图 6-6 是估算成本费用的系统功能和流程设计示意图。

4. 关于成本计划的优化问题

为了实现成本费用的最小化，还必须对经由成本估算所形成的成本费用及其费用构成的合理性进行评价，如果有必要，则进行优化处理。对成本费用进行优化的过程，同样是不断重复不同计划环节并进行相应决策的循环过程，具体方法请详见本书第三章和第四章的相关内容。

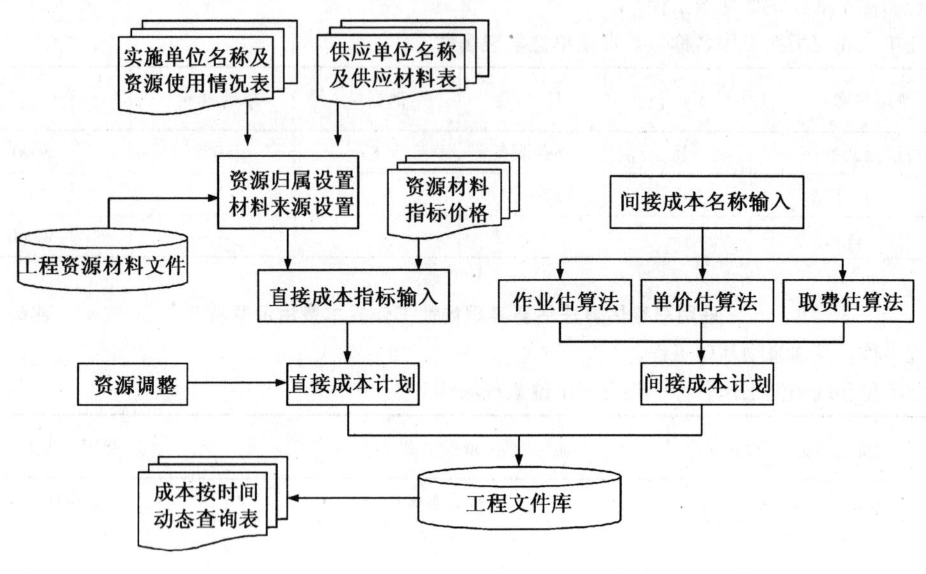

图6-6　成本估算流程图

（四）进度成本集成计划的输出

1）将所形成的进度成本集成计划存储在相应的工程文件中，以便于控制过程调用这些文件；

2）选择并打印所需的进度成本集成计划，作为指导施工的直接依据。

三、辅助控制功能

控制是依据监测结果对实施过程所采取的行动，作为施工项目进度成本集成管理的重要环节，虽然控制的重点应放在对施工过程所采取的行动上，但是，针对施工过程所开展的诸如监测、评估以及重新计划等控制工作，是对施工过程开展整改行动并据此实现控制目标的根据保证。

（一）控制工作流程

基于施工项目进度成本集成管理的控制是一种动态的过程，其工作流程通常是贯穿于施工全过程的，并且受不同决策环节的影响所导致的循环过程。

图6-7是控制工作流程的示意。

（二）不同控制环节所需的基础数据以及对辅助系统的功能要求

不同控制环节需要不同的基础数据，根据不同控制环节对信息转换的不同要求，其所需的计算机辅助系统的功能也不尽相同。

1. 监测输入

监测输入所需的基础数据以及辅助系统的功能如下：

（1）基础数据

1）控制期；

2）控制期内的实际进度，包括控制期内所完成的建造类和制备类计划对象所包括的分项工程实物工程量以及相关现场性工作的完成率等统计数据；

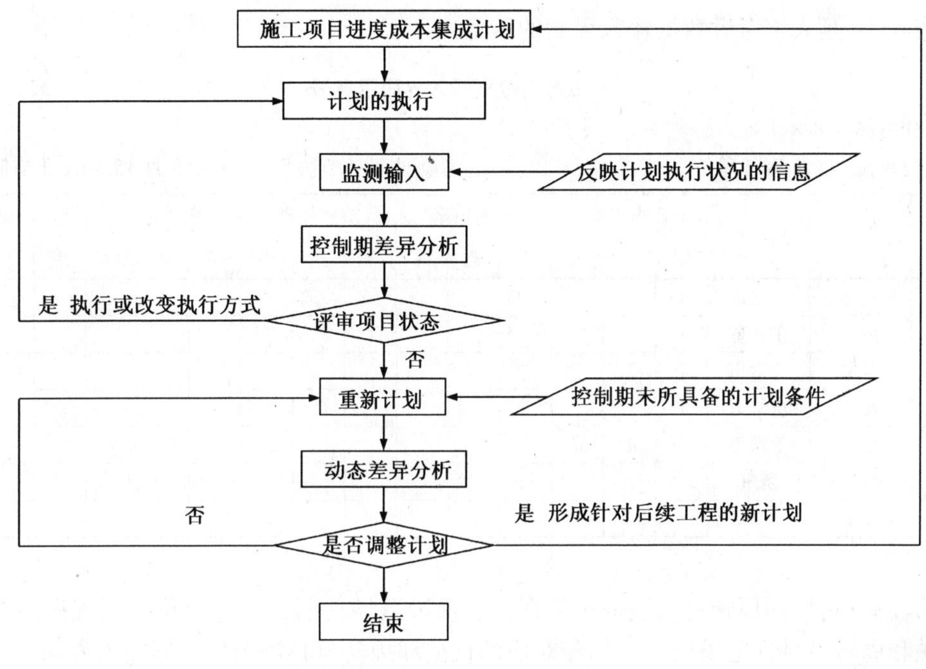

图6-7 控制工作流程图

分项工程单项进度完成情况统计调查表见第五章表5-1；

现场性工作单项进度完成情况统计调查表见第五章表5-2。

3）控制期内有关使用资源和消耗材料的统计数据，包括人工考勤、施工机械和周转材料的进退场以及实体材料期初库存、本期供应和期末库存等统计数据；

4）相关资源和材料的价格信息。

人工考勤表、施工项目考勤汇总表和施工项目考勤数据汇总表分别见第五章表5-14、表5-15、表3-16；

施工机械和周转材料进退场记录表见第五章表5-23；

材料消耗记录表见第五章表5-24。

（2）系统功能

1）选择控制期：选择并输入控制期末的日历时间，系统自动计算控制期。

2）输入本期实际完成进度：当选择并确定控制期后，系统提供与“分项工程单项进度完成情况统计调查表”以及“现场性工作单项进度完成情况统计调查表”相对应的输入界面，输入本控制期实际完成的分项工程进度和现场性工作完成率。

3）输入人工考勤数据：选择考勤日期和责任单位，系统提供与“施工项目考勤数据汇总表”相对应的考勤数据输入界面。将当天的考勤数据加以汇总和整理，形成与输入界面相一致的汇总数据。输入当天的人工考勤汇总数据，系统自动按形成人工需求指标的要求进行分类汇总并按日历时间序列进行累计。值得注意的是，由于人工考勤属于日常性管理工作，所以，在进行人工考勤时，通常不需考虑控制期问题，只要根据日历时间按天连续地进行。另外，由于配置在施工现场的人员均具有相应的单位归属，所以，对人工的考勤一般应按不同的责任单位分别进行。

表6-14是人工考勤数据输入界面的示意。

人工考勤数据输入界面示意表 **表6-14**

工程名称：××工程

责任单位：××责任单位　　　考勤日期（节假日）：×年×月15日（非节假日）

姓　名	工　种	班　次	班内正常			班内加班			节假加班			病假时间			事假时间		
			甲	乙	丙	甲	乙	丙	甲	乙	丙	甲	乙	丙	甲	乙	丙
张三	技工	正常班	1			0.25											
李四	技工	正常班	1			0.25											
王五	普工	正常班		1													
周六	普工	正常班	1														
徐七	技工	正常班		1													
黄八	技工	翻班		1													
刘九	技工	翻班			1												

4）输入机械和周转材料进退场数据：选择进退场日期和责任单位，系统提供与“施工机械和周转材料进退场记录表”相对应的机械和周转材料进退场数据输入界面。输入当天发生的机械或周转材料进退场数量以及相应的租赁单价。当系统进入“机械和周转材料使用费”编辑功能时，系统能据此按形成机械和周转材料需求指标的要求自动进行分类汇总，在此基础上，系统进一步计算与需求指标相对应的租赁单价。相似于人工考勤数据的输入，由于对机械或周转材料进退场情况的记录也属于日常性管理工作，所以，在记录机械或周转材料进退场数据并输入系统时，通常不需考虑控制期问题，只要根据进退场的实际情况及时地进行。另外，由于同一个责任单位负责配置的机械或周转材料可能来源于若干个不同的供应单位，所以，在输入机械和周转材料进退场数据前，首先必须选择相应的供应单位。

表6-15是施工机械和周转材料进退场数据输入界面的示意。

施工机械和周转材料进退场数据输入界面示意表 **表6-15**

工程名称：××工程

责任单位：××责任单位　　　记录日期（节假日）：×年×月15日（非节假日）

机械或周转材料名称	单　位	出租单位	性　质	进退场时间	数　量	租赁单价
混凝土搅拌机	台	某公司	机　械	2008年4月5日	1	200
钢模板	m^2	某单位	周转材料	2008年6月2日	3000	0.2
…	…	…	…	…	…	…

5）输入材料供应数据：选择材料供应日期和责任单位，系统提供与“材料消耗记录表”相对应的数据输入界面。输入当天发生的材料供应数量以及相应的采购价格。当系统进入“材料费用”编辑功能时，只要输入控制期末基于库存盘点的材料期末库存量，系统能据此按形成材料需求指标的要求进行分类汇总，并按日历时间序列进行累计。在此基础上，进一步计算与需求指标相对应的实际价格。相似于上述两种数据的输入，由于对材料

供应情况的记录也属于日常性管理工作，所以在进行材料供应输入时，通常不需考虑控制期问题，只要根据材料供应的实际情况及时地进行。另外，由于同一个责任单位负责供应的材料可能来源于若干个不同的出售单位，所以在输入材料供应数据前，首先必须选择相应的出售单位。

表6-16是材料供应数据输入界面的示意。

材料供应数据输入界面示意表 **表6-16**

工程名称：××工程

责任单位：××责任单位　　记录日期（节假日）：×年×月15日（非节假日）

材料名称	单位	出售单位	供应时间	数　量	购置价格
水泥	t	某公司	2008年5月5日	300	310
标准砖	百块	某砖厂	2008年6月8日	200	28
…	…	…	…	…	…

6）编辑人工费用：当输入本期实际完成进度之后，系统提供本期实际发生人工费用的编辑功能。选择具体的责任单位，进行其实际人工费用的编辑。编辑人工费用的方法，包括直接输入法和费用编辑法两种。直接输入法是一种直接输入本期发生的对应于实际完成进度的不同人工需求指标的数量以及相应单价的方法。此时，系统提供不同人工需求指标，分别输入对应于不同人工需求指标的实际发生数量以及相应的单价，系统自动计算相应的人工费用。费用编辑法是一种将本期所记录并输入的人工考勤数据进行编辑，形成对应于本期实际完成进度的费用需求指标的实际发生数量以及相应单价，并自动计算相应人工费用的方法。在对人工考勤数据进行编辑时，首先调用所需的考勤汇总数据形成不同的人工需求指标，输入实际发生的单位费用标准，也即不同指标的单价，系统自动计算相应的人工费用。

表6-17是人工费用编辑界面的示意。

人工费用编辑界面示意表 **表6-17**

工程名称：××工程　　类型：计时人工费用

责任单位：××责任单位　　控制期：×年×月15日～×年×月17日

序　号	费用项目名称	现金或者代办	张三	费用标准	李四	费用标准	王五	费用标准	周六	费用标准	合计
1	班内正常工资	现金	1.75	40	2	40			1	40	190
2	病假工资	现金					1	10			10
3	保险费	代办	1	7	1	8	1	1	1	4	20
4	合计		77		88		11		44		220

注：1. 本表中“现金或者代办”栏的作用是选择“发放现金或由公司代办”；

2.“保险费”按“保险费＝（班内正常工资＋病假工资）×10%”计算；

3. 人工费的类型包括“计时人工费用”、“班内加班费用”、“节假日加班费用”等，在进行人工费用编辑前必须先作出选择。

7）编辑机械和周转材料使用费：当输入本期实际完成进度之后，系统提供本期实际发生机械和周转材料使用费的编辑功能。选择具体的责任单位，进行其实际机械和周转材料使用费的编辑。编辑机械和周转材料使用费的方法，同样包括直接输入法和费用编辑法两种。直接输入法是一种直接输入本期发生的对应于实际完成进度的不同机械和周转材料需求指标的数量以及相应单价的方法，系统提供不同机械和周转材料需求指标，分别输入对应于不同机械和周转材料需求指标的实际发生数量以及相应的单价，系统自动计算相应的机械和周转材料使用费。费用编辑法是一种将本期记录并输入的机械和周转材料进退场数据进行编辑，形成对应于本期实际完成进度的费用需求指标的实际发生数量以及相应单价，并自动计算相应机械和周转材料使用费的方法。在对机械和周转材料进退场记录数据进行编辑时，首先调用所需的机械和周转材料进退场的汇总数据以形成机械和周转材料需求指标，系统自动计算相应的机械和周转材料使用费。

表6-18是机械和周转材料使用费编辑界面的示意。

机械和周转材料使用费编辑界面示意表 **表6-18**

工程名称：××工程

责任单位：××责任单位 控制期：×年×月15日～×年×月17日

机械或周转材料名称	单 位	性 质	本期使用量	本期单价
混凝土搅拌机	台班	机械	200	120
组合钢模板	m^2/天	周转材料	30000	0.21
…	…	…	…	…

注：该界面只是浏览界面，表中的数据均可以根据进退场输入信息由系统自动计算，不需要进行编辑。

8）编辑材料消耗费用：当输入本期实际完成进度之后，系统提供本期实际发生材料消耗费用的编辑功能。选择具体的责任单位，进行其实际材料消耗费用的编辑。编辑材料消耗费用的方法，同样包括直接输入法和费用编辑法两种。直接输入法是一种直接输入本期发生的对应于实际完成进度的不同材料需求指标的数量以及相应单价的方法，系统提供不同材料需求指标，分别输入对应于不同材料需求指标的实际发生数量以及相应的单价，系统自动计算相应的材料消耗费用。费用编辑法是一种将本期记录的材料供应数据进行编辑，形成对应于本期实际完成进度的费用需求指标的实际发生数量以及相应单价，并自动计算相应材料消耗费用的方法。在编辑本期所需的材料消耗费用时，系统调用本期内所记录并输入的材料供应数据，并要求首先输入本期末不同材料的期末库存量，其次汇总这些数据以形成材料需求指标，最后系统自动计算相应的材料消耗费用。

表6-19是材料期末库存量和材料消耗费用编辑输入界面的示意。

材料期末库存量输入界面示意表 **表6-19**

工程名称：××工程

责任单位：××责任单位 控制期：×年×月15日－×年×月17日

材料名称	单 位	期末库存量	库存量单价
水泥	t	20	305
标准砖	百块	300	26
…	…	…	…

注：表中“期末库存量”必须输入，“库存单价”则由系统自动计算。

材料消耗费用编辑界面示意表 **表 6-20**

工程名称：××工程

责任单位：××责任单位 控制期：×年×月15日－×年×月17日

材料名称	单　位	本期消耗量	本期单价
水泥	t	280	312
标准砖	百块	500	28
…	…	…	…

注：本界面只是浏览界面，表中数据均可根据所输入的材料供应信息由系统自动计算，不需要进行编辑。

（3）监测输入系统功能流程图

图6-8是监测输入的系统功能和流程设计示意图。

2. 控制期差异分析

当监测输入完成后，系统自动形成反映本期进度和成本现状的指标，在此基础上，根据评估项目状态的需要，将实际指标与计划指标相减，形成能反映本期进度和成本差异情况的差异分析指标。按指标的内容不同进行分类，则控制期差异分析指标主要包括：

（1）反映本期进度成本实施现状的指标，包括分项工程单项进度完成指标、现场性工作单项进度完成指标以及发生成本明细指标等。

（2）反映本期进度成本差异的指标，包括单项进度差异指标、成本差异明细指标以及进度成本综合差异指标等。

在形成上述指标的基础上，系统通常将其存储在相关的工程文件中，并采用统计报表的形式打印输出。报表的具体形式，请详见本书第五章的相关内容。

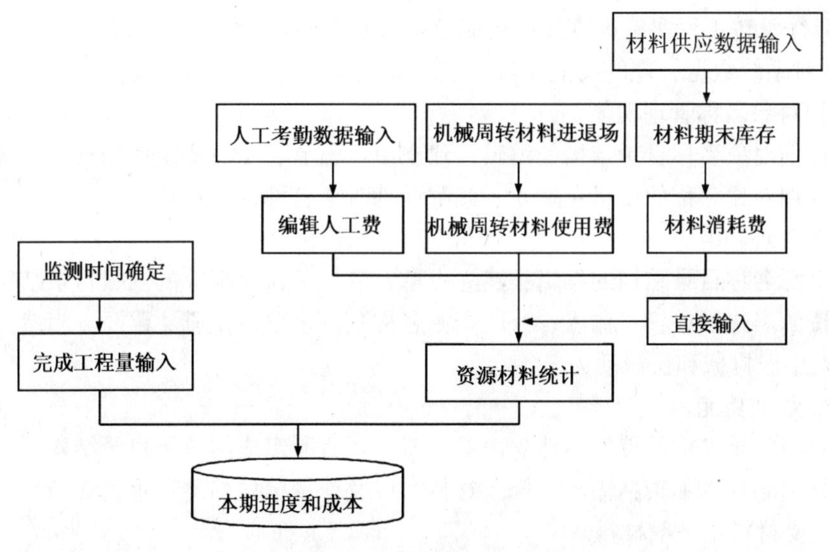

图6-8　监测输入

3. 评审项目状态

根据所形成的控制期差异分析指标，通过召开“项目状态评审会议”，评审施工过程所处的现状，分析出现差异的原因，必要时采取整改措施对施工过程进行规范或调整。当通过规范或调整施工过程不足以实现控制目标时，则必须对本期末所包括的未完成工程进行重新计划，并以重新计划为指导，进行后续工程的施工。

4. 重新计划

重新计划所需的基础数据以及辅助系统的功能如下：

（1）基础数据

1）本控制期内输入的、用以反映本期实际进度的分项工程单项进度和现场性工作完成指标；

2）原计划关于期末未完成工程的计划内容；

3）目前所具备的计划条件。

（2）系统功能

当启动“重新计划”功能后，系统将自动删除已完成的工程内容，并顺着原计划的思路形成针对期末未完成工程的新计划初稿，进而提供所有辅助计划的功能，当使用这些辅助计划功能对新计划初稿进行编辑时，则系统重新进入计划过程，相应地，针对承包工程的进度成本集成管理进入了新的管理循环。

5. 动态差异分析

基于期末重新计划所形成的针对期末未完工程内容的进度成本集成计划，系统自动形成相应的动态差异分析指标并存入针对本工程的工程文件，通过对动态差异分析指标的研究，可以据此评判重新计划的优劣，必要时采取措施对计划进行优化。

四、对系统数据的管理功能

施工项目进度成本集成管理所需的系统数据，包括资源、材料、配合比、材料消耗定额、资源定额、计划对象名称等，这些系统数据通常来源于施工企业的相关职能部门，它们是针对具体承包工程实施进度成本集成管理所必需的。

（一）对系统数据管理的功能要求

1. 计划对象名称管理功能

（1）计划对象名称目录结构的编辑：建立由章、节、子目所组成的三级目录结构。

（2）计划对象名称的编辑：输入、修改计划对象名称，避免重复。

2. 资源管理功能

（1）资源名称目录结构的编辑：建立由章、节、子目所组成的三级目录结构。

（2）资源名称的编辑：输入、修改资源名称及计量单位，避免重复。当然，在编辑时必须区分人工、机械和机械动力等。

3. 材料管理功能

（1）材料目录结构的编辑：建立由章、节、子目所组成的三级目录结构。

（2）材料名称的编辑：输入、修改材料名称及计量单位，避免重复。当然，在编辑时必须区分主要材料、一般材料。

4. 配合比管理功能

（1）配合比名称目录结构的编辑：建立由章、节、子目所组成的三级目录结构。

（2）配合比名称的编辑：输入、修改配合比名称及计量单位，避免重复。

（3）配合比含量的编辑：通过由章、节、子目所组成的三级目录结构查询并选择材料，避免重复，并输入含量。

5. 材料消耗定额管理功能

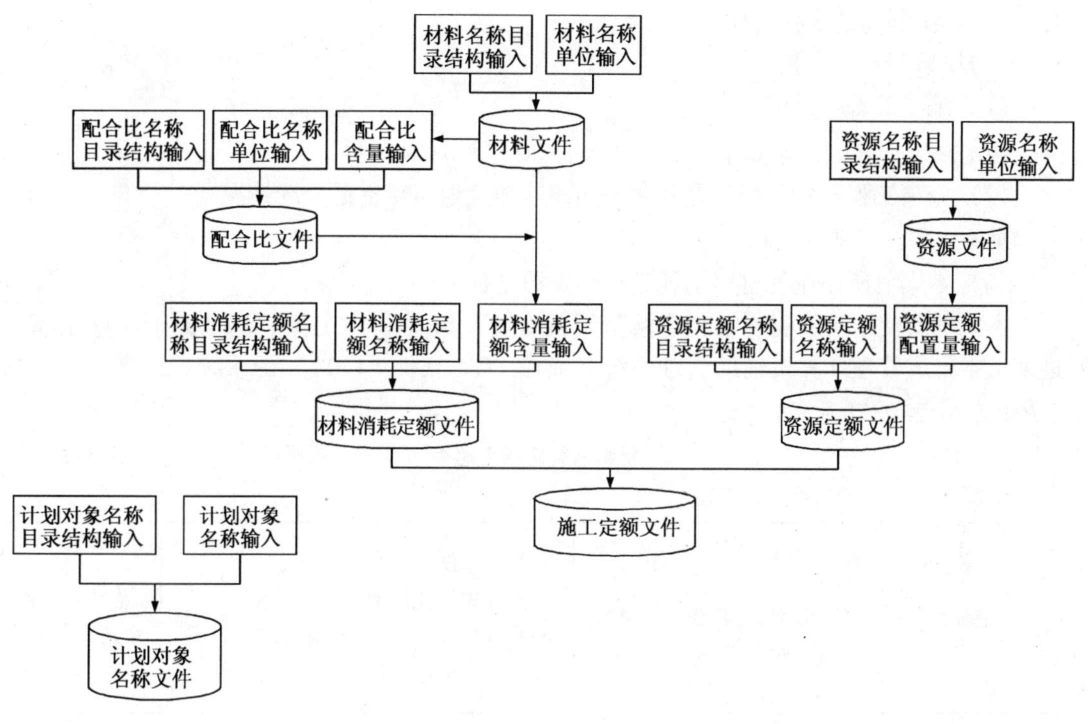

图6-9　系统基本数据

（1）材料消耗定额名称目录结构的编辑：建立由章、节、子目所组成的三级目录结构。

（2）材料消耗定额名称的编辑：输入、修改材料消耗定额名称及计量单位，避免重复。

（3）材料消耗定额含量的编辑：通过由章、节、子目所组成的三级目录结构查询并选择材料、配合比，避免重复，并输入含量。

6. 资源定额管理功能

（1）资源定额名称目录结构的编辑：建立由章、节、子目所组成的三级目录结构。

（2）资源定额名称的编辑:输入、修改资源定额名称、计量单位及标准时间,避免重复。

（3）资源定额含量的编辑：通过由章、节、子目所组成的三级目录结构查询并选择人工、机械及机械动力，选择一个主动性资源，避免重复，输入配置量。

（二）系统数据管理的功能流程图

图6-9是对系统数据进行管理所需的系统功能和流程设计示意图。

第二节　计算机辅助管理系统应用实例

采用本书作者自行开发的《施工项目进度成本集成管理计算机辅助管理系统（元惠PCM软件V1.0)》，编制本书第三章【例3-5】所示某建筑物基础工程的进度成本集成计划，并设定其实施过程中某控制期内的进度成本实际发生数据，演示相应的进度成本综合控制过程。

一、编制进度成本集成计划

（一）编制前的准备工作

1. 基础资料

（1）施工部署

假定施工部署的结果如本书第三章表3-20、表3-21、图3-18以及表3-35所示。

（2）分项工程实物工程量及其在不同建造类计划对象上的分配情况

见本书第三章表3-19。

（3）本案例所使用的材料消耗定额和资源定额

本案例所使用的“材料消耗定额”、“配合比”和“资源定额”均来源于《施工项目进度成本集成管理计算机辅助管理系统（元惠PCM软件V1.0）》的系统数据库，其汇总后的内容见表6-21~表6-23。

材料消耗定额汇总表 **表6-21**

工程名称：××建筑物基础工程

定额名称	单位	C10混凝土（m^3）	C20混凝土（m^3）	M5砂浆（m^3）	钢筋（t）	钢模一次使用量（m^2）	钢模损耗量（kg）	钢支撑一次使用量（kg）	钢支撑损耗量（kg）	标准砖（百块）	黄砂（t）
浇捣混凝土垫层	m^3	1.01									
钢筋安装	t				1						
模板安装	m^2					1.1	0.16	30	0.15		
浇捣混凝土条基	m^3		1.01								
拆除模板	m^2					-1.1	0.16	-30	0.15		
砌筑砖条基	m^3			0.23						5.2	
钢筋制作	t				1.02						
筛选黄砂	t										1.1

资源定额汇总表 **表6-22**

工程名称：××建筑物基础工程

定额名称	单位	普 工（工日）	技 工（工日）	混凝土搅拌机（台班）	砂浆搅拌机（台班）	塔 吊（台班）	混凝土振捣机（台班）
人工挖基槽	m^3	0.5					
人力车运土200m	m^3	0.3					
浇捣混凝土构件	m^3		0.6				0.08
搅拌混凝土	m^3	0.06		0.03			
运输混凝土	m^3	0.002				0.001	

续表

定额名称	单位	普　工（工日）	技　工（工日）	混凝土搅拌机（台班）	砂浆搅拌机（台班）	塔　吊（台班）	混凝土振捣机（台班）
钢筋安装	t		3				
钢筋运输	t	0.08				0.04	
模板安装	m^2		0.2				
模板及支撑运输	m^2	0.006				0.003	
拆除模板	m^2		0.1				
砌筑标准砖基础	m^3		0.4				
搅拌沙浆	m^3	0.4			0.2		
运输砂浆	m^3	0.1				0.05	
运输标准砖	百块	0.0002				0.0001	
挖堆积土	m^3	0.4					
基槽回填	m^3	0.6					
钢筋制作	t		4				
人工筛砂	t	0.1					

配合比汇总表　　**表 6-23**

工程名称：××建筑物基础工程

砂浆或混凝土	水泥（kg）	碎石（t）	黄砂（t）	水（t）
C10 混凝土	250	1.2	0.8	0.2
C20 混凝土	400	1.4	0.6	0.2
M5 水泥砂浆	200		1.6	0.2

2. 新建（或打开）一个工程

在使用《施工项目进度成本集成管理计算机辅助管理系统（元惠 PCM 软件 V1.0）》编制某工程的进度成本集成计划之前，首先要做的工作是新建（或打开，即打开已建立的工程文件并在系统界面上显示）当前工程。

选择系统菜单所提供的“新建”功能，输入包括工程名称、编制单位、建设单位等描述工程特征的信息，系统自动产生相应的工程文件，并提供如图 6-10 所示的系统主界面，此时，计划人员可以利用系统提供的辅助计划功能，完成对当前工程进度成本集成计划的编制。

3. 基本参数的设定

基本参数是针对当前工程所规定的整体约束，包括开工日期、计划工期、全场性停工休息日、法定休息日、以及施工过程拟采用的“班次”和“班时”等。

选择系统菜单所提供的“当前工程”功能，分别输入上述基本参数。

（二）进度计划的编制

1. 建造类计划对象逻辑设计

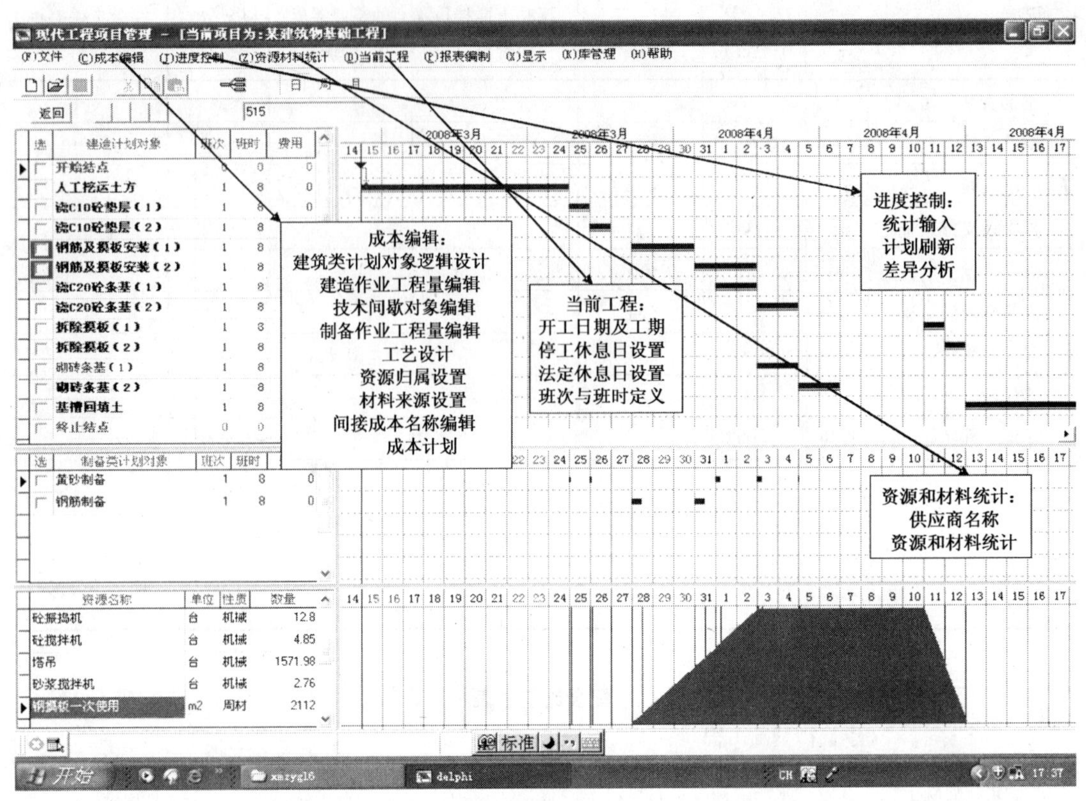

图6-10　系统主界面

选择系统菜单所提供的“建造类计划对象逻辑设计”功能，系统提供如图6-11所示的功能界面。此时，首先，输入当前工程所包括的所有建造类计划对象；其次，选择其中某计划对象作为逻辑的设计对象；按“紧前活动设置”按钮，系统弹出如图6-11所示的编辑界面，通过选择其紧前活动并输入相应的搭接关系，完成对该建造类计划对象的逻辑设计。

2. 输入建造类计划对象所包括分项工程的实物工程量并进行作业设计

选择系统菜单所提供的“建造作业工程量编辑”功能，系统提供如图6-12所示的编辑界面。此时，首先，套用当前工程所包括的属于建造类计划对象的材料消耗定额并输入相应的实物工程总量，以此完成建造类计划对象所属分项工程实物工程量的输入；其次，根据已经拟定的对建造类计划对象的划分标准，将已输入的实物工程总量分配到不同的计划对象上去；最后，按“作业设计”按钮，系统弹出如图6-12所示的编辑界面，根据对计划对象所做的属性定义，完成对计划对象的作业设计。

截止到输入分项工程总量并将其在不同建造类计划对象之间进行分配，系统已建立了存在于当前工程所包括计划对象以及不同计划对象所包括分项工程之间的系统联系。进一步，根据对计划对象所做的属性定义，我们明确了相应的施工工艺并选择了开展施工作业所需的资源。所谓作业设计，就是根据所选择的施工工艺和资源，在图6-12所示的编辑界面上，选择分项工程或主要材料作为作业对象，套用资源定额并输入工程量，完成对施工项目的资源配置过程。

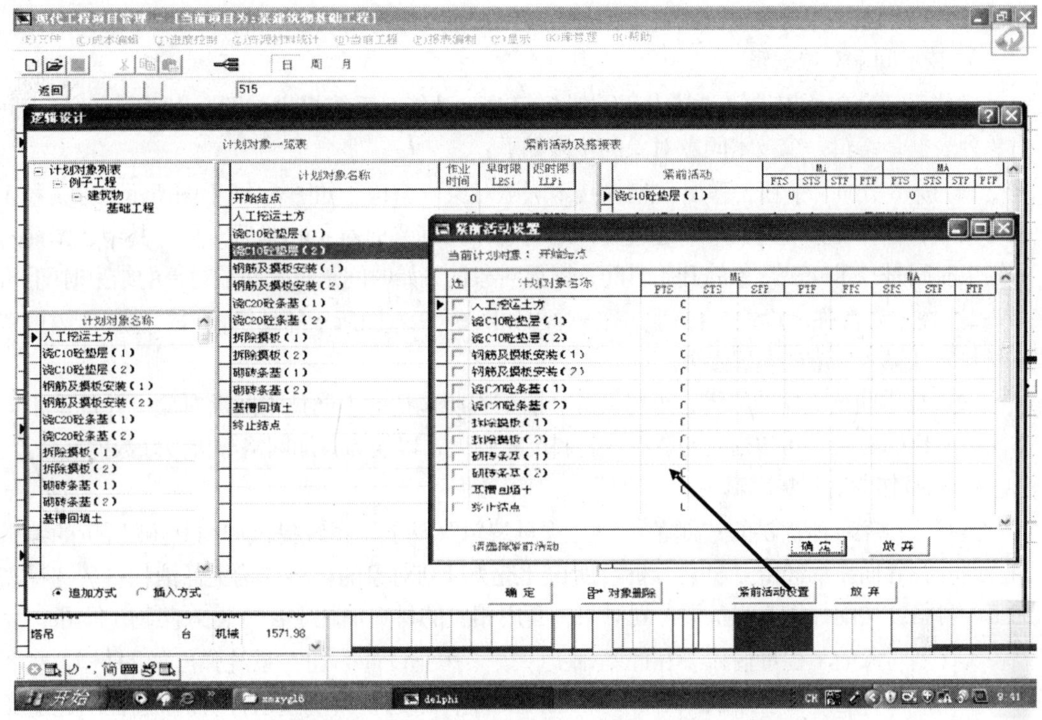

图6-11 建造类计划对象逻辑设计界面

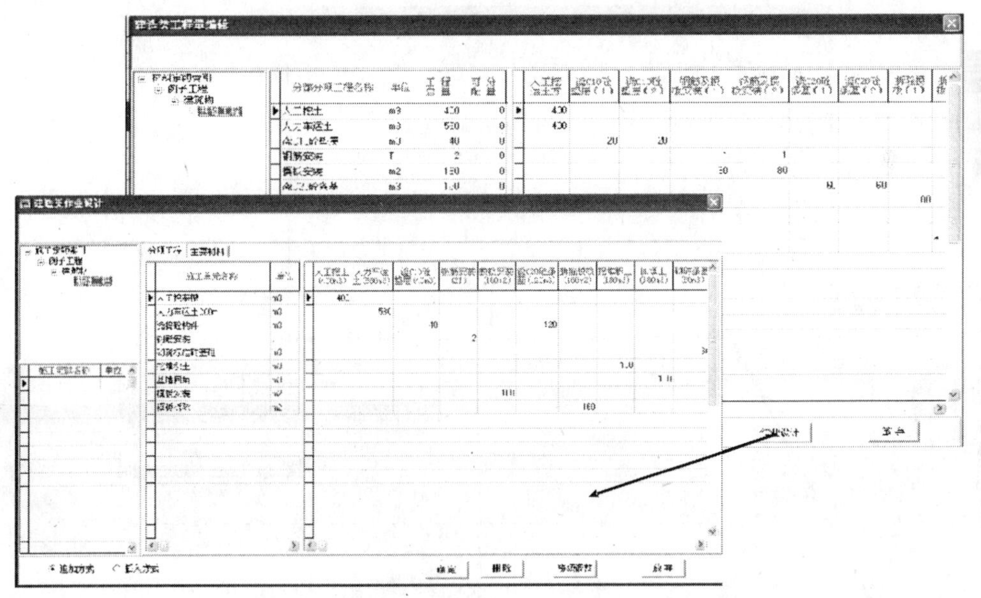

图6-12 建造类计划对象工程量输入及作业设计界面

通过输入建造类计划对象所包括分项工程的实物工程量并进行作业设计，系统会根据已经建立的当前工程的工作分解结构与组织分解结构的矩阵关系，自动形成对应于这种矩阵关系的材料消耗量和对资源的额定需求，这种材料消耗量和对资源的额定需求是确定计划对象作业时间和资源需求强度并据此进行网络分析的直接依据。

3. 技术间歇对象编辑

选择系统菜单所提供的“技术间歇对象编辑”功能，系统提供如图6-13所示的技术间歇对象列表框，编辑一个技术间歇对象的步骤如下：

1）按“增加”按钮，弹出“增加技术间歇对象”窗口，如图6-13上图所示。输入技术间歇对象的名称，并分别选择不同建造类计划对象作为其紧前对象和紧后对象。其中，紧前对象的结束时间是技术间歇对象的开始时间；紧后对象的开始时间是技术间歇对象的结束时间。

2）按“资源强度设置”按钮，系统弹出如图6-13右图所示的编辑窗口。选择所需的资源或材料，并输入相应的配置强度。

通过技术间歇对象的编辑，可以设置当前工程所包括的不同技术间歇对象，并规定不同技术间歇对象的延续时间和相应的资源或材料配置强度，以便为参加网络分析做好数据准备。

4. 制备作业工程量编辑

选择系统菜单所提供的“制备作业工程量编辑”功能，系统提供如图6-14所示的编辑界面。此时，界面显示经由“材料分析”所得建造类计划对象的材料或构配件消耗量。选择需要加工的材料或构配件作为制备类计划对象，套用相应的材料消耗定额并输入实物工程量，完成制备类计划对象的工程量输入。在此基础上，按“作业设计”钮，系统弹出如图6-14左图所示的编辑窗口，通过编辑完成对制备类计划对象的作业设计。作业设计的操作过程同建造类计划对象的作业设计。

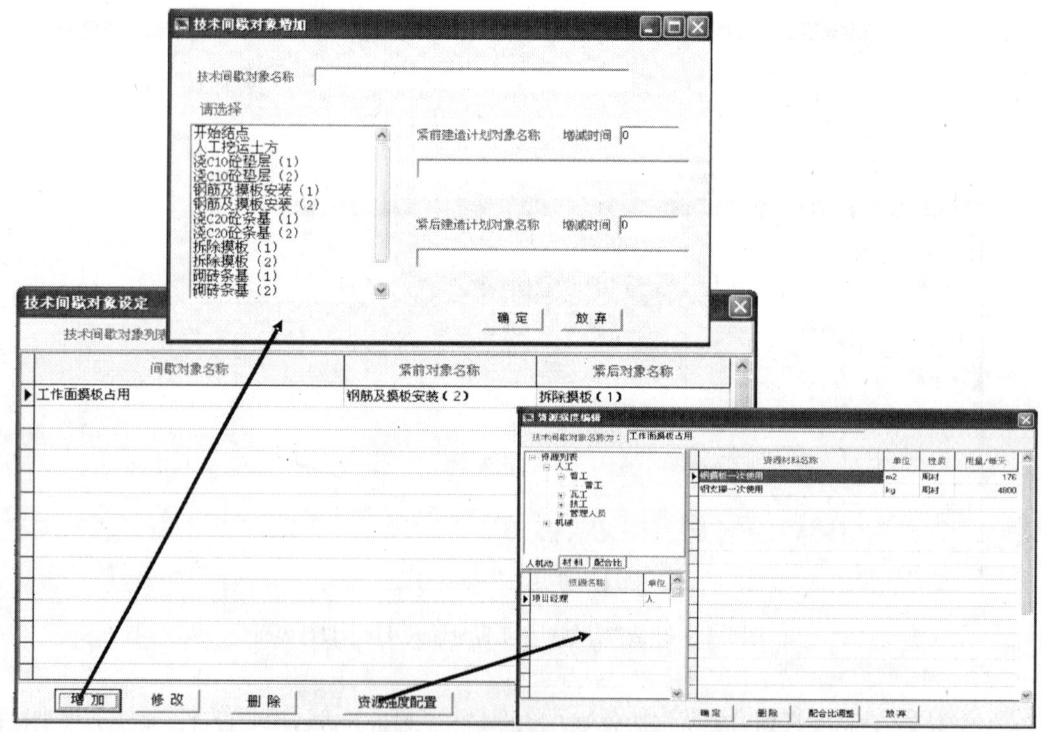

图6-13　技术间歇对象设置界面

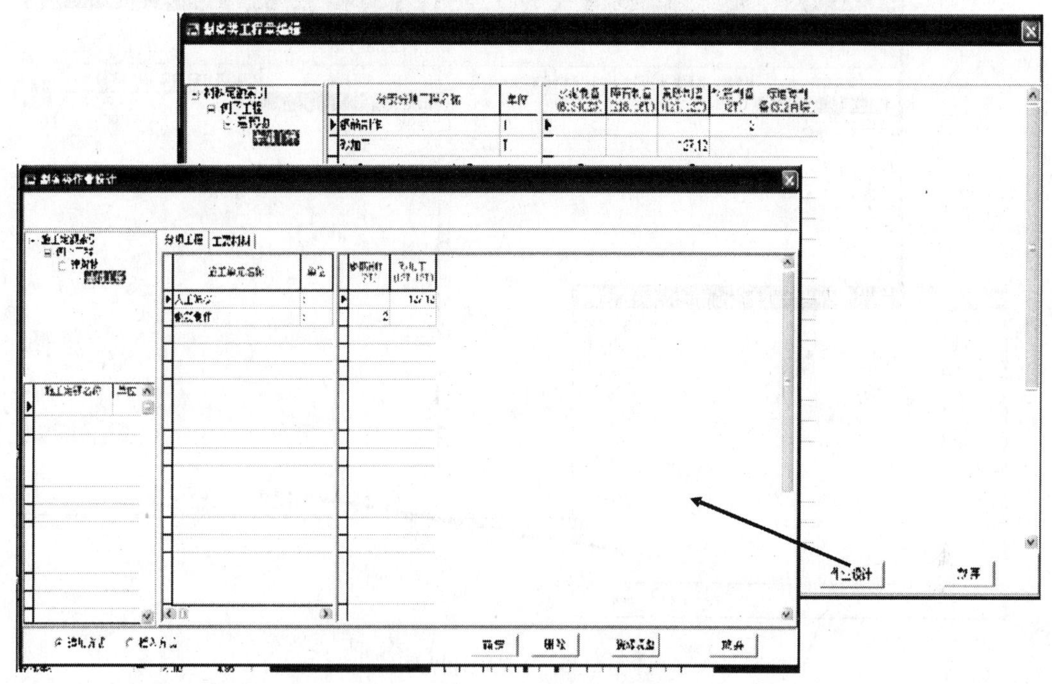

图6-14　制备作业工程量编辑界面

5. 工艺设计

工艺设计的主要目的是确定计划对象的作业时间和相应资源的需求强度，并形成与作业时间相对应的材料需求强度。为此，必须根据系统已经形成的、对应于当前工程工作分解结构与组织分解结构矩阵关系的资源额定需求，要么通过选择计划对象所包括不同分项工程的作业时间以明确该计划对象的作业时间并形成对应于该作业时间的资源需求强度；要么通过选择分项工程所包括不同施工单元的资源配置强度以明确计划对象的作业时间。

在系统主界面上确定某计划对象，选择系统菜单所提供的“工艺设计”功能，系统提供如图6-15所示的编辑界面。此时，首先，输入当前计划对象所包括不同分项工程的作业时间，或输入分项工程所包括不同施工单元的资源配置强度，系统形成不同分项工程的作业时间和相应的资源需求强度，其次，按“相关设置”按钮，系统弹出如图6-15左下图所示的编辑界面，通过设置计划对象所包括不同分项工程之间的“顺序”或“并行”搭接关系，系统自动形成对应于这种搭接关系的计划对象的作业时间和相应的资源需求强度。通过上述操作，完成对计划对象的工艺设计。

6. 网络分析和计划优化

网络分析是系统的“隐形”功能，通过前面的操作，系统将自动形成当前工程的计划进度和相应的资源和材料需求强度直方图。根据所形成的资源和材料需求直方图对资源和材料需求强度的要求以及这种需求强度在时间上分布的均匀程度，结合现实的供应能力，当有必要时可对计划进行优化调整。对计划进行优化的操作与新编计划相同，当调整前面所述的任何一项计划内容时，系统将形成新的计划结果。反复进行这种调整，直到形成令人满意的结果为止。

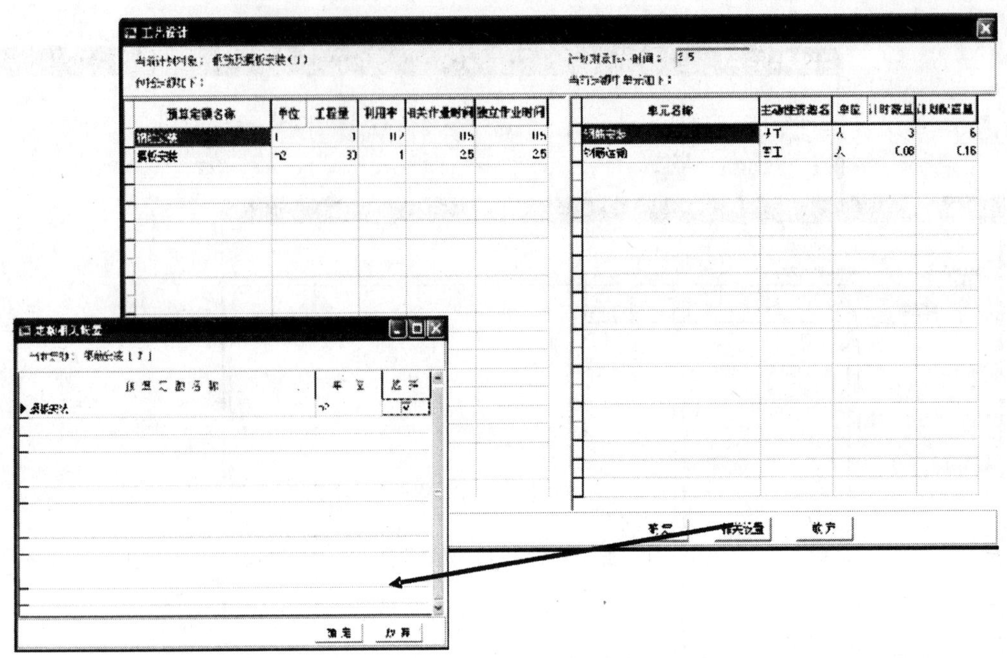

图6-15　工艺设计界面

（三）编制成本计划

1. 资源归属设置

资源归属设置的主要功能是设置施工项目所需不同资源的责任单位归属。由于是在计划阶段，所以不同资源的责任单位归属以及不同责任单位的施工任务归属是一致的。设置资源归属的目的，主要是明确施工项目的成本责任单位，以便于区分不同的成本责任单位分别进行成本估算和成本控制。

选择系统菜单所提供的“资源归属设置”功能，系统提供如图6-16所示的编辑界面。首先，输入不同责任单位的名称并选择其性质，包括总包、分包和甲供等；其次，选择某责任单位，按“资源归属设置”按钮，系统弹出如图6-16右上图所示的编辑界面，选择不同施工单元所属的资源并将其归属于相应的责任单位。

2. 材料来源设置

与资源归属的设置相类似，材料来源设置的主要功能是设置施工项目所需不同材料的责任单位归属。由于是在计划阶段，所以，不同材料的责任单位归属以及不同责任单位的施工任务归属是一致的。设置材料来源的目的，主要是明确施工项目的成本责任单位，以便于区分不同的成本责任单位分别进行成本估算和成本控制。

选择系统菜单所提供的“材料来源设置”功能，系统提供如图6-17所示的编辑界面。首先，输入不同责任单位的名称并选择其性质，包括总包、分包和甲供等；其次，选择某责任单位，按“材料来源设置”按钮，系统弹出如图6-17右上图所示的编辑界面，选择不同分项工程所属的材料并将其归属于相应的责任单位。

3. 编辑间接成本的名称以及所包括的现场性工作

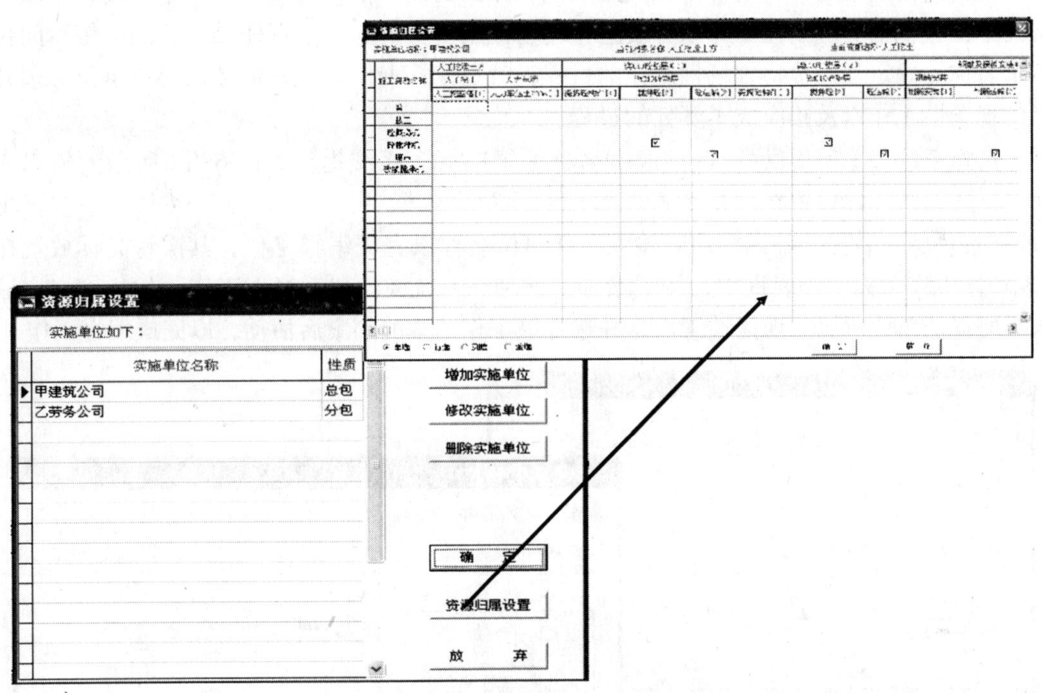

图6-16　资源归属设置界面

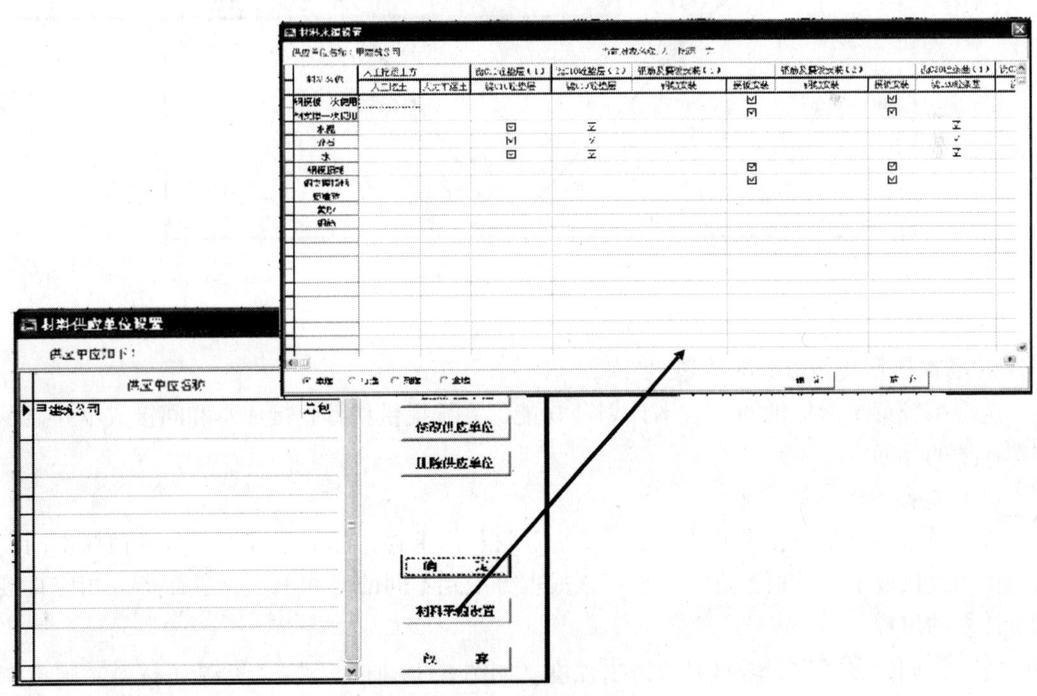

图6-17　材料来源设置界面

编辑间接成本名称就是确定相关现场性工作的责任单位。由于是在计划阶段，所以某责任单位所包括的现场性工作与开展这些现场性工作所负的成本责任是一致的。编辑间接成本名称并确定其所包括现场性工作的过程，就是建立责任单位并定义该责任单位必须开展的现场性工作以及相应成本责任的过程。

选择系统菜单所提供的“间接成本名称编辑”功能，系统提供如图 6-18 所示的编辑界面。首先，将光标放置在“成本责任单位名称”列表框中，按“增加”按钮，系统弹出“成本责任单位名称”输入窗口，输入责任单位名称以完成编辑工作；其次将光标放置在“现场性工作名称”列表框中，按“增加”按钮，系统弹出“现场性工作”输入窗口，输入当前责任单位所属的现场性工作，并选择该工作的紧前和紧后活动，以完成编辑工作。

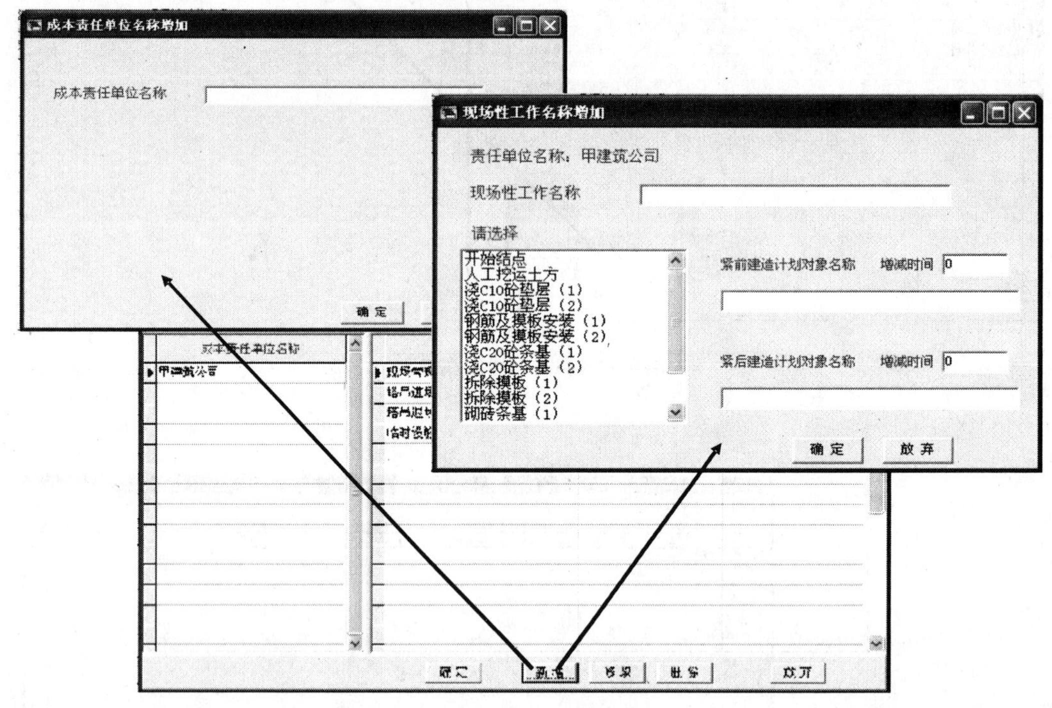

图 6-18　间接成本名称编辑界面

4. 成本估算及显示成本计划

选择系统菜单所提供的“成本计划”功能，系统提供估算直接成本和间接成本并显示成本计划的界面。

（1）直接成本估算

直接成本估算是指在进度计划提供资源和材料需求直方图的基础上，分别估算不同责任单位的直接成本，并根据进度计划将该成本分配到不同的时间上去，进而形成相应直接成本计划的过程。

首先，调整资源和周转材料的需求强度。如图 6-19 所示，按“资源（材料）强度调整”按钮，系统弹出如图 6-19（*a*）所示的窗口，选择需要调整的资源或周转材料，按“资源强度调整”按钮，系统弹出如图 6-19（*b*）所示的编辑窗口，输入不同时段的强度，以完成对需求强度的编辑工作。

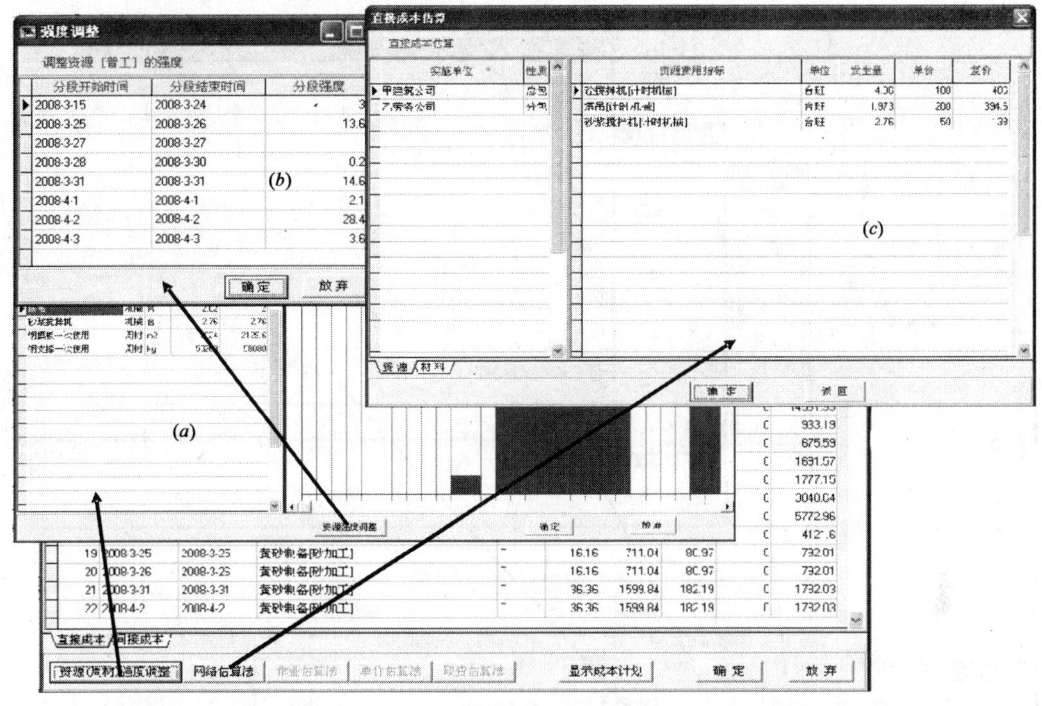

图6-19　直接成本编辑界面

其次，估算不同责任单位的成本。如图6-19所示，按“网络估算法”按钮，系统弹出如图6-19（*c*）所示的编辑窗口，选择某责任单位，分别输入对应于资源或材料需求指标的价格，以完成对该责任单位直接成本的估算工作。

（2）间接成本估算

间接成本估算是指在编辑间接成本名称并输入相应现场性工作的基础上，分别估算不同责任单位的间接成本，并根据不同现场性工作的时间进度将间接成本分配到相应的时间上去，进而形成间接成本计划的过程。

选择某责任单位所属的现场性工作，按“作业估算法（或单价估算法或取费估算法）”按钮，系统弹出如图6-20（*c*）【或图6-20（*b*）或图6-20（*c*）】所示的窗口，分别采用“作业估算法”、“单价估算法”或“取费估算法”完成对该现场性工作的成本估算。

（3）显示成本计划

在估算成本的基础上，系统提供显示成本计划的功能，根据需要选择某时间，系统能显示从计划开始到该时间内的成本计划。

按“显示成本计划”按钮，系统弹出如图6-21（*a*）所示的窗口，选择所需的时间；则系统显示从计划开始到该时间的“进度-成本汇总表”，如图6-21（*b*）所示；再按“成本费用明细”按钮，系统弹出如图6-21（*c*）所示的成本费用明细窗口，选择某责任单位，则系统显示该责任单位的成本费用明细信息。

（四）进度成本集成计划的输出

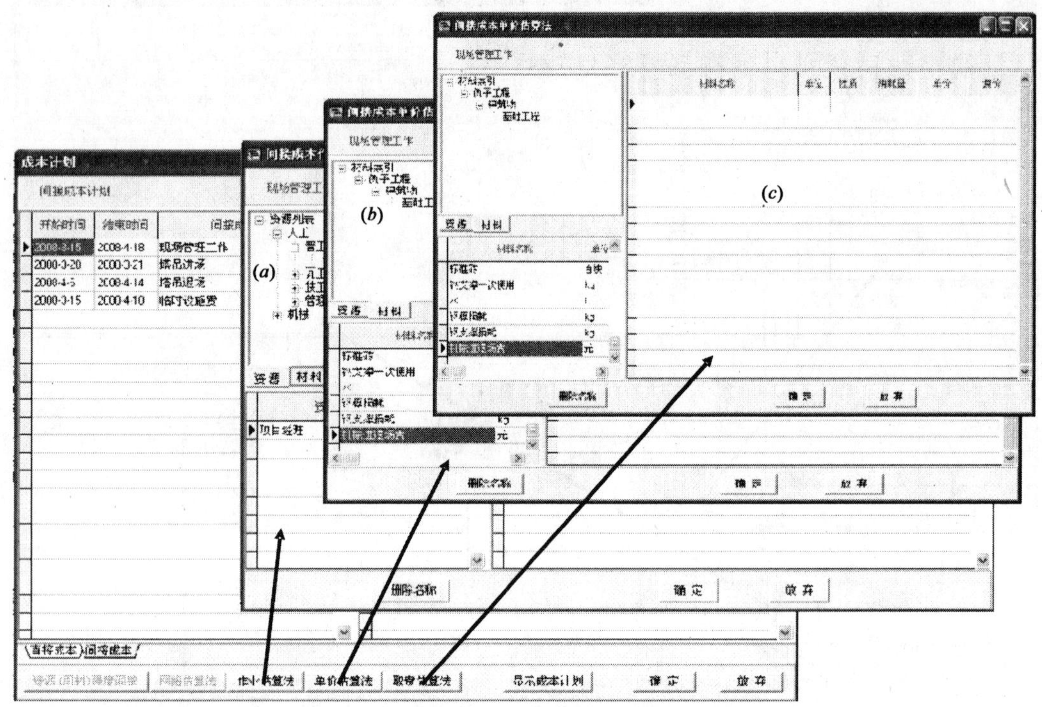

图6-20　间接成本编辑界面

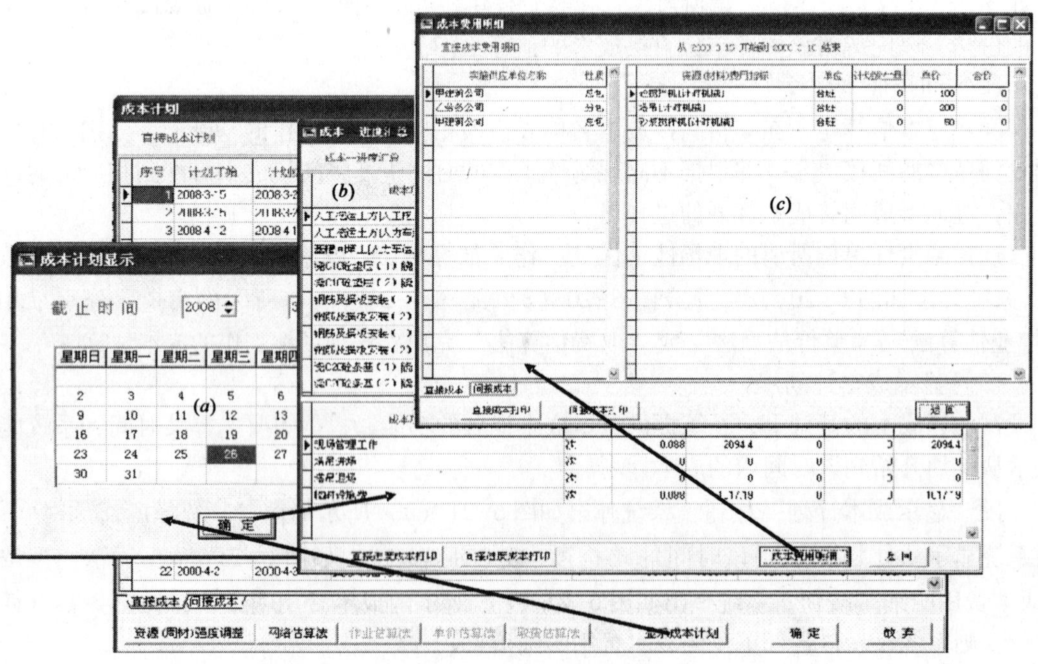

图6-21　显示成本计划界面

当围绕当前工程的计划工作完成后，系统能自动形成相应的进度成本集成计划，常用的计划图表包括：

1. 横道图进度计划图表

横道图进度计划图表用以直观地反映当前工程的计划进度，图 6-22 是这种计划图表的示意。

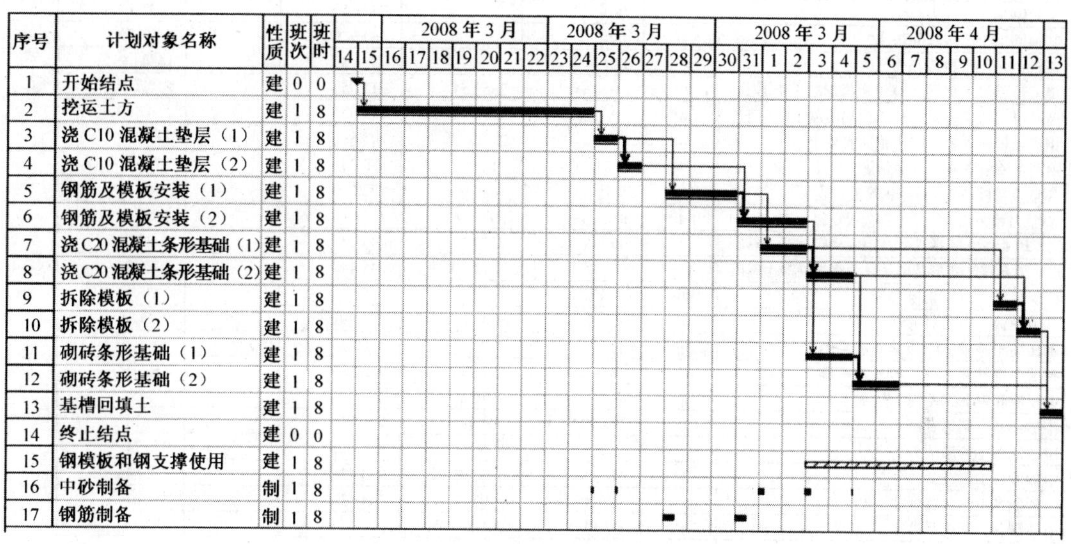

图 6-22　关联横道图进度计划图表

2. 资源（材料）需求计划图表

资源（材料）需求计划图表反映对应于计划进度的资源或材料需求情况，图 6-23 是当前工程中乙劳务公司（注：分包单位）的资源需求计划图表示意。

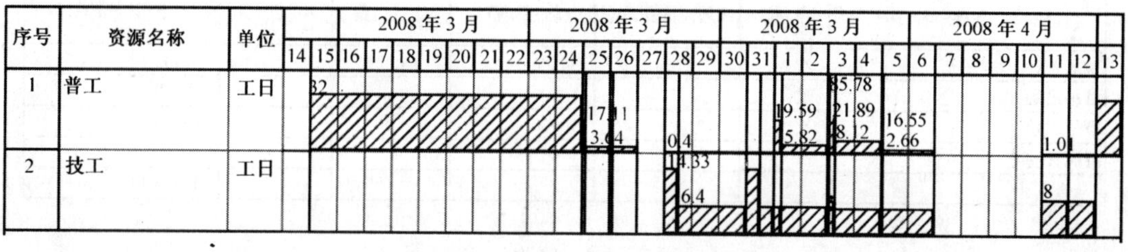

图 6-23　资源需求计划图表

3. 进度成本汇总表

进度成本汇总表反映当前工程直接成本的汇总情况，图 6-24 是这种计划图表的示意。

4. 间接成本汇总表

间接成本汇总表反映当前工程间接成本的汇总情况，图 6-25 是这种计划图表的示意。

5. 直接成本费用明细表

直接成本费用明细表反映不同责任单位直接成本的明细情况，图 6-26 是当前工程中乙劳务公司（注：分包单位）的直接成本明细表示意。

进 度 成 本 汇 总 表

截止：2008年4月19日

成本项目名称	单位	计划完成工程量	总包费	分包费	甲供费	合计
挖运土方［人工挖基槽］	m^3	400		12872.58		12872.58
挖运土方［人力车运土200m内］	m^3	400		7723.55		7723.55
基槽回填土［人力车运土200m内］	m^3	180		3311.19		3311.19
基槽回填土［基槽回填］	m^3	180		6622.39		6622.39
基槽回填土［挖堆积土］	m^3	180		1434.85		1434.85
浇C10混凝土垫层（1）［浇捣混凝土垫层］	m^3	20	2352.54	215.05		2567.59
浇C10混凝土垫层（2）［浇捣混凝土垫层］	m^3	20	2352.54	215.05		2567.59
钢筋及模板安装（1）［钢筋安装］	t	1	21.29	303.8		325.09
钢筋及模板安装（2）［钢筋安装］	t	1	21.29	273.34		294.63
钢筋及模板安装（1）［钢模板安装］	$10m^2$	8	1440.96	1728.09		3169.05
钢筋及模板安装（2）［钢模板安装］	$10m^2$	8	2928.96	1551.8		4480.76
浇C20混凝土条形基础（1）［浇捣混凝土基础］	m^3	60	7375.79	645.14		8020.93
浇C20混凝土条形基础（1）［浇捣混凝土基础］	m^3	60	7375.79	645.14		8020.93
拆除模板（1）［拆除模板］	$10m^2$	8	1440.96	835.51		2276.47
拆除模板（2）［拆除模板］	$10m^2$	8	944.96	980.89		1925.85
砌砖条形基础（1）［砌筑砖基础］	m^3	30	5926.31	1389.18		7315.49
砌砖条形基础（2）［砌筑砖基础］	m^3	30	5926.31	1637.23		7563.54
钢模板和钢支撑使用［间歇］	天	8	7936			7936
中砂制备［筛选黄砂］	t	17.513	893.16	103.58		996.74
中砂制备［筛选黄砂］	t	17.513	893.16	103.58		996.74
中砂制备［筛选黄砂］	t	41.328	2107.73	244.43		2352.16
中砂制备［筛选黄砂］	t	41.328	2107.73	244.43		2352.16
中砂制备［筛选黄砂］	t	11.109	566.56	65.7		632.26
中砂制备［筛选黄砂］	t	11.109	566.56	246.89		813.45
钢筋制备［钢筋制作］	t	1	6120	358.14		6478.14

图6-24　进度成本汇总表示意

间 接 成 本 汇 总 表

截止：2008年4月19日

成本项目名称	单位	计划完成工程量	总包费	分包费	甲供费	合计
现场管理工作	次	1	24500			24500
塔吊进场	次	1	10000			10000
塔吊退场	次	1	10000			10000
临时设施费	次	1	1095.1583			1095.1583
合计						45595.1583

图6-25　间接成本汇总表示意

6. 间接成本费用明细表

间接成本费用明细表反映不同责任单位间接成本的明细情况，图6-27是当前工程中甲建筑公司（注：总包单位）的间接成本明细表示意。

二、进度成本综合控制

本工程计划开始时间为2008年3月15日，总工期为34天。根据进度计划的要求，开工后10天内施工现场只进行“人工挖运土方”以及“现场管理工作”，且“人工挖运土方”由“乙劳务公司”负责施工。所以，为了简单起见，设定本案例控制过程的假设条件如下：

直接成本费用明细表

责任单位：乙劳务公司　　　　截止：2008年4月19日

序号	资源（材料）费用指标	单位	计划发生量	单价	合计
1	普工［计件人工］	工日	567.346	20	11346.92
2	普工［正常班］	工日	503.421	30	15102.63
3	普工［假日班］	工日	236.847	40	9473.88
4	技工［计件人工］	工日	86	30	2580
5	技工［正常班］	工日	79.38	40	3175.2
6	技工［假日班］	工日	48.62	50	2431
	合计				44109.63

图6-26　直接成本费用明细表示意

间接成本费用明细表

责任单位：甲建筑公司项目经理部　　　　截止：2008年4月19日

序号	资源（材料）费用指标	单位	计划发生量	单价	合计
1	项目经理［计时］	工日	35	200	7000
2	施工管理人员［计时］	工日	175	100	17500
3	其他材料费［计件］	元	1	10000	10000
4	其他材料费［计件］	元	1	10000	10000
5	临时设施费	天	35	31.29	1095.1583
	合计				45595.1583

图6-27　间接成本费用明细表示意

（1）控制期为4天，即3月15、16、17、18日，其中3月15、16日为法定双休日；

（2）控制期内所完成的进度情况为：人工挖土和人力车运土为140m^3、现场管理工作完成率为11.76%。

（一）日常成本数据的输入

日常成本数据的输入包括人工考勤、施工机械和周转材料进退场、实体材料的供应和库存盘点等日常记录数据的输入。由于当前工程开工后4天内只进行“人工挖运土方”的施工作业，针对施工机械和周转材料进退场以及实体材料供应和库存情况所做的记录数据还没有发生，所以，为了简单起见，本例只讨论“人工考勤”数据的输入。需要说明的是，有关施工机械和周转材料进退场以及实体材料供应和库存情况的记录数据的输入，类似于输入“人工考勤”数据的操作，读者可观看本书提供的系统学习光盘。

选择系统菜单所提供的“资源和材料统计”功能，系统提供如图6-28所示的日常成本数据编辑界面。首先，选择某责任单位，按“资源名称增加”钮，系统弹出如图6-28（*a*）所示的输入界面，循环输入归属于当前责任单位的具体人员的姓名、计量单位和工种，按相同的方式反复输入，直至将当前工程包括的所有责任单位中的全部人员输入为止。其次，将如图6-28所示的界面选择成“人工”状态并选择当前日期，选择不同的责任单位（注：该责任单位代表人员归属），按“人工考勤”按钮，系统弹出如图6-28

（*b*）所示的输入界面，根据“施工项目出勤数据汇总表”所反映的当天的考勤信息，将归属于本责任单位的人员的出勤数据输入其所服务的责任单位（注：该责任单位代表施工任务归属。在计划阶段，责任单位的资源和材料归属与施工任务归属是一致的，但实际施工过程二者可能会不一致，例如人工在不同责任单位之间的调配等，为了准确核算不同责任单位的实际成本费用，必须区分资源归属和任务归属）名下，以此完成当天人工考勤数据的输入。

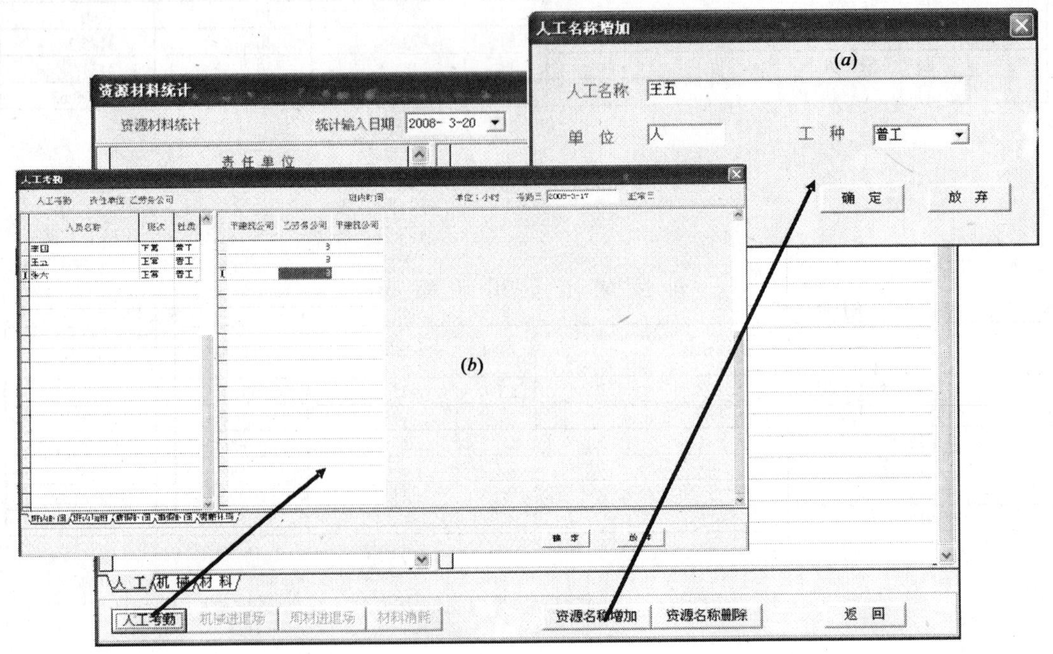

图 6-28　人工考勤界面

（二）实际完成进度和相应成本费用的编辑

选择系统菜单所提供的“统计输入”功能，系统提供如图 6-29 所示的编辑界面。选择并确定本控制期截止时间，则系统弹出如图 6-29（*a*）所示的输入窗口，输入本控制期内所完成的单项进度实物工程量（或现场性工作完成率）以完成对本控制期实际进度的输入。再按“成本费用编辑”按钮，系统弹出如图 6-29（*b*）所示的成本费用编辑窗口，选择某责任单位，调用“所输入的日常成本”数据（注：方法是按“人工费用编辑”或“机械周转材料使用费编辑”或“材料消耗费编辑”），并编辑相应的成本费用，系统自动形成对应于实际完成进度的实际成本费用。在此基础上，系统将当前工程在本控制期内的计划进度与实际进度以及对应于实际进度的计划成本与实际成本进行比较，并分别显示在如图 6-29（*a*）和图 6-29（*b*）所示的界面上。

（三）刷新计划

选择系统菜单所提供的“刷新计划”功能，则系统将当前工程所包括的已经完成的进度项目删除，并按照原计划过程所设置的计划逻辑形成以期末为开始时间的针对后续工程的新计划初稿（如图 6-30 所示），通过新的计划过程能形成针对后续工程的新计划并将该计划作为指导后续工程施工的直接依据。在此基础上，系统将计算当前工程基于新计划的动态差异分析指标，并将所计算的动态差异分析指标和控制期内的差异指标一并存储在工程文件中，系统提供对这些差异指标的查询和输出功能。

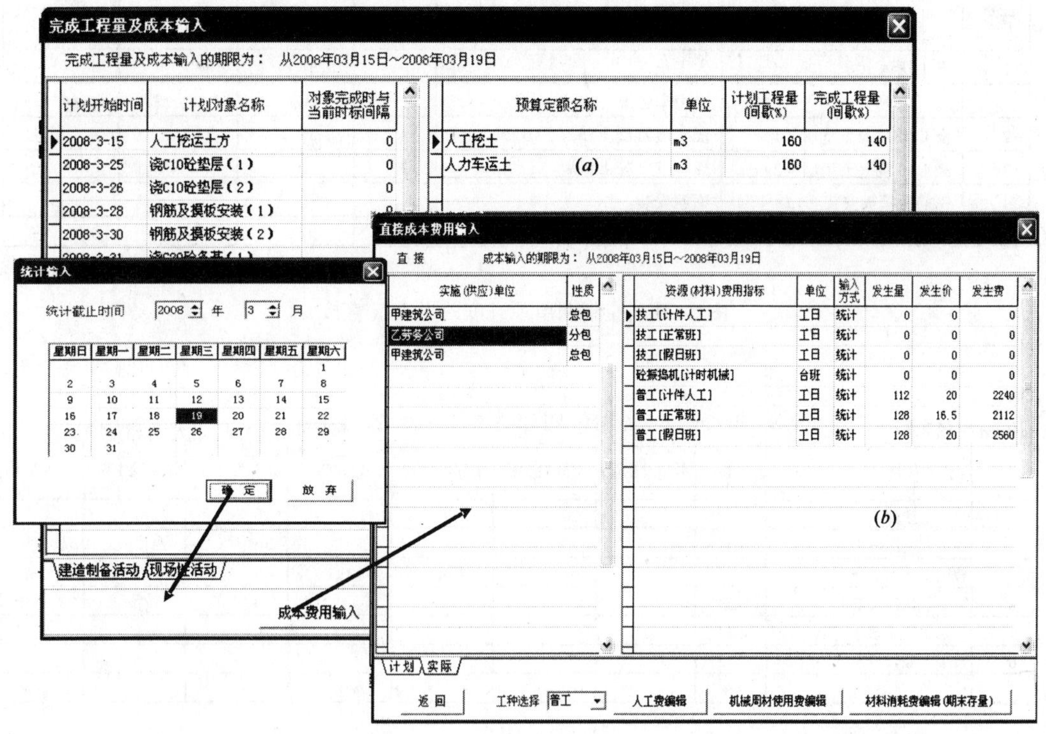

图6-29 统计输入界面

序号	计划对象名称	性质	班次	班时
1	开始结点	建	0	0
2	挖运土方	建	1	8
3	浇 C10 混凝土垫层 (1)	建	1	8
4	浇 C10 混凝土垫层 (2)	建	1	8
5	钢筋及模板安装 (1)	建	1	8
6	钢筋及模板安装 (2)	建	1	8
7	浇 C20 混凝土条形基础 (1)	建	1	8
8	浇 C20 混凝土条形基础 (2)	建	1	8
9	拆除模板 (1)	建	1	8
10	拆除模板 (2)	建	1	8
11	砌砖条形基础 (1)	建	1	8
12	砌砖条形基础 (2)	建	1	8
13	基槽回填土	建	1	8
14	终止结点	建	0	0
15	钢模板和钢支撑使用	建	1	8
16	中砂制备	制	1	8
17	钢筋制备	制	1	8

2008 年 3 月 | 2008 年 3 月 | 2008 年 4 月 | 2008 年 4 月

18 19 20 21 22 23 24 25 26 27 28 29 30 31 1 2 3 4 5 6 7 8 9 10 11 12 13 14 15 16 17

图6-30 刷新后的横道图进度计划图表

(四) 差异指标的输出

当完成“实际进度和相应成本费用的编辑”功能后，系统即可提供“控制期内差异指标”的输出，图6-31和图6-32是这种差异指标的示意。

单项进度差异表（直接）

控制期：2008年3月15日~2008年3月19日

序号	计划对象名称	分项工程名称	单位	实际完成量	计划完成量	进度差异
1	人工挖运土方	人工挖工	m^3	140	100	40
		人力车运土	m^3	140	100	40
2	浇C10混凝土垫层（1）	浇C10混凝土垫层	m^3			
3	浇C10混凝土垫层（2）	浇C10混凝土垫层	m^3			
4	钢筋及模板安装（1）	钢筋安装	T			
		模板安装	[illegible]			

图6-31　控制期单项进度差异表（直接）

发生成本差异明细表（直接）

责任单位：乙劳务公司　　控制期：2008年3月15日~2008年3月19日

序号	资源（材料）费用指标	单位	实际发生量	实际发生价	实际发生费	计划发生量	计划发生价	计划发生费	成本差异
1	普工［计件人工］	工日	112	20	2240	112	20	2240	
2	普工［正常班］	工日	64	33	2112	77.252	30	2317.56	-205.56
3	普工［假日班］	工日	64	44	2816	35.162	40	1406.48	1409.52
4	技工［计件人工］	工日					30		
5	技工［正常班］	工日					40		
6	技工［假日班］	工日					50		
	合　计								1203.96

图6-32　控制期发生成本差异明细（直接）

进一步，当完成“刷新计划”功能并针对后续工程进行重新计划后，系统即可提供“动态差异分析指标”的输出，图6-33是这种差异指标的示意。

成本总差异明细表（直接）

责任单位：乙劳务公司

序号	资源（材料）费用指标	单位	发生量	发生价	预期量	预期价	原计划量	原计划价	量　差	价　差	成本差异
1	普工［计件人工］	工日	112	20	466.84446220		583.85369620				
2	普工［正常班］	工日	64	33	381.234	30	402.713	30	-13.252	3	-205.56
3	普工［假日班］	工日	64	44	87.758	40	183.301	40	28.838	4	1409.52
4	技工［计件人工］	工日			182	30	182	30		-30	
5	技工［正常班］	工日			156.521	40	149.513	40		-40	
6	技工［假日班］	工日			25.697	50	32.706	50		-50	

图6-33　成本总差异明细（直接）

参 考 文 献

1. 成虎．工程项目管理．北京：中国建筑工业出版社，2001
2. （英）F·哈里斯，R·麦卡费．现代工程建设管理．吴之明，卢有杰译．北京：清华大学出版社，1995
3. （美）罗伯特·K·威索基，小罗伯特·贝克，戴维·B·克兰．有效的项目管理．李盛萍，常春译．北京：电子工业出版社，2002
4. 戚安邦，孙贤伟．建设项目全过程造价管理理论与方法．天津：天津人民出版社，2004
5. （英）A·N·鲍德温，R·麦卡弗，S·A·奥泰法．张文祺，邹建平译．国际工程编标报价．北京：水利电力出版社，1995
6. 王雪青．国际工程项目管理．北京：中国建筑工业出版社，2000
7. 沈杰，戴望炎，钱昆润．建筑工程定额与预算．南京：东南大学出版社，1999
8. 杨劲，李世蓉．建设项目进度控制．北京：地震出版社，1993